# 季刊 考古学 第29号

## 特集 旧石器時代の東アジアと日本

JN214962

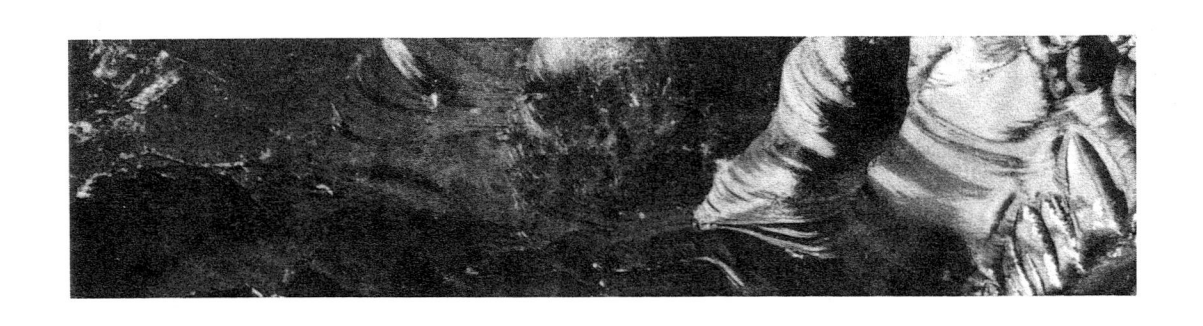

## 石器の製作と使用

## 人類拡散の諸問題

## 最近の発掘から

## 連載講座 縄紋時代史

表紙デザイン・カット／サンクリエイト

# 関東の後期旧石器
## 千葉県出口・鐘塚遺跡

千葉県四街道市出口・鐘塚遺跡は昭和61年度から62年度にかけて，千葉県文化財センターによって発掘調査が実施された。調査の結果，武蔵野台地第2黒色帯下部並行層より多数の遺物が検出されたが，台形様石器や局部磨製石斧とともに垂飾様の穿孔された磨製石器2点が出土した。

構　成／田村　隆
写真提供／千葉県文化財センター

出口・鐘塚遺跡全景

石器群の出土状況

第2黒色帯下部の石斧類

垂飾様石製品（正面と上面）

市ノ久保遺跡近景

# 九州の細石器文化
## 大分県市ノ久保遺跡

大分県犬飼町の市ノ久保遺跡は大野川中流域，標高約130mの右岸段丘上に位置する。調査面積は約2,500㎡で，表土下50〜60cmのソフトローム層中に総数8,000点余りの細石器類が検出されている。遺物はホルンフェルス製の船野型細石核，細石刃，削器を主体とし，局部磨製石斧，敲磨石，石皿などが伴出する。遺物の分布状態はいくつかのブロックに把握され，これに集石遺構が各各伴うという集落景観の一端が窺える。

構　成／栗田勝弘
写真提供／犬飼町教育委員会

集石遺構出土状態

石斧出土状態

船野型細石核（ホルンフェルス製）

石皿出土状態

局部磨製石斧の表裏
（ホルンフェルス製）

削器（ホルンフェルス製）

# ソ連アムール流域の遺跡

アムール川支流のゼーヤ川やセレムジャ川にはソヴィエト科学アカデミー，シベリア支部，歴史・言語・哲学研究所によって多くの後期旧石器遺跡が発見され，調査が行なわれている。その多くは細石刃石器群で，地点によってホロカ型細石核を主体とする石器群，札滑型細石核を主体とするものなど各種あるが，層位的関係は不明である。　構成・写真提供／加藤晋平

遺跡近景

細石核ブランク・スキー状スポール・尖頭器

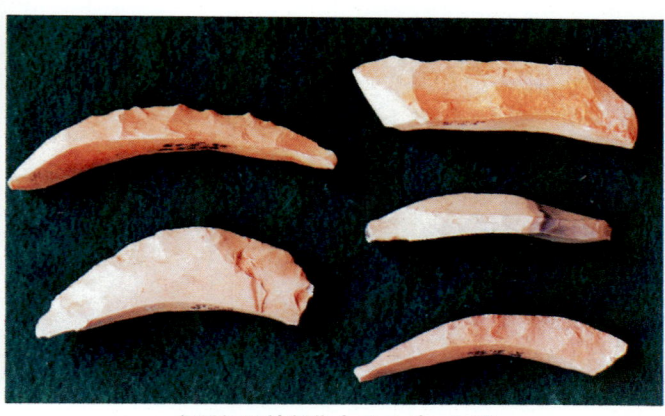

各種細石核製作中のスポール類

ホロカ型細石核

蘭越型細石核・札滑型細石核

尖頭器類

尖頭器類

# 香港の無土器石器群
## 大嶼山東湾遺跡

香港大嶼山東湾遺跡は南シナ海に面した海岸近くにできた横列型砂丘上にあって，標高約7m，海岸から100mの距離である。遺跡の表土より基盤まで13層に層序を区分することができた。約3mの砂質土堆積物の中に無土器石器群から新石器時代文化層，戦国幾何印文陶器および六朝，唐の青釉陶器文化層に至るまでの遺物が含まれている。

構成・写真提供／中文大学・鄧　聰

東湾遺跡遠景

H-2 第11層出土チョッパー

H，I-1・2 第11層石器群出土状況

I-2グリッド南壁セクション

# 大嶼山東湾遺跡

**▲剥片接合資料（約½）**

香港大嶼山東湾遺跡において第II層から，香港では初めての土器を伴わない石器群が発見された。石器の組成はチョッパー，チョッピングトゥール，スクレイパー，石錘，砥石，チップ，フレイク，破砕礫からなる。

**◀チョッピングトゥール**（スケールは 2 cm）
**▼チョッパー**（スケールは 2 cm）

# ソ連アルタイ地方の洞窟遺跡

西シベリアのアルタイ地方には200ヵ所もの石灰岩洞窟が発見され，現在ソヴィエト科学アカデミー，シベリア支部，歴史・言語・哲学研究所によって調査が行なわれている。中期旧石器時代以降スキタイ期・チュルク期そして民族的な資料に至るまでの遺物が層位的に発見されている。中でも中期旧石器時代の遺物群が整然とした層序で発掘され，その編年作業が急速に進められている。　　　　　構成・写真提供／加藤晋平

ウスチ・カン洞窟

オクラードニコフ記念洞窟

カーミンナヤ洞窟

カーミンナヤ洞窟出土のルヴァロワ剝片

ジェニソワ洞窟

# 西シベリア・アルタイのジェニソワ洞窟

構成・写真提供／加藤晋平

アルタイ地方の洞窟の中でもとくに力を入れて調査が続けられている洞窟は，オビ川支流アヌイ川の右岸に位置するジェニソワ洞窟である。地表下6mまで試掘溝が入れられ，1m20cmまでに後期旧石器時代の遺物が出土し，それ以下は岩盤上まで中期旧石器時代の遺物が層位的に発見されている。将来，この洞窟の遺物が北アジアにおける中期旧石器時代の標識遺物になるだろう。

ルヴァロワ尖頭器

ジェニソワ洞窟の試掘溝

サイド・スクレイパー

サイド・スクレイパー

ルヴァロワ石刃

ルヴァロワ剥片類

# 中国・モンゴルの旧石器遺跡

東アジアにおける旧石器時代の遺跡は，熱帯から北極圏までの地域にくまなく発見されている。すなわち，前期旧石器時代の遺跡は，ほぼ北緯45度以南の地域に広がり，中期旧石器時代の遺跡は，その分布が前期旧石器時代の北限よりも10度北上し，ほぼ北緯55度以南の地域に，そして後期旧石器時代の遺跡は北緯70度を越える北極圏の地域にまで拡散して発見される。

構　成・写真提供／加藤晋平

**中国黒龍江省ハルビン市内顧郷屯遺跡**（後期旧石器初頭）
中央の温泉河の両岸低地にマンモス動物群とともに旧石器遺物が発見される。

**中国黒龍江省ハルビン市東郊黄山遺跡**（中期旧石器）

**中国広東省西樵山・大監崗遺跡**（後期旧石器終末）

**モンゴル人民共和国オノン河支流バルジ河左岸遺跡とくさび形細石核**
（後期旧石器終末）

季刊 考古学

特集

# 旧石器時代の東アジアと日本

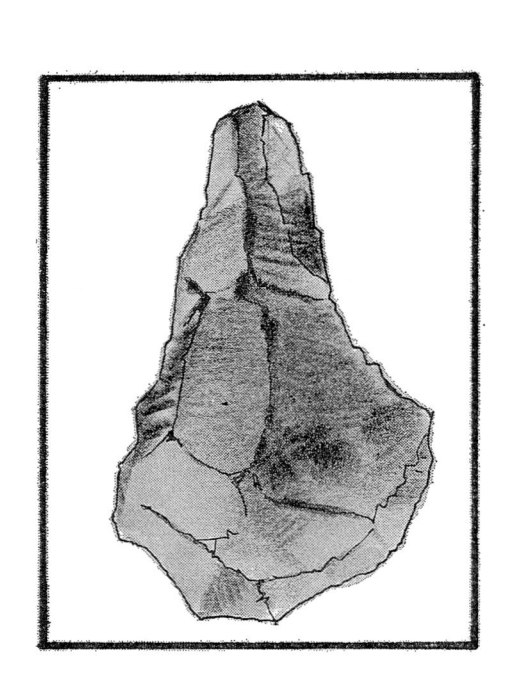

# 東アジアの旧石器文化

千葉大学教授 加 藤 晋 平
（かとう・しんぺい）

東アジアの旧石器研究は国際化が進んでいるが，黒曜石が日本列島からアジア大陸へと直接運ばれたという事実も判明している

　当然のことではあるが，現在の人類学的な研究成果から見て，人類が日本列島内で生まれ，進化してきたとは考えられない。とすれば，アジア大陸から，日本列島へと，第四紀のある時期に，それも複数回，人類がすこしずつ拡散してきたに違いない。このような視点から，東アジアの近年における旧石器文化の研究を中心に，隣接科学の成果をも多少含めて，本号を編集したものである。

## 1　旧石器研究の国際化

　東アジアにおける旧石器研究は，最近，それぞれの国において門戸を開き，とみにその国際化が進んでいる。その一つの側面は，アジア地域における旧石器文化研究に関する国際会議が，数多く開催されるようになってきたことである。私自身が関与した僅かの例を挙げてみよう。

　1988年11月には，広東省馬壩鎮で，馬壩化石人骨が発見されて30周年を記念して国際会議が開かれた。呉汝康先生を始めとする人類学者・考古学者が多数参加し，活発な討議が行なわれた（広東省博物館・曲江県博物館編『記念馬壩人化石発見三〇周年文集』1988）。黄慰文らの「百色石器的時代問題」，李炎賢「観音洞文化及其技術伝統」など，数多くの旧石器文化に関する報告があった。会議終了後，これらの学者とともに，馬壩鎮から広州市への数時間の列車の旅での情報交換は，非常に楽しいものであった。

　また，本年，1989年10月に北京市で，「北京人」化石頭骨発見60周年記念古人類学国際シンポジウムが開催される予定である。現在までの通知によ

ると，ド・リュムレイ博士を始めとする世界各地からの著名な旧石器研究者が多数参加されるようである。発表予定リストを見ると，86編が挙げられている。しかし，非常に残念なことには，北京市の戒厳令が解かれないとこのシンポジウムには参加することができない。早く訪問できることを望みたい。

　シベリアにおいては，来年，1990年7月から8月にかけて，ノヴォシビルスク市において，ソヴィエト科学アカデミー，シベリア支部，歴史・言語・哲学研究所（所長 A. P. デレビャンコ博士）が主催し，考古学者・人類学者・地質学者などを含めた，国際的な会議が開催されることが予告されている。世界から数多くの旧石器研究者が参加するものと思われる。そのイクスカーションには，アルタイ地方，エニセイ地方，そしてバイカル・アンガラ地方の3箇所が用意され，従来決して見学することのできなかった旧石器遺跡をつぶさに観察できるようになっている。

　本年8月下旬，私はモンゴル人民共和国からの帰路立ち寄ったイルクーツク市で，イルクーツク国立大学パルフォメンコ文学部長，メドベージェフ教授に会うことができた。数時間しか滞在余裕がなかったが，同市北郊の河南高100mの山頂にあるアーレムボフスキー記念遺跡に案内された。そこは，1,000m²ほどの面積が発掘され，1万点を越える石器群が発見されていた。この遺跡は，明年の国際会議の際のイクスカーションにおける見学対象の遺跡であり，現在，そのために発掘調査をしていると聞かされた。遺物は，カルギン間

氷期の上部・中部の堆積物中からの出土物で，中期旧石器時代から後期旧石器時代初頭のものであった。シューボー・ド・ジャンダルムの打面を有するルヴァロワ石刃・剥片類も存在する。現在，イルクーツク大学の研究者たちは，中期旧石器時代に焦点を絞って調査を進め，来年度のイクスカーションには，この地域の中期旧石器時代の確かな遺跡を参加者に見学させようと張り切っていた。

## 2 共同研究・調査

東アジア諸地域における旧石器遺跡に関する国際的な共同研究・調査も盛んになってきている。モンゴル人民共和国とソ連邦シベリアの学者によるモンゴル地域での旧石器遺跡の共同調査は，年を追って隆盛になってきている。今までに，モンゴル人民共和国西部地区における旧石器遺跡の一般調査については，大部のプレプリントが報告されてきている（A.P.デレビャンコほか『モンゴルの考古学調査』1985，ノヴォシビルスクなど）。そして，最近では，モンゴル南西地域バヤン・レグ地区のツァガン・アグイ洞窟の発掘調査が，とくに目を引くものである。1988年には，40m² の面積が 3 m の深さまで発掘されている。そして，放射状剥離の石核，複打面のルヴァロワ石核？（ハンドアックスの可能性がある）などが出土し，これらは，後期旧石器時代以前に属するものという（A.P.デレビャンコほか「1988年度モンゴルにおける考古学調査」『シベリア支部通報』1989—2）。

今夏 8 月，モンゴル側の団長であるD．ドルジ博士にお会いしたら，今年の発掘でも確実にハンドアックスの類が発見されていると言われた。その年代はまだ不明であるが，ハンドアックスを含む石器群であることが確かであるとすると，東アジア地域における，初めての確かな洞窟層位から出土した遺物になるであろう。今年の春，A.P．デレビャンコ博士は，いずれこのツァガン・アグイ洞窟のにとりで，モンゴル・中国・日本・アメリカ・カナダの研究者とともに，シンポジウムを開きたいと語っていた。早く，その日がくることを願うものである。

日本とソ連邦シベリアの学者との間には，4 年ほど前から，活発な交流が始まった。日本側は，北方ユーラシア学会が中心となり，一方シベリア側は，ソヴィエト科学アカデミー，シベリア支部，歴史・言語・哲学研究所が中心となって隔年毎に

それぞれの地域で共同調査を行なってきている。1988年 7 〜 8 月には，日本から橘昌信・畑宏明・梶原洋の旧石器研究者 3 氏がシベリアへと渡り，アムール支流セレムジャ川流域，および西シベリアのゴルノ・アルタイ地区の旧石器遺跡などで共同調査を行なった。その時の成果の一部が，各氏から本号に寄せられている。次いで，本年1989年 5 〜 6 月には，A.P.デレビャンコ博士を団長とするシベリアの研究者が 5 名来日し，別府大学が主催した大分県大野川流域における旧石器遺跡の共同調査を行ない，九州各地の諸遺跡・遺物を見学して廻った。この交流は，1991年まで約束されている。

## 3 先史文化の交流

以上のような国際的な協力関係が進むにつれて，旧石器文化の研究に新しい局面をもたらすようになってきた。その一つが，黒曜石の原産地同定である。

ユジノ・サハリンスク市北方 35km のドリンスク村にあるソーコル遺跡では，発掘と表面採集によって，ホロカ型・札滑型細石核，掻器，ホロカ型・荒屋型彫器，尖頭器などの石器群が発見されている。報告者たちによって，12,000〜16,000年前と，その年代は推定されている。これらの石器のうちに，細石核をはじめとして，黒曜石製のものが多数認められる。その黒曜石について，次のように記載されている。

「1979年に，ソーコル遺跡出土の黒曜石資料の一部が，北海道大学地質学研究室に研究のため手渡された。その資料の調査結果は以下のようであった。4 点の資料のうち 2 点は，白滝の黒曜石であった。1 点は置戸産地のものに同定された。4 番目の資料は，北海道原産のものではなかった」（V.A.ゴルベフ・E.L.ラヴロフ『石器時代のサハリン』1988，ノヴォシビルスク）。

宗谷海峡は，当時，まだ陸橋であったかどうかはわからないが，北海道とサハリンの間には，後期旧石器時代には活発な文化交流があったことが，以上の事実によって知ることができる。もちろん，石器型式の上でも，両者には著しい一致が認められる。

1988年 7 月，アムール支流に入った日ソ共同調査では，著名な新石器時代の標識遺跡であるグロモトウハ遺跡で試掘を行なった。その最下層か

ら，黒曜石製の細石刃を発見し，日本へ持ち帰り，立教大学の鈴木正男博士に産地同定をお願いしてある。その結果が待たれる。ところで，このアムール流域では，ノヴォシビルスクの歴史・言語・哲学研究所付属博物館長のカナパツキー氏の好意で，アムール下流の早期新石器遺跡マラヤガバニ遺跡（絡条体圧痕文土器を主体）出土の2点の黒曜石片を貰い受けた。早速，鈴木博士のもとで実験が行なわれ，その結果，1点は白滝産のもの，他の1点は北海道のものではないとのことであった。北海道原産の黒曜石が，遠くアムール流域へと持ち込まれていることが明らかになった。

中国東北部でも，黒曜石の石器・石片が出土することが知られている。私は，現在，黒竜江省文物管理局考古研究所と交流を進めているが，この春，張泰湘先生らを日本へ招待した。その折，先生と黒竜江省出土の黒曜石について，日本で分析をするために供与を受ける約束をし，今夏7月にチチハルにおけるマンモス骨出土の後期旧石器遺跡の発掘などを見学するさいに，その資料を貰ってくるはずであった。しかし，残念なことには，中国の不幸な事件のために渡航できなかった。張先生らは，再度この10月に来日されるので，その折，資料を持参されるであろう。ただ，大変に興味深いことには，先生の言葉によれば，黒竜江省にも黒曜石の原産地が存在するとのことで，その原石も入手できる予定である。

日ソ共同研究で，たびたび来日された，歴史・言語・哲学研究所副所長R．S．ヴァシリエフスキー博士は，ソ連邦沿海州地区の遺跡の黒曜石破片を供与してくれた。最初，剝片尖頭器やナイフ形石器を伴う細石刃石器群を出土するウスチノフカⅠ遺跡の2点の破片を持ってきた。やはり，鈴木博士のもとで実験を行なったが，残念ながらこの2点とも日本産のものではなかった。次いで，おなじ沿海州のイリスタヤ遺跡をはじめとする数箇所の遺跡出土の黒曜石破片40点弱を持参された。これも鈴木博士のもとで研究が進められたが，そのうちの25点が，島根県隠岐島と青森県・秋田県の日本海沿岸の原産地からもたらされたことが明らかにされつつある。詳しいことについては，今秋，鈴木博士が発表される予定になっている。

この最後の沿岸州地区の，後期旧石器時代終末から新石器時代にかけての遺跡の黒曜石が，なんと直接日本海を横切って，日本列島からアジア大陸沿岸へと運ばれたという事実について，今後，考古学的な面でのフォローが，是非とも必要になってくるものと思われる。

## 4　隣接科学の問題

ごく巨視的にみれば，東アジア地域の旧石器遺跡の分布は，中部更新世終末以前に北緯45度以南に広がり，上部更新世前半までに北緯55度に北進し，上部更新世末期までには北極圏まで拡散したことを示している。しかし，この拡散の情況は，それぞれの時代，それぞれの地域において，東西南北方向の複雑なアメーバー状の拡散の結果なのであって，ただ南から北へという単一直線的な人類の拡散を意味するものではない。現在，まだまだ，東アジアの諸地域における調査された旧石器時代の遺跡が少ないし，精査された遺物群の報告も僅少である。それ故，更新世の東アジアにおける人類拡散の問題（日本列島人出現の問題を含めて）に迫るためには，人類学や古生物学などの隣接科学の成果を十分に取り入れる必要がある。その意味から，本号では，人類学や動物遺伝学の各先生方の論稿を戴いたのである。

人類の拡散と犬科動物の拡散の問題は，大変に重要である。本号の田名部先生によれば，中期旧石器時代にはすでに飼育された犬科動物が認められるという。スキャヴェンジの段階であった前期旧石器時代にあっては，旧石器人の生活は，人類以外の狩猟を行なう動物に寄生している必要があった。例えば，*Panthera leo*, *Panthera pardus*, *Crocuta crocuta*, *Canis lupus* が，ユーラシアの中緯度の地域に出現したのはおおよそ70万年前で，人類の登場とほぼ時期を一致しているという。これら狩猟動物の拡散に伴って，前期旧石器人の拡散が行なわれた可能性がある（A．ターナー「ヒト科と仲間の旅行者たち」『ヒトの進化と群集生態学』1984，ロンドン）。

人類遺伝学，化石人骨の研究などの成果は，私ども旧石器文化を研究するものにとって，大変に示唆的である。将来，さらに詳細な研究が進むであろう東アジア地域の旧石器研究と相まって，古モンゴロイドの拡散の問題，そして日本列島に人類がいつ，どのように登場したかを具体的に明らかにすることができるであろう。

（1989．9．1）

# 東アジア旧石器文化の発展

東アジアにおいて旧石器文化はどのような特徴をもち，そしてどう発展していっただろうか。最近の動向をふまえつつ考察する

東・北アジアの前期旧石器文化／東シベリアの後期旧石器／中国北部の後期旧石器文化／中国華南の後期旧石器／南シナ海沿岸部の無土器石器群

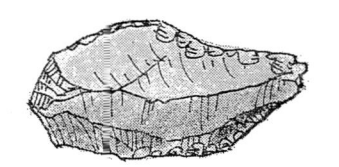

## 東・北アジアの前期旧石器文化──■

東北福祉大学講師
梶原 洋
（かじわら・ひろし）

全仝里遺跡などでこれまでの通説を破るような発見があるが，日本の最近の調査においても東アジア全体での比較が必要とされる

東・北アジア地域の旧石器研究は近年急速な発展を示している。ここでは，1）北アジアへの人類移住の時期，2）いわゆる中国・日本などの小型石器の意義，3）いわゆる「ハンド・アックス」を伴うアシューリアン的な石器群の解釈，4）後期旧石器の特徴とされる石刃技法の起源などの問題について研究動向を紹介しながら，考察を加えたい。

### 1 北アジアへの人類移住の時期について

当該地域での前期旧石器の研究は，近年アルタイ，モンゴリアなどで急速に進展しつつある。アルタイの ウラリンカ遺跡 は，地質学的に 69 万年，熱ルミネッセンス法 や 古地磁気法 によっては，150 万年以上の年代が出されている。1982 年にヤクート自治共和国で発見された，ディリング遺跡の年代は，驚くべきものである。遺跡は，ヤクーツク市からレナ河を遡って 140 km のところにある。約 130 m の段丘上に乗っており，石器の出土層は，地表より 15 m ほど下にある。基盤はカンブリア紀の岩盤で，石器はその上に乗る砂層の上面から出土する。調査者のモチャーノフは，石器群をアフリカのオルドワンに対比し，古地磁気の測定により年代の上限を 250〜210 万年前，

下限は，320〜310 万年前とした。全部で 16 の石器集中地点があり，中には接合資料もある。石器には，チョパーと 剥片，スクレブロがある（図1）。もしこの遺跡の年代が真実で，石器に間違いが無いとするならば，従来の人類起源についての考え方は，根本的 な 修正 を 余儀なくされるだろう。アムール 河中流域 の クマリ，フィリモシュキ，ウスチ・トゥなどの遺跡でもチョパーを中心とする石器群が発見されているが，これら礫石器を中心とする最古の石器群は，後続の石器群と組成的に全く異なることが指摘されている。今後もまだ議論を呼びそうである。

ホモ・エレクトゥスの残した遺跡群としては，アンガラの高位段丘の遺跡群の一部と極東のアムール河に面してハンド・アックスが見つかったボゴロツコエ遺跡が考えられる。内陸アジアのカラタウやラフティ遺跡は，ハンド・アックスを伴わず，チョパーを中心とした石器群である。前述のクマリなどの遺跡は，石器の形態は礫石器で古相を帯びるが，年代的にはさまざまな説があり，むしろヴュルム氷期に属すると考えるのが妥当とされる。

いわゆる中期旧石器時代には，アルタイ山中の洞窟遺跡やエニセイ上流域で発見されるルバロワ

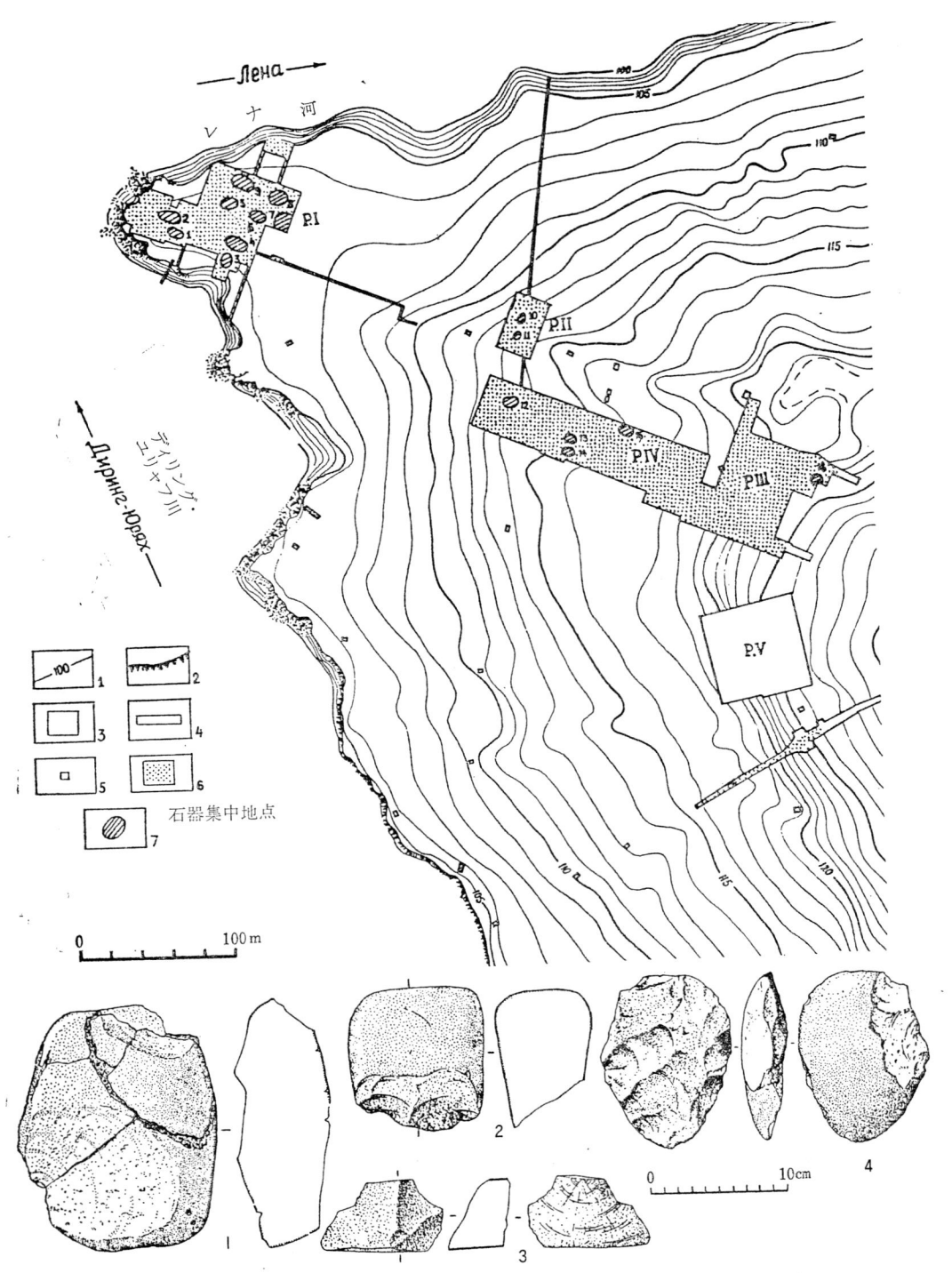

図 1 ディリング・ユリャフ遺跡の位置と出土石器（モチャーノフ，1987 原図より作成）

技法も持つムステリアン石器群とそれに連続する石刃技法，両面加工石器を持つ石器群があり，アンガラ川沿岸の高位段丘には円盤形の石核，スクレブロを伴う石器群とがある。この時期に北緯50度付近にまで人類が進出したことは確実である。

## 2 二つの伝統——小型石器群と大型石器群

中国に おいては 小型石器を 主体とする 石器群（東谷坨，小長梁から峙谷を経て細石刃石器群に至る）と大型石器群（西侯度，藍田，丁村，鵝毛口に至る）

の二つの石器伝統が前期旧石器から後期旧石器まで一貫して存在するという仮説が強く主張されている。この仮説の前提には，石器の存在形態を決定するのはすべて人間の文化的な要素であるとする了解がある。しかし一般に石器群の存在形態を決定するのは，ある集団が持っている技術伝統はもちろんだが，遺跡の機能，環境なども強く影響すると考えられる。とくに石器の大きさには，単なる技術伝統だけではなく，環境の一要素である石材が大きな影響をあたえる。石材に関して考えられる制御因子は，量，質，大きさである。量はある遺跡で手近に利用できる石材がどれだけ豊富にあるかという問題である。一般に石材を遠距離から選ぶ必要がある場合には石器群はより小型に，またより手が加えられる傾向が指摘されている。つまり使用頻度とメンテナンスの頻度が高くなり，結果的に二次加工によって作られた「石器」が増加する。質は，割れやすさ，節理の入り具合，緻密さなどで，必然的に剝片剝離技術，二次加工技術に影響する。大きさは，それから作

りだされる剝片の大きさと石器の大きさに決定的な影響を与える。上述の因子をまとめると石材が豊富で，大きく，質も良い遺跡では，そこに現われる石器群の存在形態は，かなりの点で人間の文化的な部分（技術伝統）を良く反映する。しかし石材が乏しく，小さく，質も悪い遺跡では，本来持っている技術伝統が必ずしも石器群の存在形態には，反映されない可能性がある。

上述のような観点から中国の石器群を検討してみた（表2）。小型石器群の主たる石材は，脈石英，フリント，チャートなどである。小長梁，周口店では，大型の石材は存在せず，周口店ではさらに節理が激しく質が良くない。許家窯は供給地は付近の河川だが，大きさについての記載はない。一方大型石器群では，石英岩・角頁岩が多い。とくに丁村遺跡では，遺跡近くの露頭と汾河に多量で大型の石材がある。匼河では，石英岩が近くにあるものの量と大きさについては記載が無い。データは不足しているものの両石器群の間には，石材の違いのほかに，石材の大きさと質が石器群の構

表 1　東・北アジアの主な前期旧石器の編年

| 年　代 | 地質区分 | 中　　国 | | 韓　国 | ソビエト | 日　　本 |
|---|---|---|---|---|---|---|
| | | 大型石器群 | 小型石器群 | | | |
| 5 万 | ヴュルム氷期 | 丁　村 | シャラウス | 石荘里 | ウスチ・カラコル デニソワ洞穴 ドブグラスク | 座散乱木13層 山田上の台下層 |
| 10 万 | リス・ヴュルム間氷期 | | 許家窯 | 鳥潭里 鳴梧里 全谷里 黒隅里 | サルィ・アルカ アンガラ高位段丘 遺跡群 カラタウ | 志引7層 |
| | リス氷期 | | 大荔 | | | 馬場壇A20層 |
| | ミンデル・リス間氷期 | | | | | |
| 50 万 | ミンデル氷期 | | | | | 中峰C7層 |
| | ギュンツ・ミンデル氷期 | 匼　河 | 周口店1地点 | | | |
| 100 万 | ギュンツ氷期 | 藍　田 西侯度 | 小長梁 東谷坨 | | ウラリンカ？ | |
| | ドナ・ギュンツ間氷期 | | | | | |
| 150 万 | ドナ氷期 | | | | ディリング・ユリヤフ | |

表 2　中国の2つの石器伝統と石材

| 遺跡名 | 大　型　石　器　群 | | | 遺跡名 | 小　型　石　器　群 | | |
|---|---|---|---|---|---|---|---|
| | 石材の供給地 | 主な石材 | 大きさ・量・質 | | 石材の供給地 | 主な石材 | 大きさ・量・質 |
| 丁　村 | 汾河近く | 角頁岩 | 大きく多量 | 許家窯 | 附近 | 石英・フリントで約63％，残りは各種の石材 | 石英質不良，石器の加工に影響 |
| 匼　河 | 遺跡近く | 石英岩 | ？ | 大　荔 | ？ | ？ | ？ |
| 藍　田 | ？ | 石英岩・脈岩 | ？ | 周口店 | 裂際から直接と近くの河から | 脈石英 | 15cmをこえるものは稀。小さく節理激しい。 |
| 西侯度 | ？ | 石英岩 | ？ | 小長梁 | 遺跡附近 | フリント チャート | 大型のものはない。 |

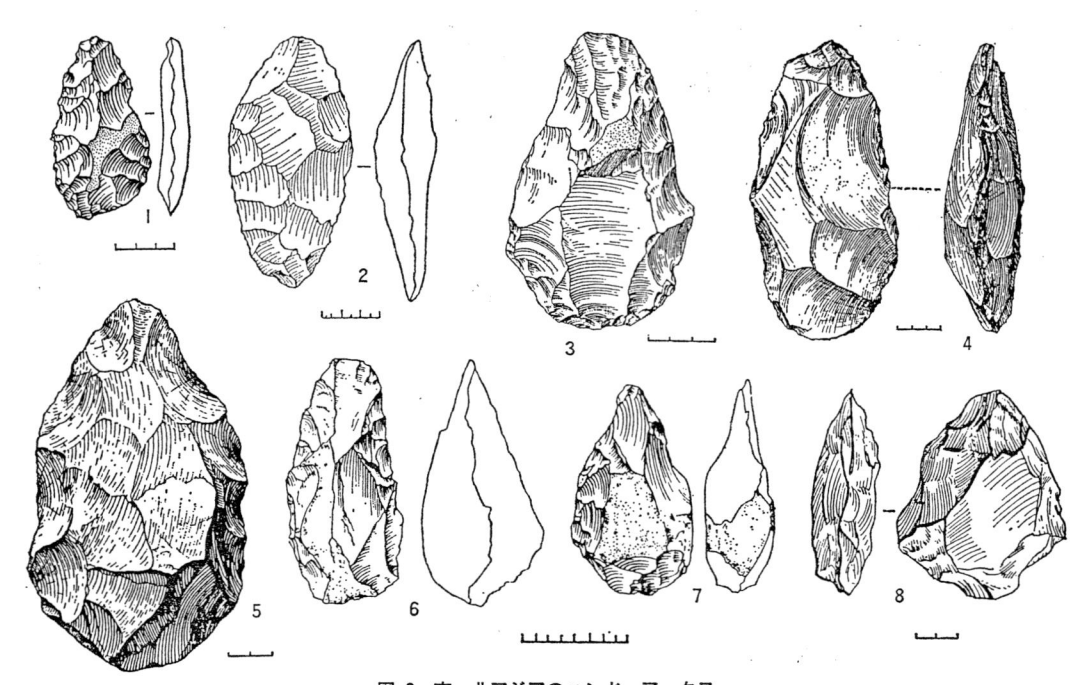

図2 東・北アジアのハンド・アックス
1サルィ・アルカ，2ドノ・ゴビ，3オツォンマニト，4丁村，5泐池河，6・7全谷里，8ボゴロツコエ
（1・8ソ連，2・3モンゴール，4・5中国，6・7韓国）（スケールは cm）

造に影響を与えている可能性を指摘できる。

## 3 アシューリアンは，東・北アジアに到達したか

韓国の全谷里遺跡で発見されたいわゆる「アシューリアン」石器群が，アジアの旧石器研究に大きな波紋を投げ懸けたことは，記憶に新しい（図2）。同遺跡で発見されたハンド・アックス，クリーバーなどは，かつてH．モビウスが提唱したインドのマドラス文化まで広がるハンド・アックス文化圏とそれ以東に広がるチョパー・チョピングトゥール文化圏という2大文化圏仮説を根底的に否定する発見だった。この発見を契機に各地で見直しが始まっている。中国の黄慰文は，これまでの中国で発見された石器群の中にハンド・アックスが含まれているという指摘をした。汾河〜渭水流域，漢江上流域，珠江中流域で確認できる。組成としては，このほかに大型のチョパー，尖頭器類を主体にスクレイパーからなり，周口店などの石器群とは異なった一群と考えて，従来のような単純な仮説では説明できず，ハンド・アックスを含む多種類の石器群からなるとしている。ソビエトのラリチェフも以前から丁村などの中国の旧石器の中に両面加工のハンド・アックスが存在する

と主張している。またモンゴリアの資料にも大型の両面加工石器がヤルフ遺跡，ドゥノ・ゴビ遺跡などから発見されている。内陸アジアのカザフやキルギスでは，ラーノフ，グセイノフらの研究により，40〜50万年前のアズィフ遺跡の6層を初めとして，サルィ・アルカ遺跡など何ヵ所かで，ハンド・アックスが見られる。一方極東では，A．オクラドニコフがアムール河の下流域のボゴロツコエ遺跡で採集された両面加工のハンド・アックスを発表している。またアルタイのムステリアンにも両面加工の石器が見られる。韓国では，このほかに鳴梧里，鳥潭里などの遺跡で，ハンド・アックスの発見が報じられている。

アフリカの本来のアシューリアンでは普遍的なハンド・アックスとクリーバーという組成は，韓国で検出されているだけであり，多くの遺跡には，クリーバーが見られない。またチョパーの存在も顕著で，アフリカなどの石器組成とは違いがある。しかし二次加工技術を見ると，素材の大きさ，質などは違うもののハンド・アックスの製作技術と同じ両面加工の技術を持ち，藍田や丁村ばかりでなく，周口店や日本の中峰C，馬場壇Aなどの遺跡にも存在する。

## 4 石刃技法の起源

　石刃技法の起源については，新人（ホモ・サピエンス・サピエンス）の起源の問題とも絡んで旧石器研究上の大きな問題になっている。これは，アフリカの中期石器時代に属するクラスィーズ・リバー・マウス遺跡などのファウエル・スミス文化には10万年前にすでに石刃技法が出現し，中近東のアムッド文化にもアシューリアンの後期には，石刃技法が見られる。レバノンのボーカー・タクチット遺跡では，ルバロワ技法を持つ石器群より古く稜調整を持つ石刃技法が存在する。ヨーロッパの後期旧石器文化では，ようやく 35,000 年前になって石刃技法が出現するが，上述のようにアフリカ，中近東では，その出現は，中期旧石器時代にまで遡るであろう。

　アジア地域では，アルタイの デニソワ，ウスチ・カラニルなどの 4〜50,000 年前のムステリアンにすでに石刃技法を中心とした後期旧石器的な石器群が存在することを A. デレビャンコが明らかにし，新人への移行がかなり早いことを主張した。これらの石器群は，この地域ではスムーズに後期旧石器に連続するらしい。また中国貴州省の観音洞遺跡について 分析 した 鄧聰によれば，5〜70,000 年前とされる上層の石器群の中には，すでに稜形成されたクレステッド・フレイクとともに石刃の剥離痕を持つ打面再生剥片も見られるという。加藤晋平氏の指摘するようにアルタイと中国の初期の石刃技法には，前者がいわゆるルバロワ技法に類似するもので，後者は柱状の石刃核という違いを指摘する意見もあるが，それは接合資料などの分析を通した今後の課題であろう。現在まず重要なことは，アジアでもこれまで考えられたよりもかなり早く，石刃技法が存在するらしいということである。これがアジアのネアンデルタール人の技術に生じた地域的な発展なのか，新人がもたらした 新技術 なのかという問題 の 解決は，今後の研究に待たなくてはならない。

## 5 日本の前期旧石器研究と東・北アジア

　日本の前期旧石器研究は，宮城県を中心に最近 10 年間に著しい進展を 見せている。 幾つかの編年試案が示されているが，いずれの案でも大まかに 3 期に 区分している。 第 1 期は，中峰Cの 7 層，馬場壇Aの 20，32，33 層などのめのう，玉髄を素材にした小型の石器群と安山岩製の比較的大型の石器の組み合わせを持ち，12万年前以前の年代を持つ。第 2 期は，安山岩などの粗粒の素材を中心とする石器群と，頁岩主体の石器群とが存在する。 玉髄は少なくなる。 馬場壇A遺跡の 19 層では，大型の平坦剥離を用いたハンド・アックスに似た石器も発見されている。第 3 期は，約 4 万年頃の石器群で，平坦剥離を用いた尖頭器，スクレイパーを主体とし，頁岩を多用する。石器の二次加工技術には第 1 期から平坦剥離が存在し，この伝統は，第 3 期まで一貫して存在する。また安山岩などの石器の整形，剥離には両極技法が使われる。第 2 期には周辺からの剥離による台形の剥片を使ったコンバージェント・スクレイパーが出現し，第 3 期に連続する。石材の質，量にも関連するが，一般に宮城県では，二次加工の度合いが高く，第 3 期には，押圧剥離に近い連続的なリタッチも見られる。東・北アジアの前期旧石器との比較では，両極技法の存在する点で中国との関連が推定される。第 1 期の小型の石器群と中国の小型石器群との関連が指摘されてきたが，前述のように石器の形態や加工技術は，石材の問題と切り離しては考えられず，すぐに文化伝統として理解することはできない。また石器の形態でコンバージェント・スクレイパーや小型の尖頭器は，アルタイの洞窟遺跡や中国の遺跡でも見られるが，これも直接関連させるには時期尚早であろう。またハンド・アックスをもつ全谷里のような石器群は発見されていない。ただ前述のように少なくとも第 1 期から平坦剥離の技術は存在しており，もし石材が十分獲得できる地域（例えば頁岩地帯）で当該時期の石器群が発見されるならばその可能性も否定できない。

引用文献
1) 文化財研究所『全谷里遺跡発掘調査報告書』1983
2) P. I. Boriskovskii, ed. "Paleolit SSSR" Arkhcologiya SSSR 1, 1984
　　P. I. ボリスコフスキー編『ソビエトの旧石器』ソビエトの考古学 1, ナウカ出版, モスクワ, 1984
3) 張森水『中国旧石器文化』天津科学技術出版社, 天津, 1987
4) 加藤晋平『日本人はどこから来たか—東アジアの旧石器文化』岩波書店, 東京, 1988
文献については主なものに限定した。

# 東シベリアの後期旧石器

## ——セレムジャ・北海道ルート——

北海道教育委員会
畑 宏明
（はた・ひろあき）

ソ連セレムジャ川流域の旧石器時代遺跡はホロカ型彫器や湧別技法の存在など，北海道の白滝文化などに比較される点が多い

## 1 セレムジャ川流域の旧石器遺跡

1988年の夏，北方ユーラシア学会とソヴィエト科学アカデミーによる日ソ共同考古学調査隊によって，シベリアのなかでは北海道に最も近いセレムジャ川流域の旧石器時代遺跡（図1）の調査が行なわれた[1]。セレムジャ川はアムール川の支流のゼヤ川のそのまた支流で，アムール川の中流にあるブラゴヴェシチェンスク市から北東へ直線で約200 km の地点でゼヤ川に合流する。ゼヤ川やセレムジャ川の上流の低い山脈の裏側にはウダ川がオホーツク海に向けて流れている。これらの川の流域は，シベリアからオホーツク海へ通じる最短コースで，デレヴィヤンコ氏らは遺跡の分布密度が高いことから，シベリアから日本やアメリカへのヒトの移住に関する重要なルートと想定しながら調査を行なっている。

今回調査した遺跡は，ウスチウリマ遺跡をはじめ航路標5番遺跡，航路標8番遺跡，航路標12番遺跡，航路標18番遺跡，航路標46番遺跡，航路標53番遺跡，航路標70番遺跡の7か所である。セレムジャ川流域の遺跡は未命名のものが多く，岸辺に立つ船の航路標の番号を仮名称としている。航路標はゼヤ川との合流点から上流に向かって順に番号が付けられ，その間隔は一定しないが平均1km 程度である。調査は発掘調査区の一隅を拡張し石器の出土層位を確認することに主眼をおいた。ここに紹介する資料はその際に出土したものであるが，これが石器群の全貌を示すものでないことはいうまでもない。なお，剥片石器の石材は珪岩やメノウの円礫が使われ，礫石器は安山岩が使われている。これらの石材はセレムジャ川の川原で容易に入手することができる。

セレムジャ川流域の遺跡群の多くは，川の右岸に立地している。これは，セレムジャ川が形成する段丘地形の特性によって決定されている。セレムジャ川は西へ移動する傾向があり，西側にあたる右岸は常に川の浸食を受けるため，段丘の発達

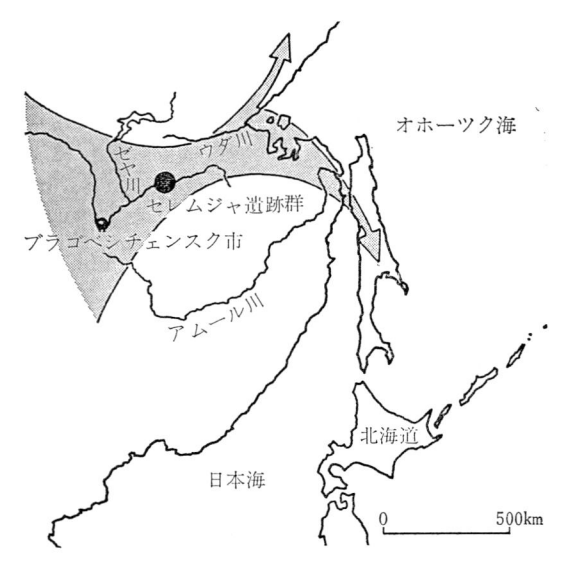

図1 セレムジャ遺跡群の位置

はあまりよくない。反面，増水時でも冠水しない高地を川の近くに確保することができ，遺跡はそのような場所に立地している。一般的な地層は，1層：黒色細粒腐植土（5～10 cm），2層：ドリアス期の灰白色細粒砂質土（15～20 cm），3層：黄褐色粘土（20～30 cm），4層：粗粒風化礫を含む橙褐色砂質粘土（30～40 cm），5層：花崗岩層と続く。そして3層と4層の境界面はインヴォリューションによる波状を呈し，黒色土のレンズ状堆積や5層から浮き上がった角礫などがみられる。

## 2 遺跡の概要

**航路標50番（ウスチウリマ）遺跡** セレムジャ川とウリマ川の合流点に面する左岸の小丘陵上にある。丘陵の頂上部には激しいインヴォリューションがみられ，その周辺から石刃や彫器が出土している。ここは，現在ゼーニン氏によって調査中の遺跡である。

**航路標5番（第1地点）遺跡**（図2：1～14） 比高約20 mの第2段丘に位置する。ここは1982年から3年間にわたってマージン氏が発掘調査を行ない，ホロカ型彫器も出土したという。層厚は地表

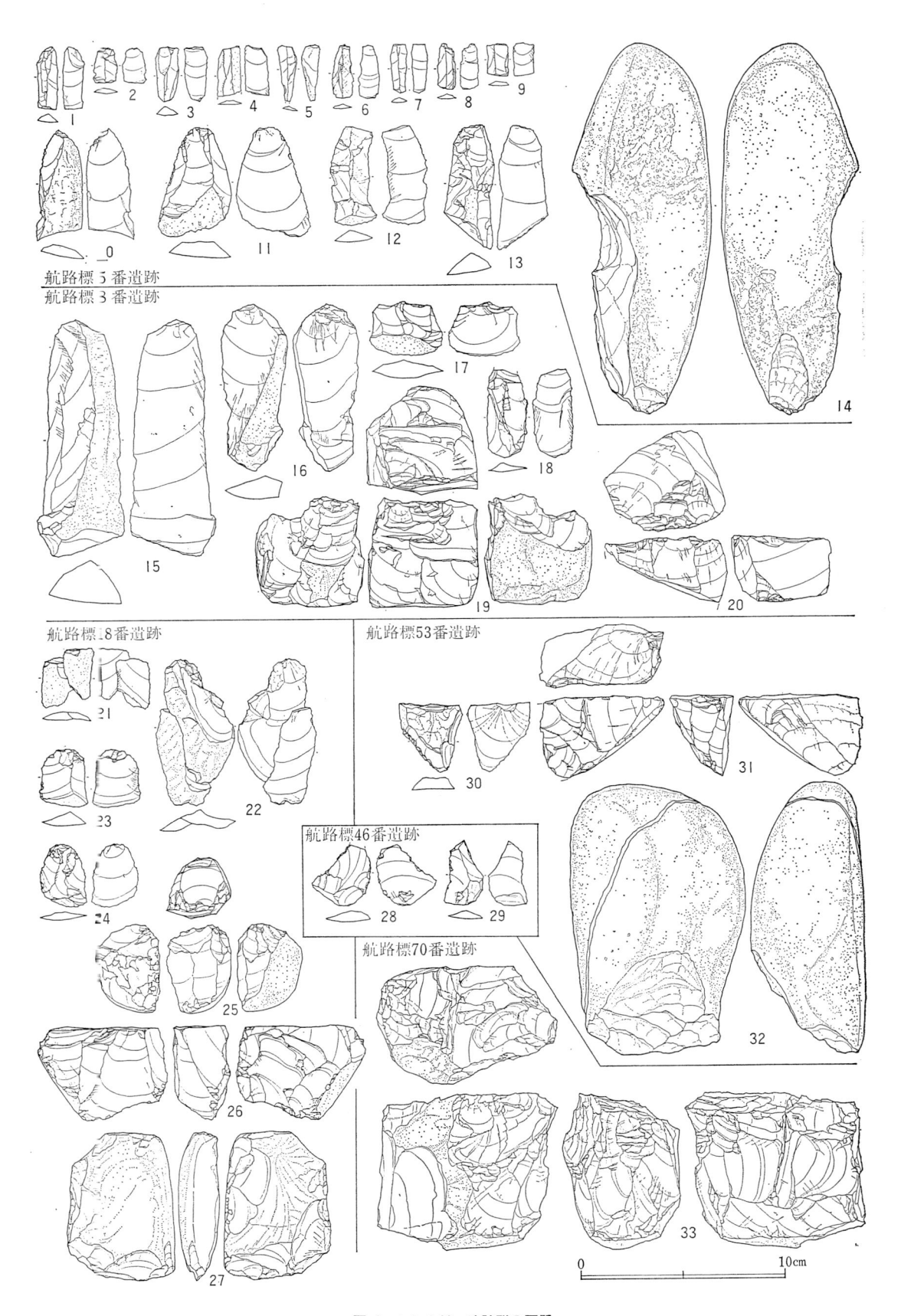

航路標5番遺跡
航路標3番遺跡

航路標18番遺跡

航路標53番遺跡

航路標46番遺跡

航路標70番遺跡

0　　　　　　　10cm

図2　セレムジャ遺跡群の石器

*23*

から礫層まで約1mある。3層と4層の間に礫混じりの白色粘土層（30cm）が挟在しており，これが遺物包含層になっている。今回の調査では細石刃（1〜9），石刃様剝片（10〜13），敲石（14），剝片などが35点出土した。細石刃は比較的大型で二次加工はみられない。細石核は出土していない。石刃は円礫の礫皮面を残すものが多く，形の整ったものは少ない。12，13には側面調整と思われる剝離痕がみえる。敲石は，断面三角形の長円礫の一端を利用しており，衝撃によって大きく剝落している。側面には敲打痕が多数みられる。

**航路標8番（第2地点）遺跡**（図2：15〜20）航路標5番遺跡とは大きな谷を挟んで向かいあう位置にある。ここはホリューシキン氏が発掘調査した遺跡である。地表から基底まで約60cmで，地層はとくに変化はない。2層，3層，4層でそれぞれ文化層を確認したという。今回の調査では石器はおもに3層から出土し，2層や4層の文化層については明確に区分できなかった。石刃様剝片（15，16，18），剝片（17），石核（19，20），礫片などが34点出土した。15，16の石刃様剝片は比較的大型のものであるが，剝片は長さ5cm未満のものが多く，いずれも礫皮面を残すものが多い。19の石核は，正面と左側面で剝離が行なわれている。17の剝片はこの種の石核から剝離されたものだろう。20は調整打面をもつ石核の破片である。

**航路標12番（第3・4地点，バルカースナヤ）遺跡**　4段からなる丘陵の先端部に位置し，3地区からなる。第1地区は第3段丘にあり，第2地区は第2段丘に，そして第3地区は頂上部の第4段丘にある。デレヴィヤンコ氏の報告[2]にある第3・4地点遺跡とはここの第1・2地区のことと思われる。第3地区からは発掘調査によって白滝型細石核をはじめ掻器，彫器，船底型石器，スキー状スポール，石刃，石斧など多数の石器が出土し，出土層位は第2層の下部から3層の上部であるという。また，第2地区の石器群は17,000〜20,000年前のものであるというが詳細は不明。

**航路標18番遺跡**（図2：21〜27）ここは川岸から約2km隔たった丘陵の先端部頂上にある。おそらく第3段丘に相当するものと思われる。ここには湧別技法が存在するといわれる。今回の調査では石器はおもに3層から濃密に出土し，剝片（21〜24），石核（25，26），打製石斧（27），礫片などが84点ある。21，22は礫皮面をもつ剝片が接合した

例である。円礫の表皮を剝ぎとる段階の剝片であるが，22の例では打面の高さが2cm以上ずれている。おそらくは，頻繁に打面調整を行なった結果であろう。最終的には25，26のような石核から23，24のような剝片を剝離したものとみられる。24には微細なリタッチがみられる。25は正面と左側面，26は正面と裏面に剝離面がみられ，打面転移が行なわれている。27は自然剝離した礫片を素材とする小型の打製石斧である。

**航路標46番遺跡**（図2：28〜29）川岸の崖の上に位置する。1985年に発掘調査された遺跡で石器は3層から出土したという。3層と4層の境界面は大きく波打っている。今回の調査では4層からも横剝ぎの石核が出土したが図示できなかった。この出土品は少なく石核と剝片合わせて17点である。28，29は小さなリタッチのある剝片でいわゆる切り出し型ナイフ形石器に似る。

**航路標53番遺跡**（図2：30〜32）川に突き出た小さな岬の崖上に位置し，1975と1978年に発掘された遺跡である。石器群の内容はウスチウリマ遺跡と同様であるという。今回の調査では3層から削器（30），石核（31），礫器（32），剝片，礫などが49点出土した。31は後部が欠損しているが楔形の小型石核である。32は安山岩製のチョッパーで，ひび割れた状態で出土した。

**航路標70番（18地点）遺跡**（図2：33）今回の調査地のなかでは最上流部の遺跡である。川岸に面した比高5mほどの台地上にある。3か所のテストピットのうち2か所から石器が出土した。33の石核はそのうちの1点で，第3層の中ほどから出土した。この石核は頻繁に打面転移が行なわれている。剝片剝離は，まず正面図左側から始まり，つぎに裏面図左側に移行した。そして，裏面図の中央にヒンジフラクチャーの段ができたことから剝離は中断され，最後に正面図右側上部の剝離が少なくとも2サイクルにわたって行なわれている。

## 3　北海道旧石器研究の動向

今回調査を行なった遺跡の石器群は，層位のうえから2分できそうである。航路標5番遺跡と航路標46番遺跡では一部の遺物が4層から出土することから古いグループに属し，これらは航路標5番遺跡でホロカ型彫器が出土していることからみて，北海道のホロカ沢I遺跡[3]の前期白滝文化[4]や嶋木遺跡[5]の石器群に相当する可能性がありそ

うだ。その他の遺跡はおもに3層から遺物が出土し，湧別技法が確認されていることからみて後期白滝文化[6]をはじめとする各種の細石刃文化に相当するものだろう。

ところで，北海道の石器群がひとつの島のなかで単独に発生し，発展したものでないことは，すでに多くの研究者によって指摘されているとおりである。ここに紹介したセレムジャ川流域の石器群は，地理的な位置からみてソ連の研究者達が考えるように日本列島へのヒトの移住ルートの上に残された可能性はきわめて高く，ホロカ型彫器や湧別技法の存在はそのことを否定するものではない。しかし，現状ではセレムジャと北海道の石器群の関係を論ずるにはいかにも資料不足で，セレムジャの調査結果が一日も早くまとめられ報告されることを期待するものである。そして両者の詳細な比較を行なうときのために，ここでは北海道における旧石器研究の最近の動向を4点紹介してまとめにかえたい。

第1は，約20,000年前の道内最古の石器群を出土する上士幌町の嶋木遺跡の石器群組成が明らかになりつつあることである。この遺跡については，遺物の絶対量が少なく定形的な石器の認定について共通の理解がえられないことなどから，その実体に迫れないままに時が流れていた。しかし，最近の継続的な発掘調査によって掻器をはじめ楔形石器，揉錐器，彫器，尖頭石器，赤色顔料の付着した石皿，そして細石刃石核と細石刃様剝片などの各種の石器が報告され，剝片剝離技術についても研究が行なわれている。とくに細石刃石核の出土に，細石刃技法の出現時期の年代観について新たな問題を提起することとなった。

第2は，ナイフ形石器や台形石器の発見である。北見市の広郷8遺跡[7]では，幅広で小型のナイフ形石器がまとまって出土した。F.T.年代は15,000〜16,000y.B.P.で，本州のナイフ形石器の年代とも一致する。一方，道南の知内町にある湯の里4遺跡[8]では，台形石器が峠下型細石核と関連して出土し，函館の桔梗2遺跡[9]では台形様石器やナイフ様剝片が出土し，立野ヶ原系石器群[10]との関連性が指摘されている。これらの石器群は組成や編年上の位置づけなど不明な点が多いが，嶋木遺跡の石器群と細石刃石器群の間のギャップを埋める資料として注目される。

第3は，道南の今金町にある美利河1遺跡[11]で細石刃石器群が層位的に出土したことである。石器群は3段階5群に分類され，＜I群＞峠下型細石核→＜IIA群＞美利河型細石核／＜IIB群＞蘭越型細石核，玉→＜IIIA群＞大型柳葉形尖頭器，有舌尖頭器，局部磨製石斧／＜IIIB群＞有舌尖頭器，多面体彫器と変遷する序列が明らかとなった。この調査によって初めて細石刃石器群の編年が層位的な裏づけをもつに至った。また＜IIB群＞の蘭越型細石核に伴って橄欖岩製の玉が出土しているが，この組合せは湯の里4遺跡の墓でも確認されている。

第4は，道南の木古内町にある新道4遺跡[12]で石器接合によって各種の細石核がひとつの技術体系のなかに共存している事実が確認されたことである。ここでは峠下型をはじめ札滑型，ホロカ型，美利河型などの細石核が出土しているが，一見湧別技法による札滑型細石核とみられるものやホロカ型細石核が，両面調整石器を素材とせず，いずれも石刃などの剝片を素材としており，剝離工程は「美利河技法」とほとんど変わらないばかりか，各種の細石核が同一母岩から生産されていることが明らかとなった。このことは，一方において残核の形態を基準に石器群を分類する古典的な方法論の限界を示している。

なお石器実測図は糸谷明子，木下昭仁，久末真紀子，三崎かおる，山岸利江の各氏による。ここに記して感謝申し上げる。

### 註
1) 畑　宏明「シベリア・アルタイ紀行」北海道の文化，60，1989
2) А. П. Деревянко "Палеолит Дальнего Востока и Кореи"，1983
3) 白滝団体研究会『白滝遺跡の研究』1963
4) 吉崎昌一「北海道の旧石器文化」北海道第四紀研究会連絡誌，10，1965
5) 筑波大学嶋木遺跡調査グループ「北海道河東郡上士幌町嶋木遺跡の石器文化」歴史人類，16，1988
6) 註4)に同じ
7) 宮　宏明ほか『広郷8遺跡（II）』1985
8) 畑　宏明ほか『湯の里遺跡群』1984
9) 石川　朗ほか『函館市桔梗2遺跡』1988
10) 麻柄一志「立野ヶ原型ナイフ形石器及び立野ヶ原系石器群について」北陸旧石器シンポジウム，1986
11) 長沼　孝ほか『今金町美利河1遺跡』1984
12) 千葉英一ほか『木古内町新道4遺跡』1988

# 中国北部の後期旧石器文化

千葉大学教授
■ 加 藤 晋 平
（かとう・しんぺい）

> この時代の編年については，石器群の変遷を直線的に3期に区分する考えと，同時平行する三系統の文化伝統を認める考え方とがある

ここで言う中国北部とは，ごく漠然と黄河以北の地域を指すことにしたい。そして，この地域の後期旧石器文化を考えるに当たって，ソ連邦沿海州地区と朝鮮半島の資料をも多少参考にすることにしたい。

さて，この地域の後期旧石器時代の編年については，今までに何人かの研究者による試案が発表されている。最近，出版された張森水氏の意見では，中国北方地域の後期旧石器文化は，二つの文化伝統が併存し，その一つは小石器文化伝統で，峙峪→小南海→山頂洞の系列といい，他の一つは長石片・細石器文化伝統で，水洞溝→下川の系列であるという[1]。言うまでもなく，中国の旧石器時代において，この二系列の文化伝統が，前期旧石器時代から同時に並列して発展してきたという考え方は，賈蘭坡氏によるもので，1970年代の始め頃から同氏の意見が開陳され[2]，さらに最近では，後期旧石器時代において，新たに一系統を加え，三系統の存在を認めようとしている。

一方，このような並列的発展を考える意見とは別に，石器群自体の具体的な変遷に視点をおいた，直線的な文化発展を考える意見もある。それはタン・チュン氏らの説である[3]。彼らの意見では，華北地方の後期旧石器文化を，第Ⅰ期から第Ⅲ期までの3期に区分し，次いで第Ⅱ期をさらにⅡa，Ⅱb，Ⅱcの3期に細分している。簡単に説明すると，次のようである。

第Ⅰ期（3〜4万年前）は，石球・斜切剝片石器伝統で，内蒙古自治区シャラ・オソ・ゴル，甘粛省劉家岔，山西省富祐河の遺跡が挙げられている。第Ⅱa期（3万年前）は，典型的なナイフ形石器を有するが，細石刃技法を欠いている石器群で，回族自治区水洞溝遺跡が挙げられ，第Ⅱb期（3〜2.5万年前）は，ナイフ形石器を有し，細石刃技法の出現を見る段階で，山西省峙峪遺跡が挙げられ，第Ⅱc期（2.5〜1.5万年前）は，ナイフ形石器と細石刃技法とが同時に卓越している段階で，山西省柴寺遺跡，河南省小南海遺跡が挙げられてい

る。最後の第Ⅲ期（1.5〜1.0万年前）は，発達期細石刃伝統と呼び，山西省薛関遺跡，河北省虎頭梁遺跡，北京市周口店山頂洞遺跡などが挙げられている。

現在，私には，賈・張両氏らによる並列文化発展の確実性について，十分に理解するだけの資料を残念ながら持ちあわせていないので，ここでは，タン・チュン氏らの意見をもとに，すこしばかり私見を加えながら，中国北部における後期旧石器文化の様子について，述べることにしたい。

## 1 石刃技術の発生

タン氏らによって第Ⅰ期に属させたシャラ・オソ・ゴル遺跡については，若干の問題がある。シャラ・オソ・ゴル遺跡出土の石器群は，石英・チャート製の小型石器類で，サイドスクレイパー，エンドスクレイパー，鋸歯状石器，小型礫製チョッパーなどである。報告者のH.ブルイユ氏は，石刃石核や石刃の出土について直接は記載せず，石器の使用材料としてラーム，ないしラメルという語を使っている[4]。しかし，図示されているものから判断すると，いわゆるラームというものが，石刃技術により剝離されたものとは言えない。また，「他の紛うことない彫器削片のラメルは，分厚い龍骨状スクレイパーの一端から生産されたものである」（図1上段左端）という記述がある。このような記載からも窺えるように，この石器群には，確かな石刃技術・細石刃技術によって剝離された石刃・細石刃は存在しないことを示している。

次いで，ブルイユ氏が紹介している，「フタナイト製の他のサイドスクレイパーは，他端にベク・ド・フルート型彫器の一種と複合している」（図1上段右端）という石器について，タン氏らは，細石核か？としている。私も以前は，この石器を細石核と理解していたことがあったが，現在では，Ⅱa期に属する峙峪遺跡出土の扇形石核石器と同様，くさび形石器の一種と考えている。実物を見てみなければ分からないが，彫器削片のラメルと

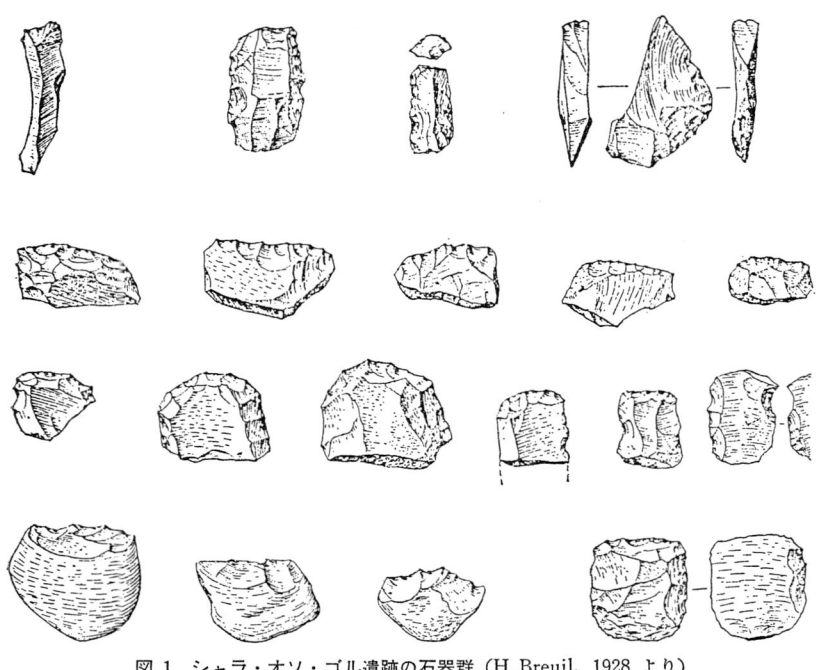

図1 シャラ・オソ・ゴル遺跡の石器群（H. Breuil, 1928 より）

法の発生期でもある。

## 2 ナイフ形石器の問題

タン氏らは，第Ⅱ期をナイフ形石器の存在と細石刃伝統に特徴があるとしている。そして，さらにさかのぼって，第Ⅰ期の不定形剥片の先端部や縁辺部に施された二次調整のあるものについても，ナイフ形石器（knifelike-tool, backedknife, truncated-flake という語を使用）として認めようとしている。しかし，ナイフ形石器は，私の見解では，石刃技術を基盤にして生まれてきたものであり，石刃技術の存在が明確でないシャラ・オソ・ゴル石器群にナイフ形石器を認めようとするのは，問題があるところである。その点で，原始的な石刃技術の認められる劉家岔石器群の場合の方が，今後十分な検討を必要とするものである。

さて，Ⅱa期の標識遺跡は，3万年前前後とされる水洞溝石器群であるが，大型の石刃，片面加工の尖頭器，スクレイパー，彫器，小型舟形石器，くさび形石器などをもっている。これらの石刃を剥離した石核は，単設・両設打撃面をもち，かつ片面剥離の偏平石核である。いわゆる，タビュラー・コアである。また，石核には円盤形石核も含まれている。このような石器組成や，剥片製作技術のあり方は，モンゴルのモイルチン・アム遺跡，ザバイカル地方のトルバガ遺跡・ワルワリナ山遺跡のものときわめてよく一致している。そして，これらの諸遺跡は，放射性炭素による年代などで，すべて3万年以前とされる。それ故，水洞溝石器群も，3万年以前に北アジアに広く拡散した偏平石刃核から石刃を剥がす石器群に属するものである。それらはおそらく，今のところ，シベリア・モンゴルにだけ認められる，中期旧石器時代のルヴァロワ技法に基盤をもつ石器群に連なるものであろう。

このような石刃技術は，前述した劉家岔遺跡のキュービックな石刃核から剥がす石刃技術とは，

いうのは，実はこのようなくさび形石器から剥離された削片である可能性がある。実際，この石器群には，図示されたものからみると，各種のくさび形石器が存在するようだ。

では，石刃技法が存在しないシャラ・オソ・ゴル石器群の位置づけを，どのように考えたらよいであろうか。放射性炭素年代によると，35,340±1,900B.P. と出されているが，ウラン・シリーズによる年代測定では，3.7〜5万年前と推定されている。前者であれば，後期旧石器時代のごく初頭に位置づけることができるかもしれないが，後者であれば中期旧石器時代に属する。小型の石器を主体とする石器群の構成から考えて，また石刃技法が存在しないという点から，この石器群は，中期旧石器時代に属するとするのが，今のところ妥当であろう。

劉家岔遺跡出土の石器群には，錐状石核という粗雑な石刃石核が存在し，調整した打撃面をもつ縦長剥片も報告されているので，石刃技法の存在を認めてもよい。また，富祐河遺跡でも，縦長剥片の存在が知られるので，あまり明確ではないが，同様に，石刃技法の存在を予測させる。富祐河遺跡の放射性炭素による年代は，36,200±3,500〜2,500B.P. とだされ，この年代を基礎に，中国北部における後期旧石器時代の開始期を，3万5千年前後と置くことができよう。それは，石刃技

**27**

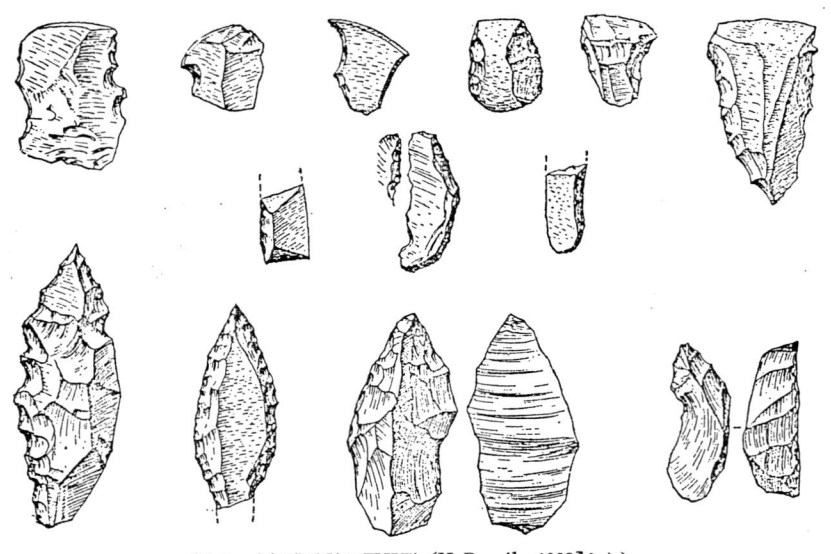

図 2 水洞溝遺跡の石器群 (H. Breuil, 1928 より)

で，ナイフ形石器の存在は問題である。さらに，細石刃技術を示すとする，賈氏らが扇形石核石器と称するものは，シャラ・オソ・ゴル遺跡のベク・ド・フルート型彫器と同様，また，次期のⅡc期の河南省小南海遺跡の偏平状石核と同様，細石核ではなく，くさび形石器と考えねばならないものである。この事実は，すでに，何人かの研究者によって指摘されている通りである。

大きく異なっている。アジア大陸には，ルヴァロワ技法に端を発するシベリア・モンゴル地方の，そして中国東北部を含めた地方の偏平石刃核からの石刃技術と，より南部の華北地方のキュービックな石刃核からの石刃技術との二つの石刃技術の系譜を考えることができよう。

タン氏らは，水洞溝石器群の中に，大量のナイフ形石器を有していると指摘し，石刃ないし縦長剝片を素材にしたナイフ形石器を 2 点図示している。しかし，上述したモンゴル・シベリアの同種の石刃石器群には，このようなナイフ形石器を認めることができないので，狭義にこの石器を定義するならば，再考の余地がある。けれども，ブルイユ氏の報告中にある細石器と分類された石器のうち，「一側縁に幅広の刃部を残し，二側縁を加工したラーム・（ミクロ・トランシェ）」（図 2 上段右から 3 点）といわれる台形様石器は注目される。タン氏らが，大量のナイフ形石器と言われる中には，この種の石器を含んでいるものと思われる。日本列島でも，AT テフラ堆積以前の時期に，すでに台形様石器が出現していることを考えると，きわめて興味深い事実である。

Ⅱb期の標識遺跡は峙峪遺跡で，スクレイパー，彫器，尖頭器，くさび形石器，鋸歯状石器などが含まれている。この石器群においても，タン氏らは，ナイフ形石器の存在を指摘し，縦長剝片を素材としたものを 5 点ほど図示している。しかし，この石器群には，確かな石刃技法が存在したのか，はなはだ疑問である。その点で，狭義の意味

## 3 周口店の剝片尖頭器

韓国忠清北道スャンゲ遺跡出土，そしてソ連邦沿海州ウスチノフカⅠ遺跡出土の剝片尖頭器と同種のものが，九州から中国地方の一部にかけて分布し，それらの間に強い結び付きがあることは，すでに指摘されている。かつ，この剝片尖頭器を有する各国の石器群の間には，石刃技術を基盤にもつ点，また石器組成の点から，基本的な共通性があり，AT テフラ降下直後に，朝鮮半島から九州へと，剝片尖頭器文化が拡散してきたとされている[5]。

さて，今のところ，中国北部の後期旧石器時代に属する遺跡では，この剝片尖頭器を出土していない。ただ，非常に不思議な例が 1 点存在する。それは，北京原人の化石骨を出土した周口店第一洞の石器群に認められる。それ故，前期旧石器時代とされる石器群ではあるが，この問題をここで取り上げる必要がある。

40m の厚さの堆積物中から出土した 10 万点という周口店石器群は，すべて同一の石器文化に属するもので，異なった文化に分けることができないと言われる。しかし，長い期間に，ほぼ 70〜23 万年前の間の 50 万年間には，石器群の発展が認められ，次の 3 期に区分されるという。

前期（11〜8 層）：剝片類はハンマーによる直接打撃法，両極技法，そして台石技法の 3 種により生産されたという。石器は，大型のスクレイパー類とチョッパー類で，ポイント類は少ない。

中期（7〜6層）：両極技法による剝片類が，直接打撃法によるものを凌駕する。上手に加工されたポイント類が量的に増加し，チョッパー類は減少する。

後期（5〜1層）：直接打撃法による剝片類が重要であった。「北京原人は剝片生産にこの技法（直接打撃法）を巧みに使ったので，剝片の形態が規則的で，石刃や細石刃のような長三角形のものであった」一方，両極技法による剝片類は3,000点を越え，この技法がもっとも剝片製作の上で優勢であった。大部分の両極剝片は，薄く，長く，規則的で，あるものは石刃や細石刃のようであるという。そして，この後期に，石錐が出現するという。

以上が，最近報告された裴文中・張森水両氏による『中国猿人石器研究』（1985）に見える石器群の要旨である。両氏が指摘しているように，後期の段階に，石刃や細石刃に類似するものが存在するが，それは確かである。そして中でも注目すべきは，両氏により図示されているものに，後期旧石器時代でなければ出現しない，打撃面のきわめて小さい，かつ頭部調整をもつ石刃で，確かな石刃石核から剝離されたものがある（図3下段）。スヤンゲ遺跡・ウスチノフカI遺跡の石刃にも，頭部調整の石刃が多数存在する。このことは，周口店石器群の中に，明らかな石刃技術の存在を認めねばならない事実を示している。

さらに，周口店石器群の後期に出現するという「石錐」という石器群のなかで，双肩長尖石錐と呼ばれるものは，九州地方に数多く認められる剝片尖頭器そのものである。柄部にあたる両側部分を，裏面から加工し，一方，尖端部右側縁の一部にもわずかな調整のある，長さ4.5cm，幅1.8cmの縦長剝片製のものである（図3上段）。そして大変に興味深いのは，この長尖石錐の石材がフリントであることで，調査された全石器群17,000点ほどの90%近くが石英であるのに反して，きわめて例外的な素材である。前述の石刃も，写真から判断すると石英素材ではない。

この両種類の石器が含まれていた箇所は実際には明確ではない。すなわち，いずれの石器表面にもL3と注記されているもので，これらは廃土中から発見されたものらしく，確実な出土層位は不明である。L3と注記のあるものは585点あるが，当時の発掘情況から考えて，その大部分は第3層中からで，ただ同層からでない若干のものも

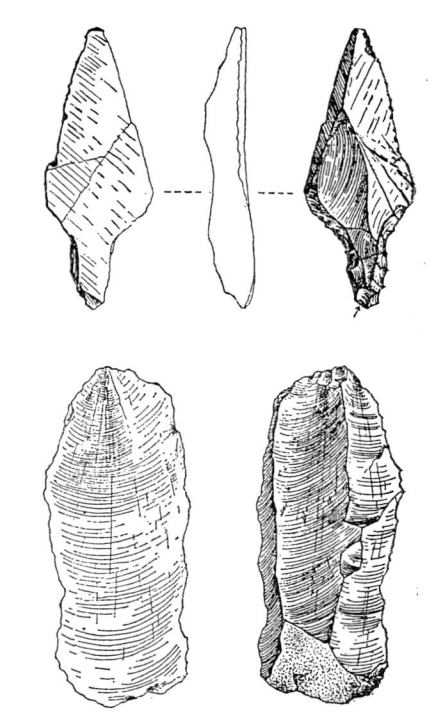

図3　周口店第一地点の石器群（裴・張，1985より）

含まれている可能性があるので，第1〜3層全体とするのが妥当とされている。いずれにしても，これらの石器は，洞窟堆積物の最上部から出土したものである。

すでに述べたように，周口店石器群は，すべて前期旧石器時代に属するというが，頭部調整石刃・剝片尖頭器の存在は，後期旧石器時代の石器群を，理由は不明であるが混入していることを明らかに示している。このような，石器の混在については，赤堀英三氏によってすでに指摘されているところである[6]。私は，以上のような石刃技法を基盤にもつ剝片尖頭器石器群が，周口店石器群に存在することから，それ以前の石器群と区別して，「周口店UPI石器群」と称して置きたい。また，それ以外の石器群が，すべて前期旧石器に属するわけではなく，平行した多調整の打撃面を有するルヴァロワ？剝片も図示されているので，中期旧石器に属する石器群も混在している可能性が十分に存在するのである。

## 4　各種のクサビ形細石核

IIc期に属する2.4〜2.0万年前の[14]C年代の下川遺跡の石器群には，石斧，彫器，磨り石，石皿，ナイフ形石器，スクレイパーがあり，300点

ほどの細石核には，円錐形，ホロカ形細石核を含む各種クサビ形細石核が存在する。ただ，非常に残念なことには，複数の地点の石器群が一括して報告されている点で，各地点毎にどのような石器組成の違いがあるのか明らかでないことである。

この遺跡で報告されているホロカ形細石核は，東アジアではかなり広い分布を有している。ソ連邦沿海州ウスチノフカⅠ遺跡では，このホロカ形細石核を主体とする石器群である。朝鮮半島北部会寧付近で採集され京都大学考古学研究室に保管されている資料中には，黒曜石製の良好なホロカ形細石核をもつ石器群が存在する。また，アムール中流ゼーヤ川右岸支流セレムジャ川には，多数の後期旧石器遺跡が存在するが，その中のバルカスナヤ遺跡群に，ホロカ形細石核を数多くもつ石器群が発見されている。

中国においては，最近，江蘇省と山東省の省境付近の馬稜山周辺で多数の細石器群が報告され，爪墩文化と呼称されている[7]。その中に，ホロカ形細石核が認められる。石器分類には多少の問題があるが，小型スクレイパー類，彫器，尖頭器が含まれている。やはり，ここでも，地点毎にどのような石器組成の差があるのか，明らかでない。

盖培氏も，この地点付近の遺跡出土の石器群を報告している。しかし，果たしてどのような位置関係にあるのかは不明である。図示されている細石核は３点あるが，円錐形細石核１点と，後述の桑干技法による剝片を片面加工したブランクの細石核２点である。また，横剝剝片のナイフ形石器も呈示している。そして，「台形石器（盖氏は台形ナイフと言っているが）は，結晶質石材の石刃中央部片から作られているが，それはこの石器を製作するために石刃の両端を折り取ったもので，そして石刃の中央部片の両側をブランティングし，石刃の他の鋭い側縁を加工しないで残している」と，記載する台形石器も採集されている。このような日本列島の後期旧石器群と関係がありそうな石器が各種報告されているが，石器組成が明らかでないのは残念である。

爪墩文化の石器群には，ホロカ形細石核とは，技術的にはまったく共通しているが，若干形態を異にする細石核がある。それはホロカ形細石核に比して，幅広で，背の高い形態をするもので，九州の船野（ふなの）型細石核に類似するものである。九州との文化的な関連を考えるうえで興味深い。

Ⅲ期の発達した細石刃伝統の時期を代表する遺跡，河北省虎頭梁遺跡からは，非常に多量のクサビ形細石核が発見されている。それらは，ホロカ形細石核とは製作工程を異とするもので，その各種クサビ形細石核については，技術形態学的な分類がされている[8]。泥河湾技法，桑干技法，陽原技法の３種で，泥河湾技法は，また河套技法とも呼ばれ，北海道の湧別技法に類似する。桑干技法は，オショロッコ技法に類似するといわれる。陽原技法は，虎頭梁技法ともいわれ，峠下技法と似ているという。そして，その変遷については，陽原技法がもっとも古く，下川遺跡や薛関遺跡に類似品が存在し，次いで泥河湾技法で，黒竜江省のハイラル遺跡や一八站遺跡に認められる。桑干技法は，泥河湾技法から発展したものであるという。

また，盖氏は，虎頭梁遺跡からは，長崎県泉福寺（せんぷく）遺跡出土のクサビ形細石核に類似するものも存在することを指摘している。虎頭梁遺跡からは，腹面に礫皮面を大きく残し，背面のみを加工し，刃部が直線状ないし凹状を呈する，きわめて特徴的な片刃石斧が出土している。この種の石斧は，一八站遺跡，そして東シベリアのグロモトウハ遺跡から発見されている。虎頭梁遺跡の $^{14}C$ 年代は，11,000±500 であり，グロモトウハ遺跡のこの種石斧の出土層位は，新石器初頭の土器を伴うことより，この段階を後期旧石器時代から新石器時代への移行期とすることができよう。

註
1) 張森水『中国旧石器文化』天津科学技術出版，1987
2) 賈蘭坡ほか「山西峙峪旧石器時代遺址発掘報告」考古学報，第１期，1972
3) Tang Chung & Gai Pei : Upper Paleolithic Cultural Traditions in North China. Advances in World Archaeology. Vol.5, pp.339～364, 1986
4) H. Breuil : Archeologie. Le Paleolithique de la Chine. pp.103～136, 1928
5) 松藤和人「海を渡った旧石器"剝片尖頭器"」花園史学，8，1989
6) 赤堀英三『中国原人雑考』六興出版，1981
7) 張祖方「爪墩文化」東南文化，1987—2
8) Gai Pei : Recent Progress of Upper Palaeolithic Research in China. The Pleistocene Perspective. Vol.2, 1986

# 中国華南の後期旧石器

筑波大学大学院
■ 加 藤 真 二
（かとう・しんじ）

中国南部では後期旧石器時代に入ると加工具中心の石器群へ変化していくが，これは森林内の資源・環境の利用の拡大が反映している

ここでは，華南をふくむ長江以南の中国南部に対象地域を拡大し，この地域の後期旧石器文化を取り上げたい。対象地域で実際に旧石器遺跡が報告されているのは，四川盆地（四川省東部），貴州高原（貴州省），雲南高原（雲南省，四川省南部），東南沿海丘陵（広東，広西）である。

つぎに，ここでは暫定的に現生人類の出現以降，土器の出現期までを中国南部の後期旧石器時代としておきたい。中国南部の現生人類の化石の年代で比較的古いものには，約4万年前といわれる広西壮族自治区柳江人，同自治区宝積岩人（約3.5万年前），四川省資陽人（約3.7万年前）などがあることから，後期旧石器時代の開始を約4万年前とする。また，広東省英徳青塘遺跡などで約1万年前の年代をもつ土器が検出され[1]，中国南部最古の土器と考えられていることから，中国南部の後期旧石器時代を約1万年前までとしたい。

## 1　代表的な遺跡とその変遷

中国南部の後期旧石器文化は，ジェーン・アイグナー[2]や佐川正敏[3]が指摘するように，大きく雲南高原・東南沿海丘陵を中心とする地域と四川盆地・貴州高原を中心とする地域に分かれるようだ。前者では，大形の礫器や不定形な削器が卓越する石器群がみられ，後者には定形的な剥片素材の尖頭器，掻器，削器を中心とする石器群が存在する。そして，両者ともに器種の組み合わせや共伴動物化石に占める絶滅種の割合，理化学的年代測定値[4,5]などをもとに，次の石器群にさらに細分することができる（図1）。

### 雲南高原・東南沿海丘陵

広西壮族自治区宝積岩遺跡に代表される削器を若干もつが，大形の礫器を主体とする石器群（宝積岩グループ，4〜3万年前）。

広西壮族自治区白蓮洞遺跡西区2，3，5，7層，雲南省龍潭山1号洞遺跡，同2号洞遺跡などの大形の礫器とともに，削器を多く持つ石器群（白蓮洞西区グループ，3〜1.8万年前）。

広東省独石仔遺跡上，中，下層，同省黄岩洞遺跡，白蓮洞東区6層などの大形の礫器を主体とする石器群（独石仔グループ，1.8〜1万年前）。

雲南省木家橋遺跡が代表する石球を持つことを特徴とする石器群（木家橋グループ，2.5万年前）。

### 四川盆地・貴州高原

四川省銅梁遺跡，同省鯉魚橋遺跡，貴州省王家院子遺跡など比較的大形の縦長剥片素材の尖頭器，掻器，削器をもつ石器群（銅梁グループ，2.5万年前）。

四川省富林遺跡，貴州省穿洞遺跡下層など小形の尖頭器，掻器，削器をもつ石器群（富林グループ，2〜1.8万年前）。

貴州省猫猫洞遺跡，同省白岩脚洞遺跡下層，穿洞遺跡上層など「鋭稜砸撃法」によって剥離された剥片を素材とした尖頭器，掻器，削器を中心とする石器群（猫猫洞グループ，1.5〜1.3万年前）。

貴州省飛虎山遺跡，同省馬鞍山遺跡，白岩脚洞遺跡上層など尖頭器や大形の礫器をもたず，削器を中心とする石器群（飛虎山グループ，1.5〜1万年前）。

この他，雲南省大那烏遺跡や広東省西樵山東麓遺跡群などの細石刃技術をもつ石器群が，雲南高原・東南沿海丘陵の旧石器時代最末期ないし，新石器時代初頭（1万年前）に存在する（西樵山東麓グループ）。

これらのうち，雲南高原・東南沿海丘陵では，石器製作技術に，磨製・穿孔技術が，白蓮洞西区グループの後半（2.5万年前）以降あらわれ，穿孔礫器や磨製石斧がみられるようになる。また，猫猫洞グループ，飛虎山グループには，箆状骨器や尖頭骨器などの骨角器が多くみられる。

また，宝積岩グループが四川盆地（四川省黄鱔渓資陽人B地点）に，富林グループが雲南高原（四川省回龍洞遺跡）にもみられることから，各グループの石器群は，時期によっては，雲南高原・東南沿海丘陵，四川盆地・貴州高原という2つの大きな地域を超えて分布することもあったらしい。木

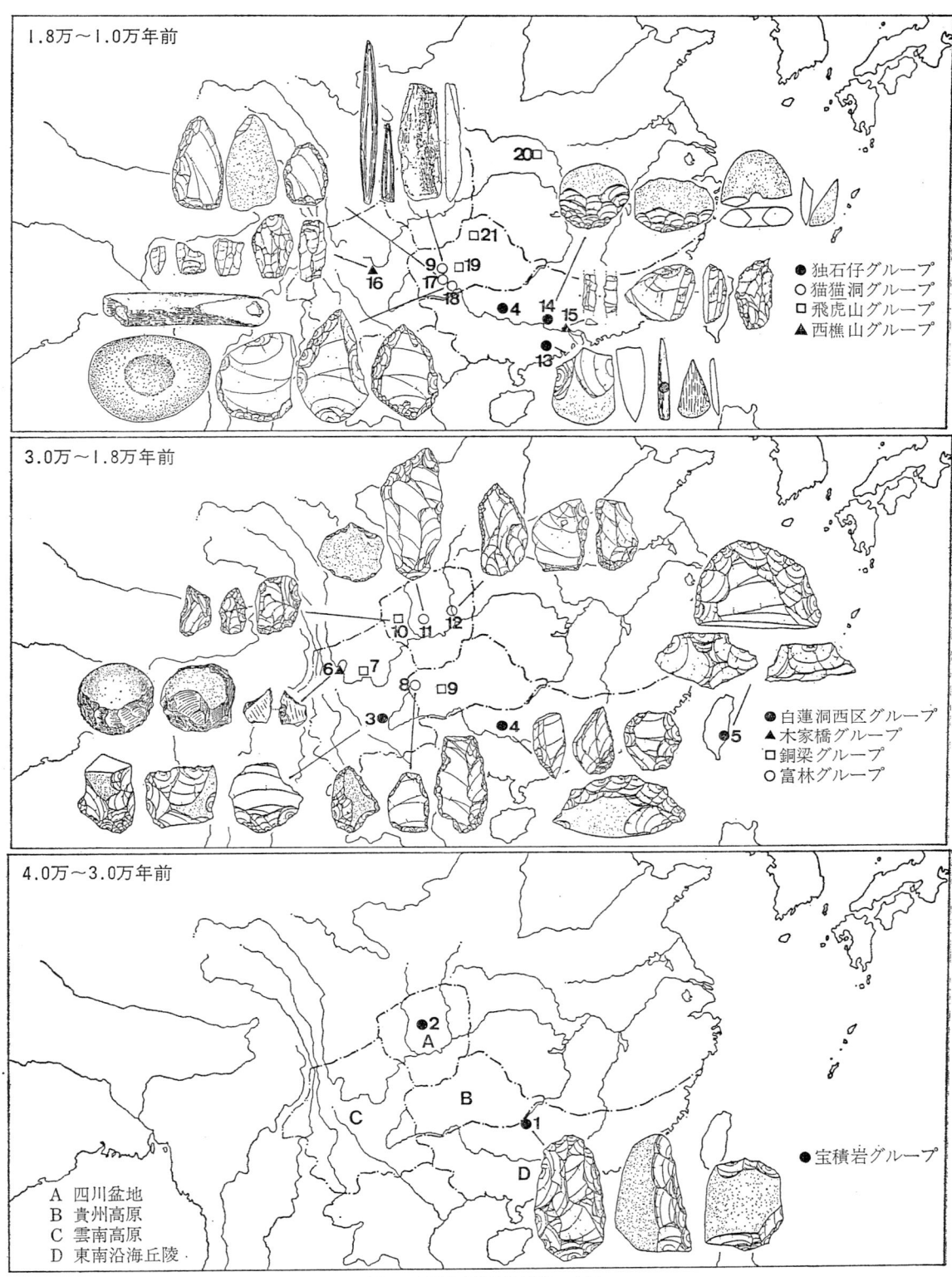

図 1　中国南部旧石器遺跡の変遷

1宝積岩，2黄鱔渓資陽人B，3龍潭山遺跡群，4白蓮洞，5乾元洞，6木家橋，7回龍洞，8王家院子，9穿洞，
10富林，11鯉魚橋，12銅梁，13独石仔，14黄岩洞，15西樵山，16大那烏，17白岩脚洞，18猫猫洞，19飛虎山，
20樟脳洞，21馬鞍山

Within figure, top panel (1.8万〜1.0万年前):
独石仔グループ
猫猫洞グループ
飛虎山グループ
西樵山グループ

Middle panel (3.0万〜1.8万年前):
白蓮洞西区グループ
木家橋グループ
銅梁グループ
富林グループ

Bottom panel (4.0万〜3.0万年前):
A　四川盆地
B　貴州高原
C　雲南高原
D　東南沿海丘陵
宝積岩グループ

家橋グループの分布は，雲南高原南西部に限定されている。

これら中国南部の後期旧石器文化の石器群を貴州省観音洞遺跡（11～5.5万年前）に代表される中国南部の中期旧石器文化と比較すると，四川盆地・貴州高原の銅梁，富林，猫猫洞の各グループでは，石器群が狩猟具（尖頭器）と加工具（掻器・削器など）の組み合わせであり，中期旧石器文化の石器群と共通しており，石器製作技術からも共通性が指摘されている[6,7]が，後期旧石器文化の石器群には，広西壮族自治区百色遺跡群などの前期旧石器文化以来存在したハンドアックス類や中期旧石器文化に盛行した斜軸尖頭器がみられず，かわって斧形石器などが存在するなど，石器群の持つ器種に差がみられる。とくに，雲南高原・東南沿海丘陵の石器群には，観音洞遺跡でみられた定形的な剥片石器類が欠如しており，両者には大きな差が存在している。

また，中国の長江以北の後期旧石器文化の石器群と比較すると，ナイフ形石器や石刃技術など北の石器群の基本的な要素がみられない点や石器製作における穿孔・磨製技術の発達などの点に中国南部の後期旧石器文化の石器群の独自性がみられる。

この他，白蓮洞西区グループが台湾省（乾元洞遺跡），飛虎山グループが湖北省（樟脳洞遺跡）など中国南部の周辺地域に類似する石器群を見出すことができる。また，木家橋グループや西樵山東麓グループは，その前後の時期に関連する石器群がみられず，出現する時期・地域も極めて限定されていることなどから，中国南部以外の地域からの伝播の結果と考えられる。こうしたことから，中国南部は，外部の地域とのつながりを持っていたこともうかがうことができる。

## 2 中国南部の後期旧石器人の生活様式

現在のところ，中国南部の旧石器遺跡の多くは，石灰岩洞穴中で発見されており，動物遺存体が伴うことが通例である。これより，中国南部の後期旧石器人の狩猟活動をある程度知ることができる。

雲南高原・東南沿海丘陵では，1遺跡からイノシシ，シカ，サンバー（水鹿），ホエジカなどの中小形草食動物，ステゴドン，シナサイなどの大形草食動物，サルなどの樹上性動物，ネズミの仲間などの小形地表性動物などの多くの種類の動物化石が検出されている。一方，四川盆地・貴州高原では，イノシシ，シカ，ホエジカ，サンバーなどの中小形草食動物，あるいはステゴドン，シナサイなどの大形草食動物いずれかを中心とすることが多い。

両地域とも，森林に住む動物を主な狩猟対象としていたことがわかるが，雲南高原・東南沿海丘陵では森林内の多様な環境に住む動物を，貴州高原・四川盆地では森林内の草地に住む動物に偏って，それぞれ狩猟対象にしていた傾向がみられる。

また，四川盆地・貴州高原の銅梁，富林，猫猫洞の各グループでは，狩猟具と考えられる尖頭器が出土しているが，その他のグループでは，加工具を中心とし，狩猟具と考えられる石器は出土していないことや多様な動物を狩猟していたことなどから，有機質素材の狩猟具や特別な狩猟方法が存在していた可能性を考慮しなければならない。

狩猟以外の生業はどうであったのだろうか。中国南部の後期旧石器時代には，貝層や台石，敲き石，石斧，穿孔礫器などが出現することが知られている。これらを指標にしてみてみよう。

貝層は，雲南高原・東南沿海丘陵では，やや早くから出現している。白蓮洞西区グループ後半の白蓮洞遺跡西区2層（約2万年前）での淡水性貝類の貝殻，龍潭山1号洞遺跡（約1.8万年前）のコイの骨の出土を嚆矢とし，その後の各遺跡では，多量の貝殻・魚骨が出土している。貴州高原では，猫猫洞遺跡（約1.5万年前）で淡水性巻貝が検出されたのが最古の例であり，つづく飛虎山遺跡（約1.3万年前）でも貝殻が多数出土している。こうした貝層の出現は，内水面資源利用の開始を示しているといえよう。

台石，敲き石，石斧，穿孔礫器は，後期旧石器時代初頭の宝積岩遺跡（約3.5万年前）での斧形石器の出土以降，断続的に各時期の石器群から出土しているが，東南沿海丘陵では，白蓮洞遺跡西区3層（約2～2.5万年前）で，穿孔礫器が現われ，独石仔グループの各遺跡では，多数出土するようになる。この中には，磨製石斧も含まれる。貴州高原では，多数の敲き石，凹み石を含む台石が，白岩脚洞遺跡（約1.2～1.4万年前），猫猫洞遺跡から出土している。これらの遺物の増加は，植物性資源のなんらかの利用の増加と結びついていると考

えてもよいのではないか。

　以上，中国南部の後期旧石器人は，狩猟対象動物からわかるように，森林を主な生活領域としていた。そして，約2万年前には，生活領域である森林内の資源・環境の利用の拡大・強化が，貝層の出現や台石，石斧などの増加，さらには骨角器など，明確な姿をもつまでに高まったといえよう。この森林内の資源・環境の利用の拡大・強化という傾向は，雲南高原・東南沿海丘陵では後期旧石器時代初頭よりみられるが，四川盆地・貴州高原ではやや遅れ，森林内での草地における狩猟を発達させた後，急激に高まったようだ。

## 3　まとめ

　中国南部の各遺跡の石器群は，中期旧石器時代には，狩猟具・加工具の組み合わせであったが，後期旧石器時代に入ると，地域的な時間差を持ちながらも，加工具中心の石器群へ変化していく。これには，中国南部の後期旧石器人が選択した森林内の資源・環境の利用の拡大・強化という生活様式が反映していると考えられる。中国南部の森林と共通する特徴をもつ東南アジアの熱帯雨林地帯の先史文化の道具の製作・管理について，カール・ハッタラーは，生物の種類の豊富さとその分布の分散性を特徴とする環境下での道具の製作・管理は，広範囲に利用できる原材料を使用することが最も効率的であり，石器の重要性は，相対的に低下すると述べている[8]が，中国南部の石器群の加工具中心のものへの変化も，選択された生活様式下で生じた，こうした理由によるものであろう。

　ついで，本文中では触れられなかったが，中国南部の後期旧石器時代にみられた石器群や生活様式の地域差は，アイグナーが指摘する[9]ように，より広範囲な環境差と結びついている可能性が高い。その際，後期旧石器時代に森林内の草地での狩猟を発達させた四川盆地・貴州高原が，最終氷期に寒冷化の影響を強く受けたとされる地域[10]と一致することは，非常に示唆に富んでいる。

　最後に，中国南部では，後期旧石器時代後半の加工具を中心とした石器群と類似する石器群と土器が，約1万年前に共伴するようになり，新石器時代へと進行していく。こうした中国南部は，旧石器文化から新石器文化への一連のプロセスを復元できる可能性をもった地域の1つとしても評価

できる。

　これらの点からも，今後，中国南部の後期旧石器研究では，型式論にもとづいた編年・文化系統研究を古環境，生活様式のより詳しい復元と組み合わせて進めていく必要がある。最近の中国での研究もその方向で進んでいる。また，福建省や湖南省など，旧石器遺跡の未発見地域での遺跡の検出や研究が進行しているとも聞いている。今後の研究成果に注意を払っていきたい。

　本文は，昭和63年度筑波大学大学院中間評価論文「中国南方地域における旧石器文化の変遷とその解釈」の一部にもとづいている。西田正規先生はじめ筑波大学の諸先生，宋文薫先生，鄧聰先生，小野昭先生，加藤晋平先生には，資料提供や御指導を受けた。感謝いたします。

　註

1)　鄧聰，加藤晋平両氏の御教授

2)　Aigner, J. S.: Pleistocene Faunal and Cultural Stations in South China. Early Paleolithic in South and East Asia. Mouton Publishers, 1978

3)　佐川正敏「土器出現期前後の中国南方地区―研究動向の紹介を中心として―」考古学雑誌，69―1，1983

4)　原思訓・陳鉄梅・高世君「華南若干旧石器時代地点的鈾系年代」人類学学報，5―2，1986

5)　黎興国・劉光聯・許国英・王福林・李風朝「柳州大龍潭貝丘遺址年代及其與隣近地区対比」第四紀冰川與第四紀地質論文集 4，1987

6)　范桂傑・胡昌鈺「鯉魚橋與観音洞文化関係初探」考古與文物，1984―4，1984

7)　王海平「二十二年来貴州古人類，旧石器的考古発現及其研究」貴州文史叢書，1987―2，1987

8)　Hutterer, K. L.: An Evolutionary Approach to the Southeast Asian Cultural Sequence. Current Anthropology, 17―2，1976

9)　2) と同じ

10)　徐馨「第四紀冰期中的我国植物群」中国第四紀冰川冰縁学術討論会文集，科学出版社，1985

個別遺跡の発掘報告などは割愛した。

# 南シナ海沿岸部の無土器石器群—■鄧　聰

香港中文大学

## ——香港東湾下層石器群について——

香港東湾遺跡などの発掘によって，更新世以降，中国東南部および東南アジアでは，同じ文化分布圏をもつことが証明された

　東南アジア大陸の石器時代研究は 1920 年代に入ってから，急速な勢いで進められてきた。とくにマンシュイ氏によるバクソン文化の調査報告（1924〜25），コラニ氏によるホアビン文化の発見（1927）はその代表例である。その影響で，1935 年に Teilhard，楊鐘健と裴文中氏らが中国東南における広西省の苞橋，芭勲，騰羽の石灰岩洞穴で地質学および考古学の調査を行なった。その考古学の調査結果は 1935 年に『中国地質学報』（Vol. XIV，No. 3）に "On a Mesolithic（?）Industry of the Caves of Kwansi" の題で掲載された。裴氏はつぎの二つの指摘をしている。

　第一：東南中国においてはじめて発見された無土器石器群で，その年代は新石器時代より早く，中石器時代に属する。第二：広西とインドシナの間，石器の組成は明らかに類似する。

　この裴氏の見解は半世紀前に発表された説であるが，東産中国の先史学を理解するうえで，現在でも重要な仮説である。

　60 年代以降，東南中国における無土器文化の研究は長足な発展をみせた。その代表は広西省では百色遺跡群，宝積岩遺跡，白蓮洞下部遺跡，広東省では黄岩洞遺跡，独石仔遺跡，西樵山東麓遺跡群，台湾省では長濱八仙洞遺跡群などが挙げられる。これらの遺跡の石器文化時代では更新世から完新世まで土器をほとんど含まないという特徴がある。それらの文化の時期区分はそれぞれ「無土器時代」，『新石器時代』，「中石器時代」，「旧石器時代」など異なる認識がなされている。

　さて，筆者は 1985 年以来広西，広東の各洞穴を調査し，1989 年春，香港大嶼山東湾遺跡において第 11 層から，香港では初めての土器を伴わない石器群を発見した。そこで，小論では東湾遺跡を中心に百色，黄岩洞，白蓮洞などの周辺文化を紹介したい。

## 1　東　湾　遺　跡

　東湾遺跡の所在する大嶼山は香港島南部の一番大きい島である。遺跡は南シナ海に面した位置の上にできた横列型砂丘上にあって，標高約 7m，海岸から100mの距離である。1988 年 10 月から 89 年 3 月まで，東湾遺跡の第三回調査を実施した。面積約 400m² の調査の結果，表土より基盤まで13層に層序を区分することができた。約3mの砂質土堆積の中に無土器石器群から新石器時代文化層，戦国幾何印文陶器および六朝,唐の青釉陶器文化層に至るまで遺物が包含している。以下，まずグリッド H，I 1・2 の 11 層から出土した無土器石器群を紹介する。

　グリッド H，I 11 層より 50 点の石器が層下面にはりつくような状態で出土した。石器の他に炭化物が検出された。石器の出土状況，剝片の接合，垂直分布のあり方をあわせると，当時の生活面は良好に保存されていると理解された（図1）。

　石器の組成はチョッパー（4），チョッピング・トゥール（3），スクレイパー（1），石鎚（1），砥石（1），チップ（3），フレイク（31），分割礫（6）からなる。石質は凝灰岩と流紋英安岩などである。

　（1）　チョッパー（4点）：手頃な川原石をそのまま用いて，その一端に主として，片面から3, 4回の打撃を加えて，鋭利な刃を作り出した。刃先の形は尖ったものを呈する。図1ー1の1点は刃部両端に浅く平坦な調整が加えられている。長さ78mm，幅 85mm，厚さ 35mm。

　（2）　チョッピング・トゥール（3点）：手頃な川原石を素材として，その一端に交互剝離によるジグザグの刃部を作り出した。図1ー2の1点は凝灰岩の石質である。長さ 80mm，幅 87mm，厚さ 38mm。

　（3）　砥石（1点）：砥石は砂岩の素材で，扁平な長楕円形の片面に，いくつかの細い溝状の使用痕が斜めに彫りこまれている。おそらく骨角器を作る時に砥石として用いられたものだろう。長さ154mm，幅 91 mm，厚さ 55mm（図1ー3）。

　（4）　スクレイパー（1点）：図1ー4のスクレイパーは凝灰岩剝片を素材として，背腹両面にス

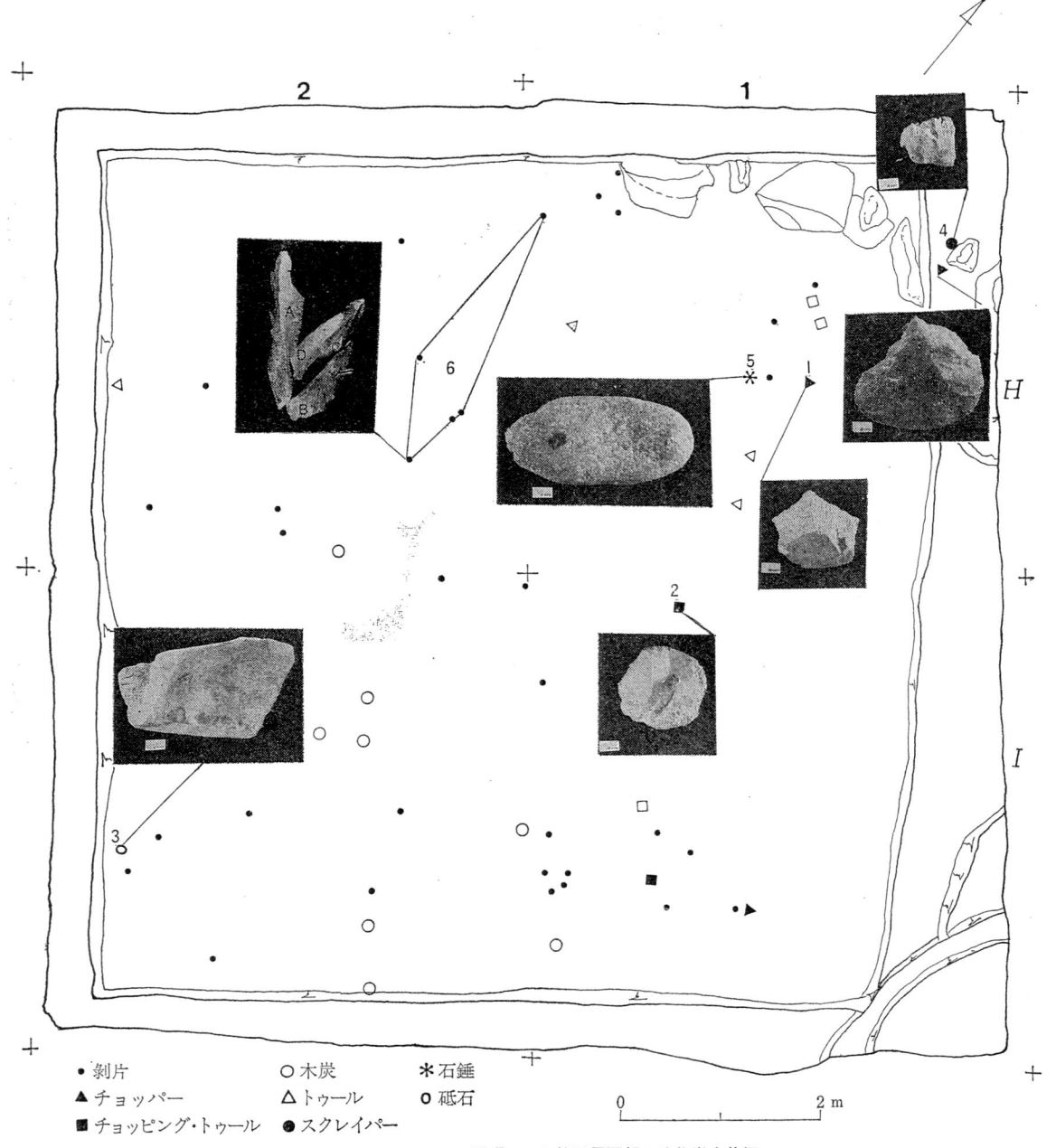

図1 香港東湾遺跡 H, I 1・2 第11層下部の遺物出土状況

凡例:
- ● 剝片
- ○ 木炭
- ＊ 石錘
- ▲ チョッパー
- △ トゥール
- ○ 砥石
- ■ チョッピング・トゥール
- ◉ スクレイパー

0　　　　　　　　2 m

クレイパーエッジが作り出された。長さ 51mm,
幅 54mm, 厚さ 20mm。

（5）　石錘（1点）：図1―5の石錘両端に平坦
な敲打痕が見られる。長さ 180mm, 幅 85mm,
厚さ 44mm。

（6）　剝片接合資料：図1―6剝片の剝離順序
は図1のA剝片がまず剝離され, 打面を形成し
た。次にその面を打面として, 剝片のB, C, D
とEと製作が進められた。

さて, 以上の石器群の特徴をまとめてみよう。

第一：尖ったチョッパーとチョッピング・トゥ
ールを特徴とする石器群である。

第二：剝片に二次加工をほとんど施さなかっ
た。

第三：石核は存在しないため, H, I 1・2のグ
リッドから持ち出されたことを意味する。

第四：磨製石器はない。

第五：砥石は骨角器を製作するためと, **骨角器**

の存在が予想される。

　以上，器種の組合せレベルで東湾石器群の特徴はどういう意味を示しているだろうか。文化は環境への適応パターンという。東湾石器群に伴って，どのような生業活動が行なわれただろうか。今のところ，東湾遺跡からは海洋性の魚介類の遺存体を出土していない。しかし，骨角器を作るために砥石として用いられたものの存在および遺跡の立地より考えると，海洋漁撈があった可能性も予想できよう。魚類資源は海岸の近くにおいて，重要な蛋白源であったであろう。東南中国の南シナ海には魚類が非常に豊富で860種が生息している。そのうち200種，例えば *Formio*, *Trachurus*, *Decapterus*, *Pneumatophorus* などの魚は，年中漁獲をえることができる[1]。

　さて，台湾八仙洞遺跡群はチョッパーと剥片を中心として，潮音洞では海洋性の魚類骨や単式釣針が出土しており，海洋漁撈があった可能性も指摘されている[2]。東湾遺跡と潮音洞遺跡は両者の石器群が類似している。東湾遺跡も同様に海洋魚類資源を利用したと考えられるだろう。また，東湾遺跡11層の石器の年代は $C_{14}$ 測定中であるが，おそらく完新世の前段と思われる。

## 2　周辺地域との関連

　中国東南沿海丘陵広西省百色遺跡群の石器群が南方地域最古の段階に位置づけられるという。1970年以降，百色盆地の右江流域では大量の打製石器が発見された。さらに，黄慰文氏は百色遺跡群からハンドアックス石器群と提唱している。筆者は1988年7月に北京古脊椎動物与古人類研究所を訪ねた際，氏の研究室で百色遺跡群の石器群を拝見できた。石器は石英岩の石質でほとんどチョッパーとチョッピング・トゥールが占めている。両面加工のハンドアックスはごくわずかしかない。百色遺跡群の石器群の発見は東南中国および東南アジアに重要な意味があることは確かであるが，以下若干の検討を加えてみたい。

　今まで百色遺跡群から発見された石器は，出土状況が不明であり，動物群の化石を伴わないため，時代区分は確定できない。李炎賢・尤玉柱氏は百色上宋村遺跡では2枚の文化層が発見され，その時代は晩更新世とし，旧石器晩期に属するとした。1986年に黄慰文氏は百色盆地の堆積を $T_1$ から $T_5$ まで区分した。石器は $T_3$ から出土し，

中更新世の周口店期と対比できるという。しかし，1988年9月広東馬壩人化石三十周年記念会では，黄氏は同年に百色盆地の $T_4$ より人工打製石器が発掘され，年代は100万年前で，早更新世とすると発表していた。

　さて，百色遺跡群の石器の年代には早，中と晩更新世の三つの説がある。そこで，この石器群について若干のコメントをしたい。百色遺跡群の数千点の石器はほとんど表採で，礫石器のほか，剥片石器の存否はまだ確実ではない。さらに一部のいわゆる石器は河岸の礫層中から採集され，自然石とも考えられる。東アフリカの Kafuan（カラフン文化）のいわゆる石器は石材とその型態は百色遺跡の石器と類似するところがある。だが，Kafuan の石器はいま考古学者から Pseudo-tools とされている。勿論，百色遺跡群の中には人工品はかなりある。筆者は1988年，中国中山大学人類学系の張鎮洪先生の研究室で，先生が採集された百色遺跡群の石器を拝見した。その中に，ホアビン文化の特徴であるスマトラリスの石器が間違いなく確認できた。

　以上，中国東南地域の最古の石器群はやや不確実な点が多いながら，チョッパー，チョッピング・トゥールを主として，若干粗雑なハンドアックス類を持ち，剥片素材のトゥールはほとんど持たないという石器群の特徴を示している。その意味で，モヴィウス氏の東南アジアチョッパー，チョッピング・トゥール伝統という考え方が修正を受けながらも基本的には氏のいうとおりである。故に，中国東南部では礫石器伝統はかなり長い歴史を有すると推測できよう。

　次に，広東省封開県黄岩洞穴は，筆者が1986年春封開博物館の鄧増魁氏および広東省博物館の莫稚氏とともに実地調査をした。黄岩洞は広東省西部の獅子岩山の西南斜面にあり，洞穴は現河水面より約15mに位置する。1978年の考察では，4つの地点が発掘された。第一地点の灰褐色砂質土堆積では，人骨，動物骨，貝殻そして焼土が発見された。第三地点は固った黄褐色砂質土堆積では13点の石器，動物骨と貝殻が出土したという。その $C_{14}$ 年代は貝殻を資料として，それぞれ11930±200年および10950±300である。発掘者の意見によって，両者ともに新石器時代早期と推測された。しかし，筆者の観察では，第一と第三地点の堆積は含有物が完全に違う。広東と広西一帯の黄

図2 中国広西省白蓮洞遺跡出土磨刃石斧

褐色の砂質土は晩更新世初期に属するとされている[3]。それ故，以上の貝殻の採集は問題がなかっただろうか。第三地点から出土した石器は石核は4点，石錘3点，チョッパー2点としている。筆者らが現地で採集したチョッピング・トゥールは3点である。そのうち1点は大型の剥片を二次加工で刃部を作り出した。もし，この石器が馬壩人類化石の時期とすれば，その時期は未だチョッパー，チョッピング・トゥール伝統がかなり重要な特徴をもつと推測したい。

東南中国晩更新世および前期完新世の石器文化の資料は，筆者が広西白蓮洞博物館と広東博物館で拝見できた。その時期の石器群は主に大型の礫器が主体で穿孔技術，磨製技術をもつ特徴が認められた。注意すべき特徴は，次の三つである。

第一：ハンドアックスはほとんどない。第二：先端刃部だけを磨いた石斧の存在である。1986年1月に，筆者は白蓮洞博物館館長易光遠氏から白蓮洞遺跡で出土した磨刃石斧を拝見できた（図2）[4]。第三：骨角器の存在である。

東南中国の石器文化は未解明の部分が山積している。石器の伝統からいえば，百色遺跡群→黄岩洞遺跡→東湾遺跡が主にチョッパー，チョッピング・トゥールおよび若干の剥片石器という組成が認められた。一方，やや離れた貴州省の観音洞遺跡，広東省西樵山東麓遺跡群の剥片石器は最近学界で注目されてきた。さらに東湾遺跡の第8，9層の剥片石器がやや増える傾向がみられている。以上の礫石器群と剥片石器群の組み合せは一体どういう関係を持つか，いまのところは不明である。

## 3 おわりに

さて，より広い視点から中国東南無土器文化を理解するためには当然東南アジア考古学に触れなければならない。近頃，今村啓爾氏はホアビン，バクソン文化に続くブート貝塚の文化には確かに土器の伴出が知られ，この土器は叩き技法によって作られ，この技法は東南アジアと中国の土器が同じルーツを有すると発言した。他方，今村氏は中国南部では，ホアビン，バクソン文化類似の文物の存在が知られているが，石器の中に進歩した全磨製のものがあったり，土器が存在する一方，ホアビン，バクソン文化に特徴的な片面加工の楕円形の石器がないなどのはっきりした違いもあって，同じ文化とみるわけにはいかないと指摘していた[5]。ここで，今村氏の指摘を吟味してみたい。

まず，前4000年のブート貝塚から，東南アジアにおいて土器の初現はどうしても不自然だと思う。最近，タイの学者 Surin Pookajorn 氏は東南アジアホアビン文化全体に検討を加えて，氏が発掘した Khao Talu, Ment, Petch Kuha 洞穴からもホアビン文化上層では土器が存在することを堅持する[6]。筆者は1987年に，莫稚と区家発とともに，広東省英徳青塘洞穴遺跡で前6000年の似撚糸文土器を確認できた。その土器の破片は今中山大学人類学系博物館に置いている。東南アジアの最古の土器はブート文化土器の時代よりもっとさかのぼるだろう。

次に，百色遺跡群の中の石器には間違いなくスマトラリスの石器が確認できた。白蓮洞遺跡第2，3層から出土した磨刃石斧もある。さらに，東湾遺跡の第8層から出土した磨製石器の量が増えて，刃部だけ磨製された石斧もあり，溝石は多く，一つの生活面から10個以上もまとめて出土した。それらはバクソン文化と類似するところもみられる。以上，更新世以降，中国東南部および東南アジアでは同じ文化分布圏を持つという1935年裴文中氏の説を支持したい。

（東湾遺跡の研究は1988年度中文大学中国文化研究所研究費補助金による研究の一部である。）

**註**

1) 雷宗友ほか『中国海环境手册』上海交通大学出版社，1988

2) 加藤晋平・西田正規『森を追われたサルたち 人類史の試み』同成社，1986

3) 莫 稚「広東旧石器文化及其若干問題」史前研究，4，1985

4) 易光遠ほか「広西柳州白蓮洞石器時代洞穴遺址発掘報告」『南方民族考古』四川大学出版社，1987

5) 今村啓爾ほか「東南アジアの先史文化」『東南アジアの民族と歴史』山川出版社，1984

6) Pookajorn Surin「The Hoabinhian of Mainland Southeast Asia : New Data from the Recent Thai Excavation in the Ban Kao Area」Thai Khadi Research Institute, Thammasat University, 1984

# アジアから日本列島へ

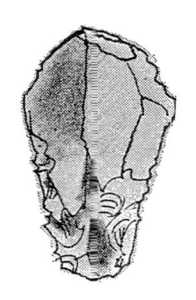

アジア大陸から日本列島へ，旧石器人たちはいつ，どのように移動したか。それを証明する石器にはどんなものがあるだろうか

朝鮮半島から日本列島へ／シベリアから日本
列島へ／中国大陸から日本列島へ

## 朝鮮半島から日本列島へ
―― 剝片尖頭器の系譜 ――

同志社大学講師
松 藤 和 人
（まつふじ・かずと）

始良 Tn 火山灰の降灰後，九州に突如現われる剝片尖頭器がスヤンケ遺跡など大陸側の後期旧石器文化との関連で注目されている

## 1 剝片尖頭器とは

　剝片尖頭器は，研究の初期に佐賀県平沢良遺跡（ひらざわら）でその特異な形態が注目されて以来，さまざまな呼称が与えられたが，昨今ようやくその用語が定着するようになった。この石器の研究では，用語の統一，形態分類，分布など清水宗昭氏の業績[1]に負うところが大きい。最近では，稲原昭嘉氏によって詳しく分析され[2]，細かな議論が可能となりつつある。

　剝片尖頭器とは，先細りの石刃を素材に，打面に接する両側端に主に腹面側から抉りを入れて茎部を作り出した石器で，先端は素材の性状をそのまま生かすかあるいは二次加工により鋭く尖らされている。多くの例では，素材剝片の打面は除去されずに残されており，1回の剝離で作出された平坦打面を見せるものがほとんどである。茎部の平面形は，方形，逆台形，舌状の形態をとる。

　剝片尖頭器の素材に供された石刃は，きわめて規格的な形態を示しており，背面の加撃方向が同一で，しかも中央に縦走する稜をもつ1稜石刃であったり，いわゆるルヴァロワ・ポイントを想起させる逆Y字状の稜をもつものがいたって多く，先すぼまりの形状ともあいまって規格的な剝片剝

離技術の存在を強く推測させる。

## 2 剝片尖頭器の分布と石材

　この石器の日本列島での分布をみると，西端部に著しい偏りをもち，沖縄県を除く九州全県，山口県・広島県まで及び，九州を中心にこれまで65カ所を越える出土地が知られている（図1）。このほか，和歌山県壁川崎遺跡，北海道幕別町札内Ⅰ遺跡で類品が報告されている。しかし，特異な石刃技法を発達させた備讃瀬戸地域や近畿中央部では，これまでのところ，この種の石器は見つかっていない。このように日本列島のなかでも九州という地域に偏在するという事実は，その系譜を考えるうえできわめて示唆的である。

　剝片尖頭器の石材は，原則として，在地系の岩石が用いられる傾向をみせる。九州の各地域ごとに使用石材を検討した稲原昭嘉氏によれば，北・西北九州（福岡・長崎・佐賀県）では安山岩が6割を占め，黒曜岩がそれに次ぐ（3割強）。中九州（熊本県）では安山岩が半数を占め，流紋岩がそれに次ぎ（3割），黒曜岩は1割ほどに減少する。南九州（鹿児島県）では流紋岩が6割強を占め，砂岩が3割弱，他にホルンフェルス，チャートがわずかに用いられる。東九州（大分・宮崎県）では流紋岩

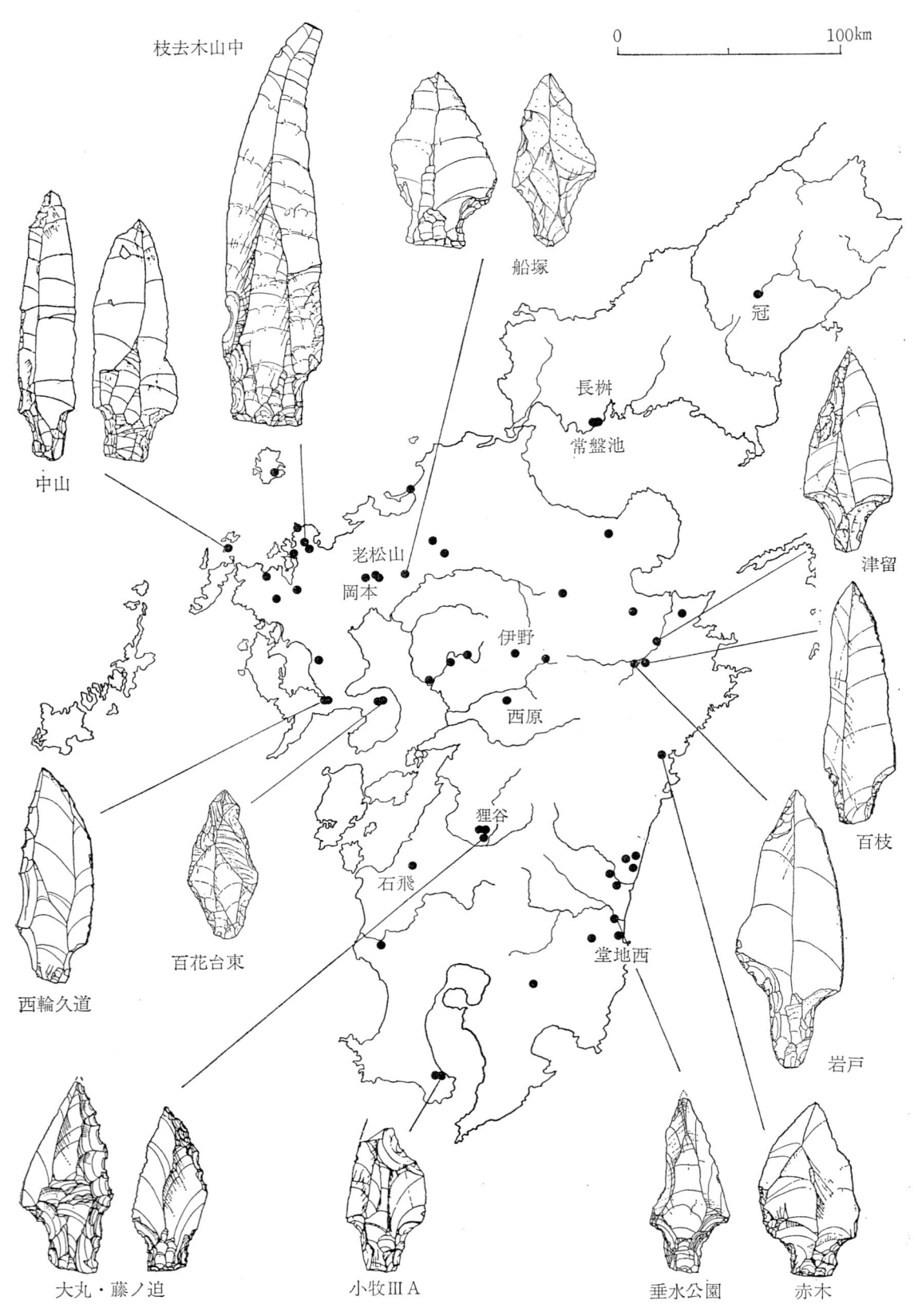

図 1　剝片尖頭器の分布

枝去木山中

船塚

冠

長桝

常盤池

中山

老松山

岡本

伊野

西原

津留

百枝

狸谷

石飛

岩戸

百花台東

堂地西

西輪久道

大丸・藤ノ迫

小牧ⅢA

垂水公園

赤木

**40**

（4割強）・安山岩（4割）のほか頁岩，ホルンフェルスも利用される。とりわけ黒曜岩に依存する伝統の強い西北九州にあって，あえて安山岩を多用する事実は，この石器が外来的な要素としての性格を物語っているように思えてならない。

## 3 石器組成と出土層準

石器組成を知りうる主要遺跡を，表1に示した。この表からわかるように，剥片尖頭器に伴う

石器にはナイフ形石器，台形石器，角錐状石器，三面調整尖頭器，掻器，削器，彫器，敲石，磨石などがある。しかし，これらの器種がどの遺跡でも見られるわけではない。因みに大分県岩戸遺跡では，ほぼ同層準とみられる岩戸Iと岩戸D石器群では，調査区が近接しながらも，ナイフ形石器・角錐状石器・三面調整尖頭器に偏在性が認められる。また長崎県百花台東遺跡では，剥片尖頭器が主要な生産用具とみられ，西北九州に普遍的な黒曜岩製のナイフ形石器を欠くという特異性も指摘される。熊本県狸谷遺跡・宮崎県赤木遺跡では，ナイフ形石器が全体に中・小型で，切出形・三角形のものが卓越する。また大変注目すべきことに岩戸，赤木，堂地西，狸谷遺跡をはじめ多くの石器群で，瀬戸内系のナイフ形石器の伴出が報告されている。

石器群の出土層準をみると，いずれも入戸火砕流または始良Tn火山灰（2.2～2.1万年前，略称AT）の降灰後に位置づけられる（図2）。熊本県人吉盆地の狸谷，大丸・藤ノ迫，鼓ヶ峰遺跡では入戸火砕流の風化土壌中に石器群が包含される。一方，小牧第II，堂地西，赤木遺跡ではATとの間に1枚の無遺物層を挟んで石器群がのこされており，降灰後の植生の回復を待って遺跡が形成されたものとみられる。これまでのところ，AT降灰以後，

表1 剥片尖頭器を伴う石器群の石器組成

| 遺跡＼器種 | ナイフ形石器 | 剥片尖頭器 | 三面調整尖頭器 | 角錐状石器 | 台形石器 | 先刃形掻器 | 削器 | 円形掻器 | 彫器 | 敲石・磨石 |
|---|---|---|---|---|---|---|---|---|---|---|
| 小牧3A | * | * | * | * | * | | | | * | |
| 石飛分校IV層 | * | * | | | * | | * | | * | * |
| 鼓ヶ峰 | 1 | 2 | 2 | | | 1 | 3 | 1 | | 6 |
| 大丸・藤ノ迫 | 2 | 5 | | 1 | 2 | | 2 | 1 | 1 | 6 5 |
| 狸谷上層 | 38 | 2 | | 6 | 7 | | 3 | 4 | 2 | 6 |
| 堂地西 | 8 | 3 | | | | | 3 | | | 1 |
| 赤木 | 38 | | | 3 | 1 | | | | | 3 |
| 百花台東VI層 | 5 | 5 | | | 1 | | 7 | 2 | 1 | 1 |
| 西輪久道下層 | 6 | 1 | | | | 9 | 3 | 1 | | |
| 船塚VII層 | 55 | 6 | | | | 3 | 32 | | 3 4 | 1 2 |
| 岩戸ID | 9 | 3 | | | 1 | 4 | 10+5 | | | 22 1 |
| 百枝C一II層 | 24 | 1 | 1 | 4 | 2 | | | | | 1 |
| 津留III～V層 | * | * | * | * | * | | | | * | |

*は実数不明

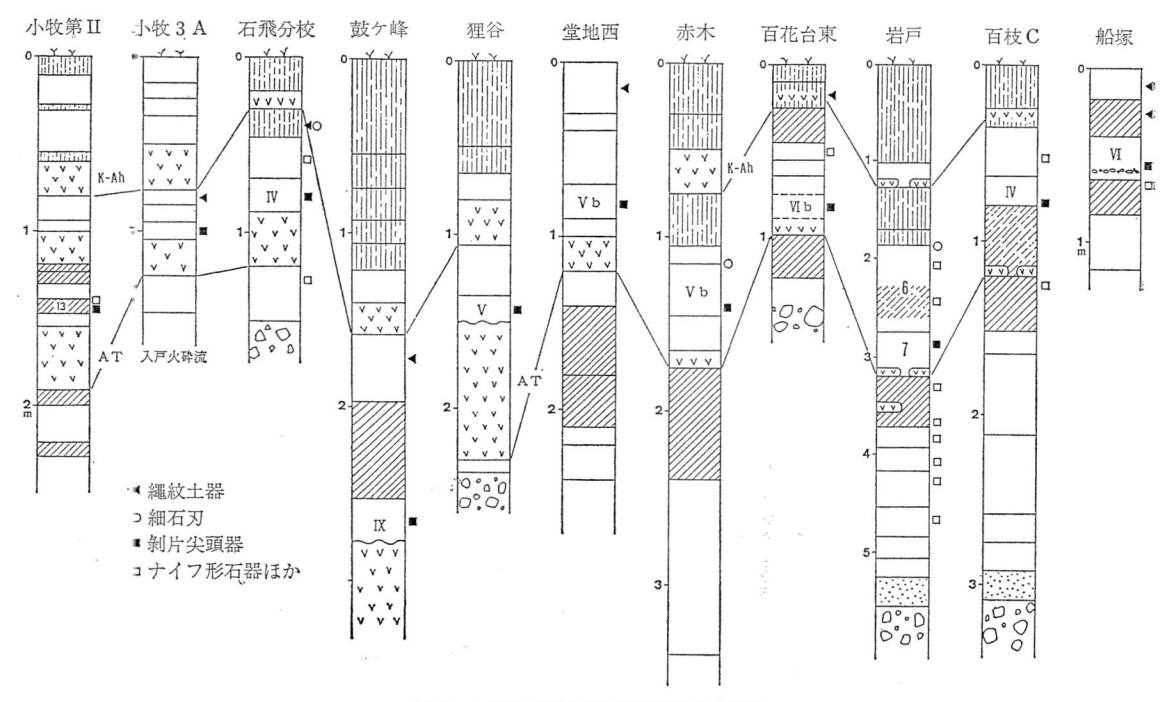

小牧第II　小牧3A　石飛分校　鼓ヶ峰　狸谷　堂地西　赤木　百花台東　岩戸　百枝C　船塚

K-Ah　AT　入戸火砕流　Vb　V　IX　VI　IV

◀ 縄紋土器
⊃ 細石刃
■ 剥片尖頭器
コ ナイフ形石器ほか

図2　九州における剥片尖頭器の出土層準

九州に現われる最初の石器群は剝片尖頭器を伴う石器群であり，それに先行する別種の石器群は知られていない。

なお石飛分校，赤木，岩戸，百花台遺跡では，剝片尖頭器を伴う石器群が細石刃文化層よりも下位の層から出土しており，両者の所属時期の違いを明示している。

この石器群の終末については，東九州では片島型ナイフ形石器を主体とする岩戸6層上部石器群，西北九州では百花台型台形石器を主体とする石器群には剝片尖頭器を見ないことから，九州のナイフ形石器文化の終末にさきだって剝片尖頭器が消滅したものと考えられる。

## 4 韓国スヤンゲ遺跡の剝片尖頭器

AT降灰以後，九州に突如として出現する剝片尖頭器の系譜を考えるうえで注目すべき石器群が，最近，韓国の忠清北道丹陽郡スヤンゲ遺跡で報じられた[3]。スヤンゲ遺跡はソウル市の東南方140km，南漢江の河岸段丘上に立地する韓国でも最大級の開地遺跡である。1983～85年の4次の調査を経て，計1,250m² が調査されている。文化層は5枚認められ，旧石器時代に属する石器群はⅣ上，Ⅳ下，Ⅴ層で検出された。前2者が後期旧石器文化に属し，後者は中期旧石器文化に属するといわれる。豊富な遺物を出土したⅣ下層からはチョッパー，両面調整石器，有茎尖頭器（剝片尖頭器を含む），掻器，削器，彫器，石刃，石刃核，クサビ形細石刃核，細石刃，スキー状削片などのほか，石刃と石刃核の接合資料も得られた。石材は珪質頁岩が盛用されるほか，黒曜岩が掻器，削器，彫器，尖頭器に用いられ，黒曜岩は遺跡近辺の火成岩層に産するという[4]。

報告によれば，有茎尖頭器・石刃・石刃状剝片・石刃核の一群と細石刃核・スキー状削片・削器・掻器の一群は分布を異にし，相互に約18mほどの距離を隔てる。これは，九州での両者の編年差を考慮すれば，石器群の残された時間差を示すとも解釈される。

有茎尖頭器に分類された石器は48点と報告され，すべての資料が公表されているわけではないが，図・写真によるとその中には明らかに角錐状石器，1側縁加工のナイフ形石器，彫器？が1点ずつ含まれており，剝片尖頭器の実数は45点以下となる。筆者の解釈が当をえたものであれば，

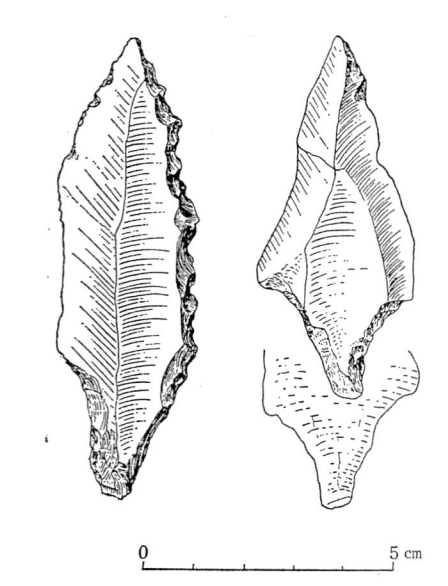

図3　スヤンゲ遺跡出土の剝片尖頭器

それはまさしく剝片尖頭器を主体とした石器群であり，石器群の構造の面でも日本列島の後期旧石器文化との類似性を示唆する。

スヤンゲ遺跡の剝片尖頭器（図3）は，1稜石刃もしくは逆Y字状の稜をもつ先割りの石刃を選択的に利用するとともに，基端に打面をわずかに残して基部に明瞭な茎部を作り出すなど，九州に見られる剝片尖頭器の形制との強い共通点が指摘できるばかりでなく，サイズの点でも両者は一致する。ただ，九州の多くの例と比べて，茎部の造作が全体に繊細で精巧な印象をうけ，それに最も近い形態のものは大野川流域の岩戸，津留遺跡の出土品であろう。

## 5 海を渡った剝片尖頭器

スヤンゲ遺跡は40本をこえる剝片尖頭器を出土し，表1からも知れるように，九州の1遺跡当りの出土点数と比較しても卓越した出土数をみせる。彼我の剝片尖頭器が，素材剝片の生産技術，形態を共通にするだけでなく，石器組成の面でも角錐状石器，1側縁加工のナイフ形石器を伴出する事実はきわめて注目される。こうした事実は，朝鮮半島と九州との間に交流があったと考えるに十分な根拠を提供する。スヤンゲ遺跡の剝片尖頭器の年代ははっきりしないが，九州での年代観によれば，およそ2万年前頃に位置づけられるであろう。それは，奇しくも最終氷期の最寒冷期（2.1～1.8万年前）にあたり，海水面が最も低下（−120m）した時期に符合する。近年の日本海南部の深

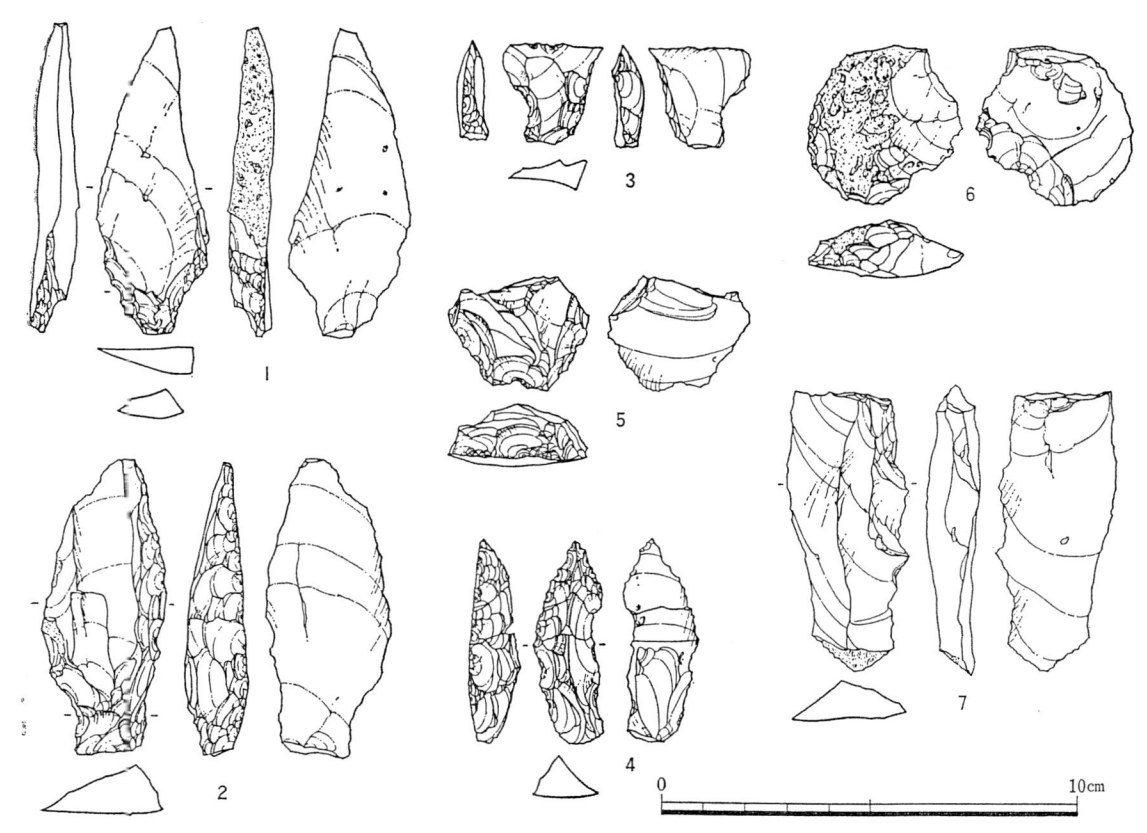

**図 4　AT 直後の石器群**（百花台東遺跡Ⅵ層）

1 剝片尖頭器，2 中原型ナイフ形石器，3 原の辻型台形石器，4 角錐状石器，5・6 搔器，7 石刃

海底ボーリングコアの分析によれば，この時期にあってもなお朝鮮海峡には水道が維持されていたと推定され[5]，これは「この時期には，大陸からの動物群の移入はなかったようだ」[6]とする後期更新世の哺乳動物相の研究からも裏づけられる。

　筆者は，かつて彼我の石器群の比較検討から，剝片尖頭器の形態組成と剝片生産基盤の共通性，スヤンゲ遺跡の剝片尖頭器の茎部が九州の諸例と比べて精緻で祖型を連想させること，九州の AT 下位の石器文化の伝統には剝片尖頭器はもとよりノッチ加工によって茎部を作りだす調整技術が欠如することなどを根拠に，また AT 直後に日本列島で固有の発達を遂げた技術や石器（AT 以降，九州に拡散する瀬戸内技法系の技術や西北九州で異常な発達を見る原の辻型台形石器・2 側辺加工のナイフ形石器）をスヤンゲ遺跡で欠く事実を傍証として，剝片尖頭器が九州での AT 降灰後の混乱期に朝鮮半島側からもたらされたものであろうと予察した[7]。最終氷期における朝鮮陸橋の存在を示唆する積極的な証拠を欠くこんにち，剝片尖頭器を携えた旧石器人は何らかの水上移動手段を利用して九州の地に上陸したと考えざるをえないであろう。

　**註**

1)　清水宗昭「剝片尖頭器について」古代文化，25―11，1973

2)　稲原昭嘉「剝片尖頭器に関する一考察」旧石器考古学，32，1986

3)　李　隆助『丹陽スヤンゲ旧石器遺跡発掘調査報告―1983・84 年度―』忠州ダム総合報告書（Ⅰ），1984
　　李　隆助『丹陽スヤンゲ旧石器遺跡発掘調査報告―1985 年度―』忠州ダム水没地区文化遺跡延長発掘調査報告書，1985

4)　李　隆助『韓国旧石器文化展』1986

5)　大場忠道「最終氷期以降の日本海の古環境」月刊地球，5―1，1983

6)　河村善也「日本列島の中期更新世以降の哺乳動物相」旧石器時代の槍の文化史，1989

7)　松藤和人「海を渡った旧石器"剝片尖頭器"」花園史学，8，1987

# シベリアから日本列島へ

別府大学教授
■ 橘　昌信
（たちばな・まさのぶ）

日本列島の細石器文化はシベリアからの影響を抜きにしては考えられず，とくに楔形細石核の系統・関連を明らかにする必要がある

日本列島に住んでいる人々は，どこから，いつごろ，やって来たのか。これは日本の歴史あるいは文化を考える上で，きわめて大きなそしてもっとも本質的な課題の1つで，あらゆる学問の分野から，そのアプローチが試みられている。どこからについては，アジア大陸のもっとも東に位置し，しかも日本列島の地理的な関係から，一般的に北からと南からの2つのルートが考えられる。さらに，その時期については，当然1時期と限定されるものでなく，きわめて大きく考えても，2時期3時期あるいはそれ以上の時期が予想されよう。そして，これらの2つの要素が複雑にからみあっているものと思われる。

その1つが，今から約 15,000 年前の前後に開始されたと考えられる細石器文化の時期に，「シベリアから日本列島へ」という，北からのルートが想定できる。

## 1　シベリアとの関連を求めて

細石器文化は後期旧石器時代の終末に位置づけられ，製品としての細石刃とその細石刃を製作するための素材ともいうべき細石核によって特徴づけられる。この両者のうち，細石刃の形態は時期・地域を越えてほぼ規格化されているが，いっぽうの細石核は素材の獲得・整形・細石刃剝離作業などの製作過程，その結果としての細石核の形態にバリエイションが認められる。それゆえ細石核は細石器文化での時間的変遷・空間的広がり，さらに両者の関連などを究明する上で多くの情報を有している。

細石器文化におけるシベリアから日本列島へという課題についても，実はこの細石核に大部分は頼らざるを得ないというのが現状である。とくに，北海道を中心に日本列島の東北部で集中的に認められる楔形細石核（舟底形細石核）について，その形態・製作技法の類似・関連がシベリアの後期旧石器時代および中石器時代に求められる。

1959 年，芹沢長介・吉崎昌一の両氏は北海道で発見されていた楔形細石核（白滝型彫器・白滝型舟底石器）をバイカル地方のヴェルホルンスカヤ遺跡などで出土しているものとの類似を指摘した。1966 年，加藤晋平氏は，北海道の石器文化は東シベリア・極東の旧石器文化・中石器文化と大局的には一致するものとの考えを示した。1967 年，R．E．モーラン氏は白滝型彫器を含め，北海道の舟底形細石核を楔形石核と呼び，シベリアからアラスカにかけての広い分布が見られる楔形石核の中でとらえようとした。同様の視点からのものとして，1970 年，林謙作氏は長崎県福井洞穴の資料を駆使して，東北アジア・北アメリカの広い地域での細石刃技術と石器群の把握を試みた。加藤氏はシベリア・中国・韓国など，日本の周辺地域における旧石器時代・中石器時代に一貫した関心を寄せており，1975 年以降の一連の論文などで，シベリアと日本の細石器文化の関連を東アジアという広い視野から追求している。ごく最近では，木村英明氏が日本人の北方ルートをシベリアに求めて，彼我の関連を積極的に究明している。

楔形細石核についてシベリアと日本列島との関連が問題視されるとき，常に顔を出す貴重な資料として東北日本の細石器文化に認められる「荒屋型彫器」の存在がある。新潟県荒屋遺跡の調査で発見され，1959 年，芹沢氏によって発表されたが，ほぼ同じころシベリアにおいても「ヴェルホルンスク型彫器」として注目された。この特徴的な彫器は旧石器時代後期から中石器時代に，しかも東北アジアからアラスカの広い地域に認められることから，シベリアと日本との関連で楔形細石核と共に先学によって取り上げられている。

## 2　シベリアにおける楔形細石核の　　出現と拡散

シベリアの各地において出土・発見されている楔形細石核については，加藤氏[1]，梶原洋氏[2]，木村氏[3]，小畑弘己氏[4] らの研究があるので，詳細はそれらに譲りたい。

日本とシベリアの楔形細石核の関連を考えるとき，当然のことであるが，まず問題になるのは，楔形細石核がいずれの地域においていつごろ出現し，どのように拡散したかということであろう。

シベリアでの楔形細石核の出現の時期については，地質学・考古学分野からの年代推定と科学的方法（C14による年代測定）によるものとが必ずしも一致していない面があるが，アルダン流域においては，エジャンツィ遺跡，ウスチ・ミリⅡ遺跡，イヒネⅠ遺跡などでは3万年前をさかのぼる可能性が示唆されている。そのいっぽう，もっと新しく考える意見も見られるが，25,000〜20,000年前には出現していたとみなされる。バイカル湖周辺地域のイゲチェイスキー・ログⅠ遺跡では，23,700±100 BP という C14年代がでている。

東北日本の湧別技法ないしそれに類似する技法によって製作されたと判断される楔形細石核と荒屋型彫器が発見されている遺跡で，C14の測定年代がでているものとして，バイカル湖周辺のソハチネ4遺跡，アルダン川のヴェルフネ・トロイツカヤ遺跡などがあり，それぞれ 26,110±200 BP と，17,860±250 BP・18,300±180 BP という値がでている。また，古くからその類似が指摘されていたヴェルホルンスカヤ遺跡の C14測定年代は 12,570±180 BP である。

シベリアでの楔形細石核は，アルダン川流域にもっとも早く出現し，西南のバイカル湖周辺・アンガラ川上流域，さらに東北のアムール川の流域に広まり，その後，沿海州やアラスカへ，永い期間かかって東北アジア一帯に拡散したものと考えられる。そしてその一派がサハリンから北海道へ到達したことは，容易に想像されよう。

## 3 日本列島における細石核とシベリアの細石核との関連

15,000 年前の前後の時期に開始されたと考えられる日本の細石器文化で認められる細石核について，製作技術・形態から概観する。

北海道を中心に東北日本において出土している細石核については，鶴丸俊明氏[5]，木村氏[6]らによって，製作技法とタイプが分類整理されている。すなわち湧別技法による白滝型・札滑型，峠下技法による峠下型，蘭越技法による蘭越型，オショロッコ技法によるオショロッコ型，ホロカ技法によるホロカ型，このほか広郷型（射的山型），置戸型（紅葉山型）などである。東北地方については，湧別技法やそれに類似するものが存在するほか，いわゆる「半円錐形」の矢出川型の細石核が認められる。関東・中部それに本州西南部は矢出川技法による矢出川型（野原型）を主体に，船野技法による船野型（海老山型），それに湧別技法に関連すると考えられる細石核が断片的に知られている。九州に関しては，野岳型，東および南九州の地域に顕著な船野型・畦原型，それに西北九州を中心に出土している西海技法による福井型（泉福寺型）などが見られる。

いっぽう，シベリアの各地で発見されている楔形細石核についてアブラモア博士などによる細分があるが，加藤氏は細石刃剥離面（作業面）の高さと打面沿いの長さ（打面長）の比が1対2以下であるものをA類，それ以上のものをB類に大別している。A類については，打面形成の違いから，側縁あるいは作業面側から1回ないしは数回の剥離によるものを $A_1$ 類，片面ないし両面加工の素材を縦割りにするものを $A_2$ 類としている。

これらの分類によると，シベリアと日本との関連あるいは対比が考えられるのは，湧別・蘭越・峠下の各技法によるものはA類に，分厚い剥片ないし半割された礫を素材に，打面長が長くなるホロカ技法はB類に，それぞれ含まれることになろう。西海技法も打面形成に先立って細石核の素材が準備され，しかも打面が側面からの小さな剥離あるいは，作業面側からの大きな剥離によって形成されることからA類と考えられる。また，船野型細石核の製作技法はホロカ型と基本的に共通しており，しかも，その分布が東南九州地域のほか，東海地方・中部地方それに南関東地方にもおよんでいる。国内における両者の系統的な関連や時間的位置づけなどを検討するとき，シベリアとの関係も問題とされよう。実際，船野型細石核の成立に東北地方や西北九州の楔形細石核が影響しているとの考え方もあるが，これについても今後検討が必要であろう。また，岡山県恩原遺跡の資料は湧別技法との関連がうかがえ，しかもその地理的なことから，日本列島での楔形細石核の拡散を考える上で重視される。

従来，シベリアの細石核あるいは製作技法との関連について，湧別技法やホロカ技法がとくに問題にされていたようであるが，船野型・福井型は別にしても，蘭越技法や峠下技法によると考えら

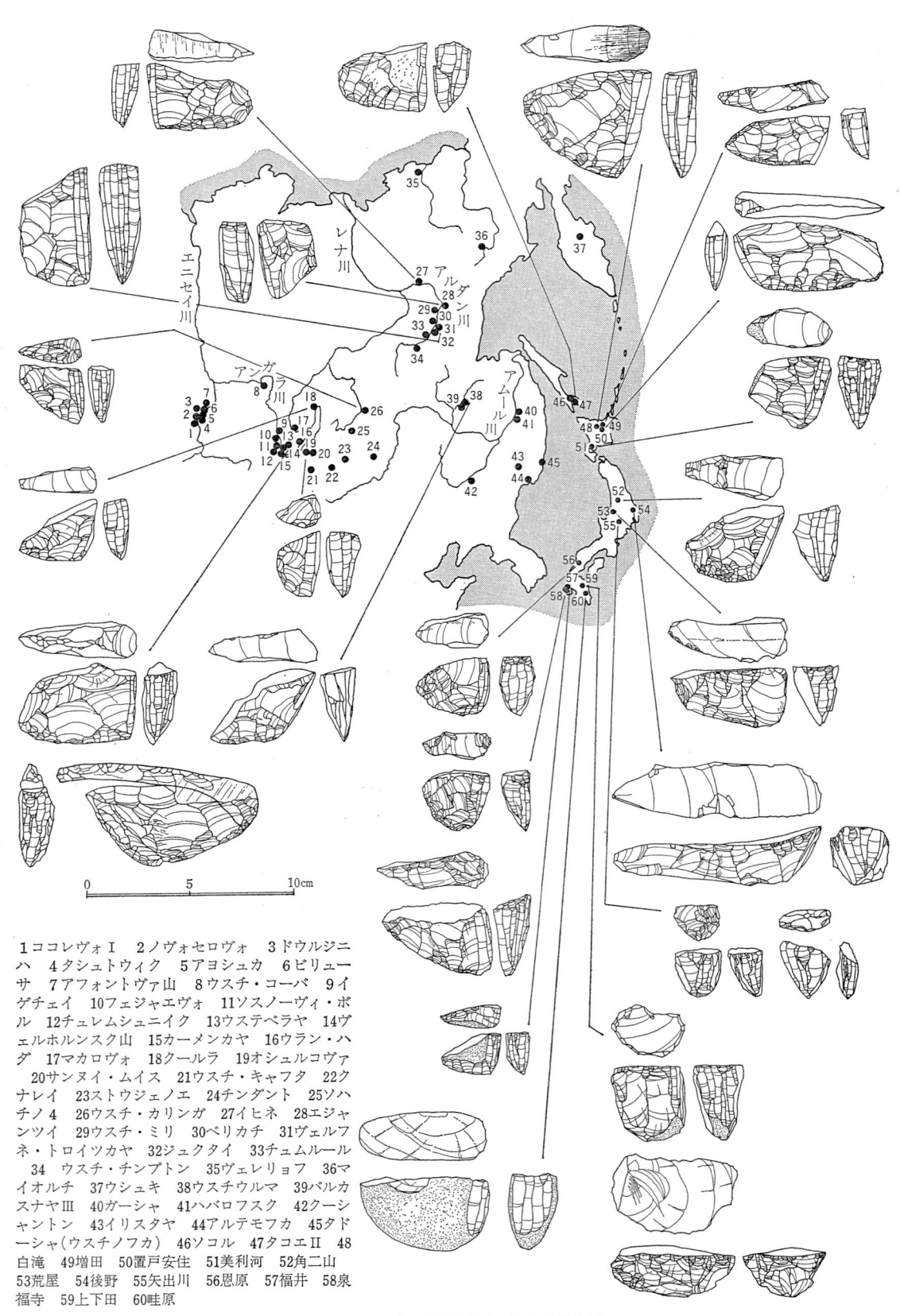

1ココレヴォⅠ　2ノヴォセロヴォ　3ドウルジニ
ハ　4タシュトウィク　5アヨシュカ　6ビリュー
サ　7アフォントヴァ山　8ウスチ・コーバ　9イ
ゲチェイ　10フェジャエヴォ　11ソスノーヴィ・ボ
ル　12チュレムシュニイク　13ウステベラヤ　14ヴ
ェルホルンスク山　15カーメンカヤ　16ウラン・ハ
ダ　17マカロヴォ　18クールラ　19オシュルコヴァ
　20サンヌイ・ムイス　21ウスチ・キャフタ　22ク
ナレイ　23ストウジェノエ　24チンダント　25ソハ
チノ4　26ウスチ・カリンガ　27イヒネ　28エジャ
ンツイ　29ウスチ・ミリ　30ベリカチ　31ヴェルフ
ネ・トロイツカヤ　32ジュクタイ　33チュムルール
　34　ウスチ・チンプトン　35ヴェレリョフ　36マ
イオルチ　37ウシュキ　38ウスチウルマ　39バルカ
スナヤⅢ　40ガーシャ　41ハバロフスク　42クー
シャントン　43イリスタヤ　44アルテモフカ　45タド
ーシャ（ウスチノフカ）　46ソコル　47タコエⅡ　48
白滝　49増田　50置戸安住　51美利河　52角二山
53荒屋　54後野　55矢出川　56恩原　57福井　58泉
福寺　59上下田　60畦原

シベリア・日本の細石核出土主要遺跡分布図

**46**

れる楔形組石核も，東北日本の少なくとも北海道とシベリアとの強い関連を示唆している。この点について，木村氏は蘭越技法によるものがシベリアではむしろ主役で，湧別技法はシベリアでの細石核の製作技術伝統を生かしながら北海道で完成されたものという興味深い見解を示されている。

　シベリアと北海道・東北との関連が問題にされるとき，常に登場していた湧別技法については，北海道で最近行なわれた発掘調査で新たな資料が提出されており注目される。

　その1つが「美利河技法」の提唱である[7]。ここで出土している楔形細石核は，大型で擦痕を持たない点では札滑型に対比されるが，細石核の素材は断面が凸レンズ状を呈する両面加工でなく，それに断面三角形（舟形）の削片（スポール）が存在しない点は，これまでの湧別技法と異なっている。素材の形状や打面形成などはきわめて峠下技法的であり，再生のための平坦な剥離面の確保と，その面を打面にして側面調整を行なう細石核製作技法のプロセスはホロカ技法に共通する要素でもある。札滑型と峠下型の両者の特徴を兼ね備え，ホロカ技法とも類似する点を持つこの技法を湧別技法のバリエイションと見るか，別のものとしてとらえるかは別にしても，楔形細石核の製作技法の多様性や複雑さが示唆されている。

　もう1つは，ホロカ沢遺跡遠間地点における楔形細石核製作技法に，湧別技法と共にそれに類似した製作工程が認められる資料の存在である[8]。すなわち断面が凸レンズ状の両面加工素材を，湧別技法のように長軸に沿って削片を剥離するのではなく，ほぼ中央の位置で横割にするのである。その後，割った面側から削片を剥離して，楔形細石核を作り出すのである。このほか，平坦な礫面（自然面）を打面に利用して，細石核素材の側面調整を行ない，その後，一端から1回の剥離によって礫面を持つ剥片（削片）を取り除いている。断面が凸レンズ状を呈する両面加工の素材が必ずしも準備されなくてもよいという好例である。さらに，この遺跡の舟形削片とスキー状削片の接合資料から，粗い調整の両面加工⇒舟形削片剥離⇒側面調整⇒スキー状削片剥離というプロセスがうかがえる。これらの資料は湧別技法のバリエイションとして把握できるものであろうが，ここでも湧別技法の新たな面が認められるのである。

## 4　おわりに

　湧別技法ないしはそれに類する技法による楔形細石核で代表される北海道・東北地方の細石器文化は，シベリアからの影響を抜きにして考えられないほど，深く関連していることは確かな事実である。それだけに，美利河および遠間の2つの遺跡における楔形細石核が，今後シベリアにおける湧別技法やそれに類するもの，さらには楔形細石核全般についての検討や再吟味が必要なことを示唆しているもののように思える。その上で，シベリアと北海道・東北の両地域における楔形細石核の系統や関連，さらにそれを育んだ細石器文化を考える必要があろう。同様なことがホロカ技法について，また，西海技法による楔形細石核やさらには船野技法についてもいえそうである。具体的な方法としては，これまでの資料の再検討や接合資料化などを重ねることで，それぞれの技法のバリエイションや型式が明確にされよう。それらを踏まえて，日本列島内での細石核の各技法や各型式の時間的位置付けや系統・関連を明らかにし，いっぽうでは，シベリアを始めとする隣接地域に対する広い視野から日本列島の細石器文化を考察すべきであろう。

　註
1)　加藤晋平「北アジアの旧石器文化におけるクサビ型細石核について」歴史人類，2，1976
　　加藤晋平「日本細石器文化の出現」駿台史学，60，1984
　　加藤晋平『日本人はどこから来たか』岩波新書，1988
2)　梶原　洋「シベリアにおける細石刃研究の現状」考古学ジャーナル，243，1985
3)　木村英明『マンモスを追って―北海道の夜明け―』一光社，1985
4)　小畑弘己「西南日本の楔形石核とその系譜について」『東アジアの考古と歴史』中，1987
5)　鶴丸俊明「北海道地方の細石刃文化」駿台史学，47，1979
6)　木村英明「細石器（北海道地方）」季刊考古学，4，1983
7)　北海道埋蔵文化財センター『今金町美利河1遺跡』北海道埋蔵文化財センター調査報告書，第23集，1984
8)　木村英明『白滝村幌加沢遺跡遠間地点発掘調査報告―第1次調査概報―』1987年度考古学調査研究報告，1987

# 中国大陸から日本列島へ

福岡市教育委員会
**小 畑 弘 己**
（おばた・ひろき）

西南日本の細石刃文化は黄河，沂河グループと細石核の特徴，構成，
石器組成が共通しており，同じ基盤の上に展開した文化と考えられる

中国大陸における人類遺跡の出現は170万年前とも180万年前とも言われ，環境に対する経営戦略の進歩に従い，人類の生活圏は次第に高緯度地方へと拡大していった。その一波はこの日本列島へも確実に辿り着いたはずであるが，石器群のうえでその証拠がはっきりしてくるのは，後期旧石器時代も後半の2万年前後の時期になってからである。それは，後期旧石器時代の後半から中石器時代にかけて東北アジアに広く展開した細石刃を主な生産道具とする石器文化であった。この細石刃文化は2万年前にシベリアのアルダン流域，ザバイカル地方で発生したクサビ形石核をもつ北方文化とおそらく1万5千年前ごろに黄河流域で発生した半円錐形石核をもつ南方文化の二元文化で，中国大陸および朝鮮半島，九州を含む西南日本などの中緯度地帯では，この両伝統が交錯した様相を示している。

ここでは，これらの地域の細石核の形態と技術の比較を行ない，西南日本細石刃文化の起源とその展開プロセスを予測してみたい。

## 1 細石核の分類

### （1）中国大陸

中国における細石核の分類には，安志敏，盖培，買蘭坡，陳淳などの論考がある。陳氏の分類[1]によると，形態的に6つに分けられる（図1）。1.楔形石核，2.錐形石核，3.半錐形石核，4.柱形石核，5.船形石核，6.漏斗形石核の6タイプである。楔形石核は，寛型と窄形に分けられ，打面の形成法の違いから，縦方向剥離打面，横方向剥離打面，多方面修理打面それぞれ3つにわけられている。また，節理面打面もあるという。寛型と窄型の縦方向打面の石核には，日本の湧別技法，忍路子技法と同様の技法で製作されたものがあり，

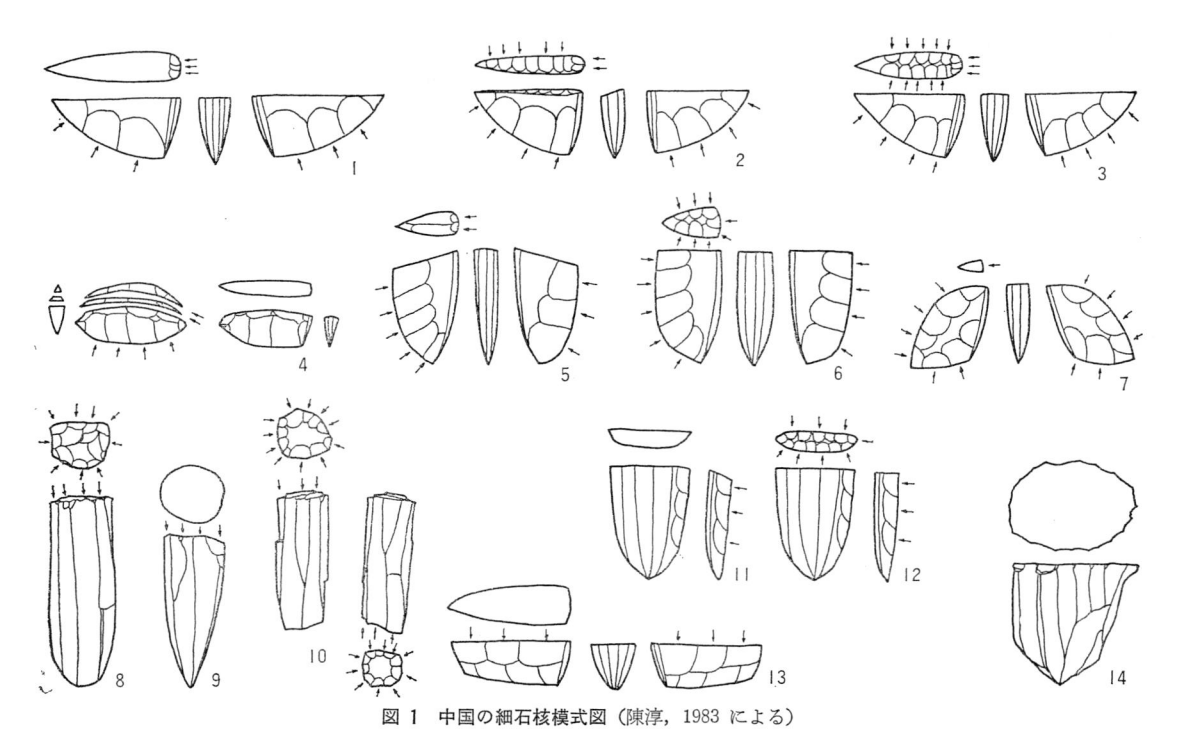

図1 中国の細石核模式図（陳淳，1983 による）
1〜4 寛型楔形石核，5〜7 窄型楔形石核，8・9 錐形石核，10 柱形石核，11・12 半錐形石核，13 船形石核，14 漏斗形石核

虎頭梁遺跡にどちらも存在する。この中で「多方面修理」打面の技法は，銀根，ハイラル，ジャライノールなどで，錐形，柱形の打面にも認められることから，おそらく新石器時代以降の所産と思われる。この中で，錐形の一部と柱形，漏斗形は，出土遺跡の年代などから，新石器時代に属する新しい石核と考えられる。半錐形は佐川氏が『下川技法』[2]と称した一群で，傾斜打面と偏平な形状が特徴である。船形石核は，打面が節理面か大きな剝離面で，打面の修正はない。後期の遺跡では認められず，古いタイプであるという。

　また，蓋，鄧氏によると，虎頭梁遺跡における楔形石核の細石刃技法は，泥河湾（河套）技法，桑乾技法，虎頭梁技法に分けられている[3]。これらは，日本における湧別技法，忍路子技法，峠下技法に相当しよう。日本においては，主に北海道や東日本で認められるものである。

### （2）朝鮮半島

　朝鮮半島における細石核は，出土例の少なさからかまとまった分類はない。そのほとんどがクサビ形石核で，スヤンゲ遺跡では，50点あまりのクサビ形石核は，湧別技法を主とし，荒屋技法，西海技法によるという。このうち縦方向剝離打面のクサビ形石核は，石荘里，晩達里などでも認められる。また，石荘里からはクサビ形に混じって船形石核，晩達里からは，求心的な修正を施した円錐状の石核が出土している。これらの一群とは別に最近嶺南地方の壬佛里から発見された楔形石核がある。中山氏はこれらを『壬佛型』と名づけ，湧別技法に近いものとした[4]。この壬佛里に似たものとして，湖南地方の金平遺跡，新坪里遺跡があるという。

### （3）西南日本

　西南日本の細石刃文化を代表するものは，半円錐形の野岳・休場型細石核である。これに船野型に代表される船形石核，福井型のクサビ形石核，その影響下に出現したと考えられるBⅡ型石核[5]が加わる。特異なものとして，畦原型石核，加治屋園型石核などがある。また，野岳・休場型の中には，中国の半錐形石核に類似する偏平な細石核がある。

　これにより，西南日本の細石核は中国で分類された6つのうち柱形，漏斗形を除く4タイプに包括される。しかし，錐形のうち真正な円錐形は存在しない。

## 2　細石刃石器群の3つのグループ

　中国大陸および朝鮮半島の細石刃石器群を概観するとおおきく3グループに分けることができよう。1.黒竜江省から吉林省，河北省，山西省にかけて分布する。朝鮮半島北部の遺跡もこれに含まれる。石器群にはクサビ形細石核，船形石核，両面加工ポイント，エンドスクレイパー，彫刻器（トランスヴァース），石刃製ナイフがある。石器の素材として石刃が多用される特徴がある。これらの遺跡のクサビ形石核は，虎頭梁遺跡で示された3つの技法によって作られる。代表的な遺跡としては，十八站，虎頭梁，海拉爾松山，石荘里，万達里，スヤンゲがある。

　2.河北省，山西省，河南省などの黄河中流域を中心に分布する。朝鮮半島南部の遺跡群もこのグループに含まれると考えられる。石器群は，クサビ形石核，船形石核，円錐・半錐形石核，彫器，エンドスクレイパー（少ない），拇指盖状スクレイパー，石核式スクレイパー（船底），両面加工ポイント，石斧がある。クサビ形石核は，横方向剝離打面が主体をなす。代表的な遺跡には，下川（一部），薛関，霊井，沙苑，大布蘇，油房などがある。おそらく壬佛里などのクサビ形石核をもつ遺跡群もこれに含まれると考えられる。下川遺跡の細石核以外の石器には，上記のグループに優勢な石刃製の彫器，エンドスクレイパーなどが数多くあるが，これらが一つの石器インダストリーを示すものであれば，このグループから除外しなければならない。ただし，これらは複数の地点と時期的に幅のある石器群であり，さらに細かい分離が可能と思われる。

　3.山東省南部と江蘇省北部の沂河と沭河流域に分布する。石器群の構成は，船形石核，クサビ形石核，錐形石核，柱形石核，彫器，各種小型スクレイパー，大型の礫器などである。この一群を特徴づけるのは，船形石核である。また，クサビ形石核は，剝片製が多い。ほとんどが採集品であるが，代表的な地点に黒竜潭，馬陵山，大賢庄などがある。西樵山もこのグループに似た石器群である。

## 3　西南日本と中国大陸の細石刃文化

　これらをかりに 1.黒竜江グループ，2.黄河グループ，3.沂河グループと称しよう。中国におけ

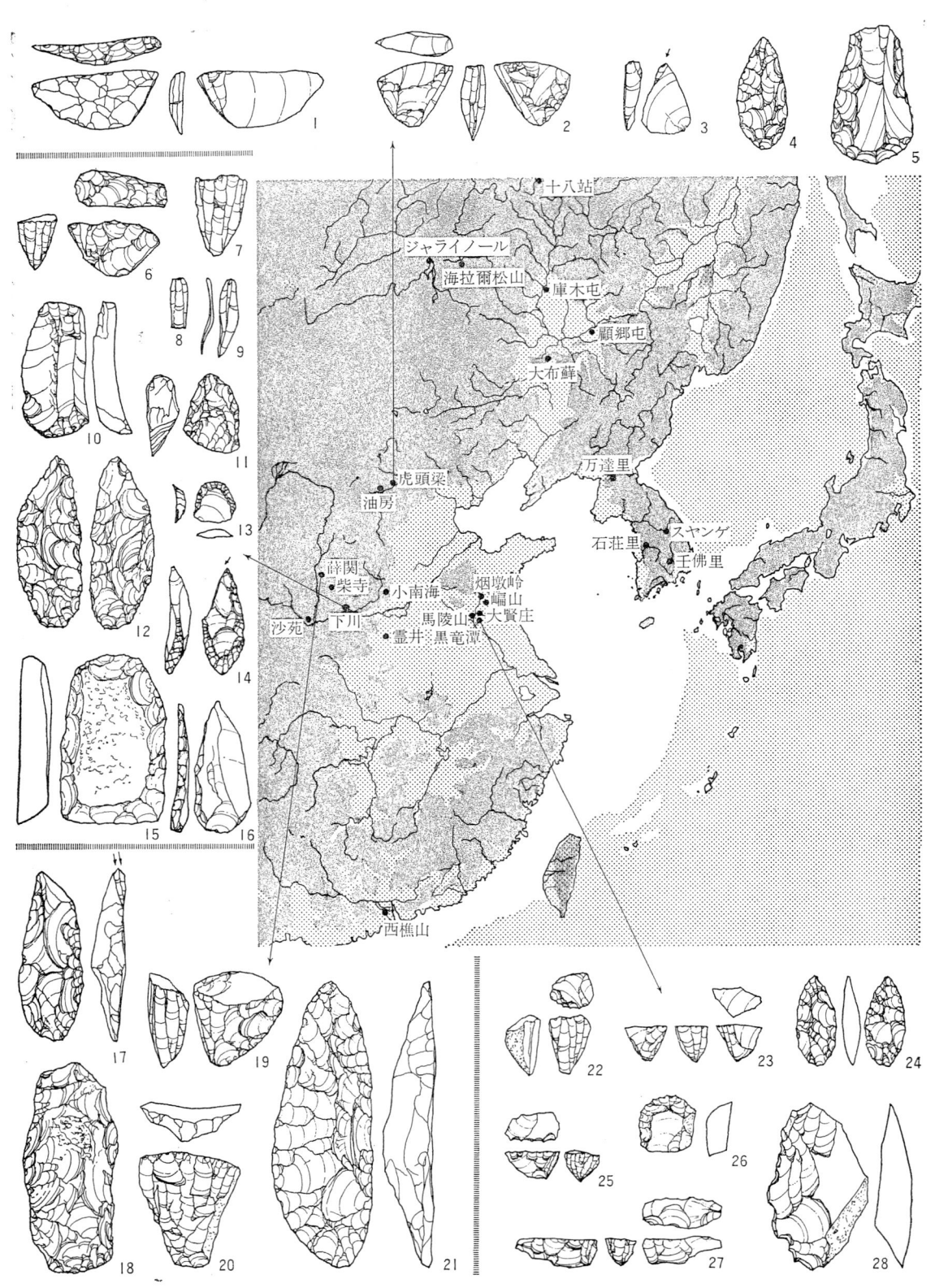

図 2　中国大陸，朝鮮半島の細石刃文化主要遺跡の分布と石器群（縮尺不同）
1〜5虎頭梁，6〜16下川，17〜21薛関，22〜28黒竜潭

**50**

る細石刃文化の遺跡の絶対年代は，下川 23,900±1000〜16,400±900 年 BP，虎頭梁 11,000±210 年 BP，薛孟 13,550±150 年 BP である。2 万年以前の年代をもつといわれる下川，柴寺遺跡を除いて，これらのグループはほぼ 15,000〜10,000 年前に属する。地域的にはおおまかにまとまりがあるが，交錯した状況である。

黒竜江グループは北方系のシベリアに展開する細石刃文化に由来するものである。東シベリア，沿海州からアンガラ上流域，ザバイカルに拡がるクサビ形石核とトランスヴァース彫器を特徴とする石器群のひとつと考えられる。これらは，シベリアにおいても 12,000〜13,000 年前に遺跡数が増加しており，周辺地域への拡散の状況が窺える。

黄河グループは横方向剝離打面のクサビ形石核に半円錐形の細石核が加わるもので，北方細石刃文化の影響を受けたものである。ここに存在する半円錐形の細石核は，西南日本の野岳・休場型の細石核に基本的に同じで，この両タイプの細石核の共伴は九州地方での出土状況と同じである。

沂河グループは黄河グループに石器組成のうえでよく似ているが，小型の船形石核が発達しており，若干趣を異にすることから分けておきたい。この船形石核は，九州の船野型細石核や東海地方の海老山技法による石核に類似する。また，クサビ形石核は九州地方から瀬戸内海沿岸地方に分布する剝片の片面を調整し，側縁を打面とするBⅡ型の細石核に類似している。

西南日本の細石刃文化の石器組成は，サイドスクレイパーを中心として，石斧，礫器，両面加工尖頭器，若干の彫器が加わる。その特徴は，石刃技法の不在，彫器の未発達で，黄河，沂河グループの石器組成の特徴とも共通している。また，黄河と沂河グループの関係は，北部九州と中南部九州のクサビ形石核に表われる細石刃文化の伝播の関係に似ている。中国大陸においては，年代を経るにつれ細石刃文化もその分布を拡げ，青蔵高原，内蒙古，青海などの地域にも新石器時代に属する遺跡が増加する。この時期には柱形・円錐形が中心となるが，クサビ形も残存する。中国大陸におけるクサビ形石核の出現は，今のところシベリアからの北から南への拡散・伝播の結果とみたほうが妥当であろう。

黄河と沂河グループは，この一帯に展開したナイフ形石器の伝統の基盤のうえに，北方細石刃文化の影響を受けて生まれたものと考えられる。おそらく 2 万年を前後する時期においては，西南日本とこの地域には共通の技術基盤がすでに存在していたのであり，それを母体に半錐形や船形石核が発生した可能性がある。この両地域が文化的に密接な関係を持っていた証拠としては，ナイフ形石器のほかに，馬陵山に認められる台形石器などが九州南部の石飛遺跡などの出土品に類似していることも有力な手掛かりとなろう。

## 4 西南日本の細石刃文化の起源

以上見てきたように，西南日本の細石刃文化は黄河・沂河グループと細石核の特徴およびその構成，石器組成のうえで共通の要素をもっている。それは，先代より形成されてきた共通の技術基盤のうえに展開した等質の文化と考えられる。大陸と日本列島の間にすでに存在していた海峡を越え，幾度となく繰り返された交流の波は，細石核の複雑な構成に具現している。

ここで述べた西南日本と中国大陸における細石刃文化の関係については，時期的には鄧氏らの編年のⅢ期（発達期細石刃伝統）に相当する。これ以前のⅡ期（ナイフ形・細石刃伝統）の石器群については，石器の共伴関係，年代の整合性など，石器群の捉え方に考えの相違があるなどの立論上の問題が大きく横たわっている。

註
1) 陳淳「中国細石核類型和工芸初探」人類学報，第 2 巻第 4 期，1983
2) 佐川正敏「中国北方における旧石器時代晩期の石器群の変遷に関する予察」考古学論叢，I，1983
3) Tang C. and Gai P. "Upper Palaleolithic Cultural Traditions in North China" Advances in World Archaeology. Vol.5, 1986
4) 中山清隆「韓国南部の新石器時代と北部九州の縄文文化」『考古学の世界』1989
5) 小畑弘己「九州の細石刃文化」物質文化，41，1983
なお，引用した遺跡の原報告，文献の一部は紙面の都合上割愛させていただいた。

# 石器の製作と使用

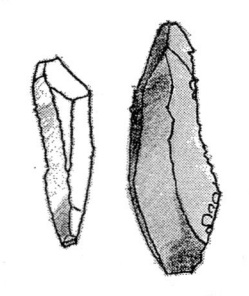

アジアにおける石器の製作にはどんな特徴が認められるだろうか。さらに使用痕の研究ではいま何が問題になっているだろうか

石器使用痕ポリッシュ研究の疑問／北アジア
のルヴァロワ技法の拡散／東アジアにおける
細石刃製作技術／細石刃石器群の出現過程

## 石器使用痕ポリッシュ研究の疑問──■岡崎里美
（おかざき・さとみ）

ポリッシュの種類によって即特定機能に結びつけるというこれま
での研究方法を批判し，日本の使用痕研究に必要な事柄をしめす

筆者は 1987 年 10 月から約 1 年間，ロンドン大学考古学研究所で学ぶ機会を得た。この研究所は，保存科学・環境考古学研究 の 中心地 の 一つであり，またM.H.ニューカマーを中心に，技術的・機能的側面からの石器の総合的な研究が 1970 年代から引き続き行なわれている地でもある。

ニューカマーは，石器の機能的研究の一方法として，L.H.キーリーが行なったブラインド・テストに協力し，顕微鏡での観察の有効性を証明した人物である[1]。このブラインド・テストとは，作業対象物に固有のポリッシュが石器の機能推定の上で大きな手がかりとなることを証明するためのものであった。

しかし 1987 年になってニューカマーは，Journal of Archaeological Science 誌（以下，J.A.S. 誌と略す）上に R.グレース，R.ウンガー・ハミルトンと連名で論文を発表し[2]，作業対象物に固有のポリッシュは存在しないという，全く逆の提唱を行なったのである。この論文は，E.H.モス，L.ハーコンブ，D.B.バンフォースらの批判[3]を受け，それに対してニューカマーらが 反 論 する[4] といったように議論が活発化してきている。

ここでは 1987 年度のロンドン大学での見聞をもとに，ニューカマーが考えを変えた理由と考え

られる，texture analysis に基づいた使用痕研究を行なった R.グレースの研究を紹介しようと思う。

## 1 R.グレースの使用痕研究

ロンドン大学考古学研究所では，M.H.ニューカマーの指導のもと，R.グレース，R.ウンガー・ハミルトン[5]，K.アタマン[6]，I.レヴィ・サラ[7]らが使用痕研究に携わっていた。現在は米国にいる E.H.モスも，数年前まではこの研究所で石器を分析していた[8]。なかでもR.グレースは，できうる限り客観的でシスティマティックな石器機能の復元方法を検討しており，そのマニュアル化を進めていた[9]。

しかし彼は，初めから顕微鏡観察をてがけたのではなかった。1987年度に提出された彼の卒業論文は，むしろ属性分析をとおして，石器群の違いを機能的に説明しようとするものであった[10]。2 遺跡 3 文化層から出土した石器について，石器の長さ・厚さ・高さ・質量，刃先の角度・長さ・厚さ・プロファイル[11]を計測し，主成分分析，クラスター分析で処理することで，互いに強い相関関係にある石器を 9 グループに分類した。そして，それらの中の一つについては性格づけができなか

ったが，他の 8 グループについては，それぞれ hide scraper, plant knife, wood scraper, wood working tool, general scraper (1), general scraper (2), meat knife (heavy), meat knife (light) といったように性格づけた。この時点では，L・H キーリーの実験結果を援用している。さらに，分類した石器をもとの出土地点における石器群にもどし，石器群としての性格を検討している。その際に，さきの 9 分類がひとつの石器群にどのような割合で含まれているかを，性格規定の基準とした。例えば「A 石器群は B 石器群よりも動物性食料に依存していた」とか，「A・B 石器群はお互いによく似ているが，C 石器群は異質だ」などというように石器群全体の性格づけがなされたのである。

次いでグレースは，フリント製石器の表面にみられるポリッシュの顕微鏡観察を行なった[12]。従来のポリッシュ研究においては，観察結果の記載・表現が主観的であるのに対して，彼は image processing technique を使った texture analysis[4] を導入し，観察結果に客観性を持たせる試みをした。

これは，光をあてた時に光を反射して明るく見えるという，ポリッシュ本来の性質を利用するものである。まず石器表面に細かいマス目をわりつけて，落射照明で顕微鏡観察をした時の，隣り合うマス目どうしの明るさの差を，機械が読み取る。それをコンピューターが処理して，相対的な明るさ，即ち光の反射しやすさの分布図として，数量的に表わす。さらに，D statistic と Con statistic[13] を算出して 1 つのポリッシュを代表させ，それによって複数のポリッシュを比較できるようにしたものである。これによって「明るい」，「非常に明るい」などといった，観察者個人の判断に左右される形容ではなく，光の反射量の変化の数量表示という，客観性を得ることができた。

そしてこの texture analysis で，実験的に使用した実験石器の表面をいくつか処理し，結果をグラフにした[12]。それによると，使用されていないフリントの表面の texture[14] にも差がみられること，作業対象物によってポリッシュの texture は，ある程度のまとまりをもって分布するが，排他的・特定的なものではなく，かなり重なり合うことなどが明らかとなった。つまりこの texture analysis によって，未使用のフリント表面は比較的よく区別できるが，作業対象物の異なるポリッシュの区別は難しいということがわかった。このようにして彼は，固有ポリッシュの存在を否定するに至ったのである。

## 2 固有ポリッシュの存否

ところで texture analysis の成果と，それと平行して行なわれていた考古学研究所でのいくつかの実験結果をもりこんだ論文を，ニューカマー，グレース，ウンガー・ハミルトンが連名で J. A. S. 誌上に発表した[2]。そのニューカマーらの論文は，作業対象物に固有のポリッシュが存在するという L・H. キーリー以来の使用痕研究の前提とは，全く反するものであった。

その要点は次の 4 点である。①まず，客観的な方法（＝texture analysis）で識別可能なポリッシュと作業対象物とは，あまり対応しない。②石器のもつ形態的情報を捨象するため，剝片の片面といくつかの物とを擦り合わせてポリッシュを形成させておき，複数の人に，対象となった物を推定させるブラインド・テストを行なったところ，正答率がきわめて低かった。つまり，ポリッシュの特徴だけで作業対象物を特定することは，現在考えられている以上に難しい。③顕微鏡を使わず，ハンド・レンズだけで実験石器を観察した人が，対象物はともかく，使用方法については正しい推定結果を出した。④この②と③より，従来の実験石器を使ってのブラインド・テストでは，ポリッシュ以外の情報も，無意識のうちに援用していたのではないかと考えられる。そこで機能を推定するには，ポリッシュのみに頼るのではなく，石器の持つ各種の情報を複合的に用いるべきである，というものであった。

それに対するモス，ハーコンブ，バンフォースの批判点は，ニューカマーらの論文に対する誤解と思われるものを除けば，次のように要約される[3]。（1）ブラインド・テストの素材となったポリッシュは，対象との接触時間が短いなどの理由から，充分に発達したものではない。（2）ブラインド・テストの評価が厳しすぎ，故意に正答率を低く表現している。（3）texture analysis は，ポリッシュの一側面しか分析対象としておらず，その識別能力も人間のそれよりは劣る。（4）texture analysis はポリッシュの相対的評価にもとづいており，実体からはかけ離れたものだ，というもの

であった。

これらの各々について，ニューカマー，グレース，ウンガー・ハミルトンの3人は，次のように再反論している。(1)' 従来の実験報告をみても，例えば骨を加工したとき，ボーン・ポリッシュは数分で形成されており，問題のブラインド・テストでの剥片と対象物との接触時間が，適切なポリッシュ形成のために短すぎることはない。(2)' 考古遺物に対しては，推定結果が間違いないのかどうかさえ，わからない。検証のしようがないことを考えれば，ブラインド・テストの結果は慎重に評価しなければならない。(3)' 人間の識別能力は優れているが，反面では主観的でもある。(4)' ポリッシュは，観察する時の顕微鏡の設定のしかた次第で，見え方が異なる。それ故絶対的評価ということは不可能で，客観的であろうとすれば，texture analysis で行なったような，相対的なものにならざるをえない。

この議論の中で，私にとって最も興味のある点は，「作業対象物に固有なポリッシュはない」とするニューカマーらの主張が，他の使用痕研究者には，どう考えられているかであった。残念ながらモスらはこの点に，真正面からは批判していない。私自身は，「固有のポリッシュ」を識別するのに困難を感じている。発表されるポリッシュの写真をみても，実際に遺物を金属顕微鏡で観察しても，いく種類ものポリッシュがあるとは見えない。しかし反対に，この固有のポリッシュがないということを証明することも，容易ではない。

とすればこの問題は，将来優れた方法が開発されて結論を出してくれることを期待して，いったんは保留しておくしかないのかもしれない。今のところは，解決策がないのである。むしろ，基本的なところで異論があることを認めたうえで，他の視点からのアプローチを試みることも必要であろう。

## 3 2種類の実験

この他に，ニューカマーらの論文は，重要な提案をしている。それは，いわゆる"実験"には2種類ある，ということである。1つは，想定した古代の生活を，実際に体験することである。もう1つは，特定の命題が正しいかどうかを確かめるもので，ニューカマーらの第2・第3の実験[15]がこれにあたる。

これまでの使用痕研究では，実験といえば，この2つのタイプのうちの前者が多かった。すなわち，実験石器を使って生じた使用痕の観察から逆に，現存する石器の機能を推定し，その正答率がどの程度であったか，という報告である。それによって，石器の使用方法と使用痕との間に，なんらかの関係があるらしいことが，広く知られるようになった。しかし，その対応関係が実際にどのようなものかは，実験の当事者以外の人には，依然として明らかなヴィジョンが持てないままである。

その理由のひとつは，グレースが指摘した[2,9,12]ように，使用痕の記述・表現に客観性が乏しいことであろう。そのために第三者（実験報告の読者）は，実験の当事者と同じようには使用痕を思い描くことができない。あえて発表された実験結果を利用しようとすると，文字にされた石器の使用方法と使用痕との対応関係を，報告書の記述どおりに受け取って，実験報告に付された写真を自分流に解釈するか，ゼロから実験石器の使用体験を始めねばならないのが現状である。実験当事者には明らかになったことが，対応関係があるということ以外は，第三者に共有されておらず，実験は当事者の個人的体験にとどまっているのである。

より基本的な理由としては，この種の実験は，想像上の原始生活の一端を疑似体験してみる，という意味でこそ"実験"的なのだということであろう。体験することによって石器の使用方法と使用痕とがどのような対応をしているらしいか，だいたいの見当をつけることはできるが，明確な形でどのように，なぜ対応するのかを，これによって解明することはできない。これは，日常生活で体験する複雑な現象を複雑なままで再現しようとする，この種の実験の限界でもある。

そこで，複雑な現象を，いくつかのより単純な事象の複合したものととらえ，そのより単純な事象を，個別に取り出して考えることが必要になってくる。これが第2のタイプの実験である。そこでは取り上げた事象がどうしておこるのか，仮説がたてられ，その仮説の正否が証明される。実験条件は，直接仮説に関係するものを除いて一定に整えられる。その仮説としては，第1のタイプで見当をつけた，石器の使用方法と使用痕との対応関係が，法則性をもって繰り返しおこるものかどうか，なぜその両者が対応するのか，などの問題

が考えられる。また，ニューカマーらが行なったように，ポリッシュの特徴だけで，作業対象物が識別できるか，ということも，この第2のタイプの実験で扱う問題である。

このような実験は，原始生活の再現というよりは，条件を一定に整えるなど，人工的なものにならざるをえないので，考古学の実験としては今のところ類例が少ない。しかし，実験石器を使用することで得た見通しを，個人的な体験から万人に共有のものとするためには，客観的証明という手続きが必要なのである。

一方で，実験的使用痕研究にはつきものの，ブラインド・テストは，これら2種類の実験とはまた別のものである。ブラインド・テストは実験というよりは，第1のタイプの実験で得られた見通し，および第2のタイプの実験で証明された法則が，実際の実験石器分析にどれだけ有効かを試す，テストである。デモンストレーションといってもよい。ブラインド・テストでどれだけ高い正答率をあげたとしても，その過程と根拠が人々に共有されるものになっていない限りは，個人的な経験の誇示にとどまっているといわざるをえないであろう。ブラインド・テストはある意味では有効な検査方法だが，それだけで何かを証明できるというものではないことを注意すべきである。

ニューカマー，グレース，ウンガー・ハミルトンの論文は，作業対象物に固有のポリッシュがあるという，使用痕研究の大前提の再検討を促すと同時に，日頃なにげなく使っている"実験"という言葉の意味も，考えさせてくれるのである。

註

1) Keeley, L. H. and Newcomer, M. H.: "Microwear analysis of experimental flint tools : a test case" J. A. S. 4 (1977) : 29–62

2) Newcomer, M. H., Grace, R. and Unger-Hamilton, R.: "Investigating microwear polishes with blind tests" J. A. S. 13 (1987) : 203–217

3) Moss K. H.: 'A review of "Investigating microwear polishes with blind tests", J. A. S. 14 (1987) : 473–482

   Hurcombe, L.: "Some criticisms and suggestions in response to Newcomer *et al*". J. A. S. 15 (1988) : 1–10

   Bamforth, D. B.: "Investigating microwear polishes with blind tests : the Institute results in context' J. A. S. 15 (1988) : 11–23

4) Newcomer, M. H., Grace, R. and Unger-Ha-

milton, R.: "Microwear methodology : a reply to Moss, Hurcombe and Bamforth", J. A. S. 15 (1988) : 25–33

5) Unger-Hamilton : "An investigation into the variables affecting the development and the appearance of plant polishes on flint blades", In M. C. Cauvin ed. (1983) TRACES D'UTILISATION SUR LES OUTILS NEOLITIQUES DU PROCHE ORIENT : Lyon

   Unger-Hamilton : METHOD IN MICROWEAR ANALYSIS : SICKLE BLADES AND OTHER TOOLS FROM ARJOUNE IN SYRIA (1984) Phd. Thesis, University of London

   Unger-Hamilton : 'The formation of use-wear polish on flint : beyond the "deposit versus abrasion" controversy', J. A. S. 11 (1984) : 91–98

   Unger-Hamilton : 'Microscopic striations on flint sickle blades as an indication of plant cultivation : preliminary results' World Archaeology 17 (1985) : 121–126

6) Ataman, K. and Calley, S.: 'A preliminary study of upsilon blades : a look at a new tool type' In Beyries, S. ed. (1988) INDUSTRIES LITHIQUES TRACEOLOGIE ET TECHNOLOGIE (B. A. R. International Series 411) : 83–92

   Grace, R., Ataman, K., Fabrebas, R. and Haggren, C. M. B.: 'A multi-variate approach to the functional analysis of stone tools', In Beyries, S. ed. (1988) INDUSTRIES LITHIQUES TRACEOLOGIE ET TECHNOLOGIE (B. A. R. International Series 411) : 217–230

7) Levi-Sala, I.: 'Experimental replication of Post-Depositional Surface Modifications on flint' Early Man News 9/10/11 (1986) : 103–108

   Levi-Sala, I.: 'Use-wear and Post-Depositional Surface Modification : a word of caution', J. A. S. 13 (1986) : 229–244

   Levi-Sala, I.: 'Processes of polish formation on flint tool surface', In Beyries, S. ed. (1988) INDUSTRIES LITHIQUES TRACEOLOGIE ET TECHNOLOGIE (B. A. R. International Series 411) : 83–97

8) Moss, E. H.: THE FUNCTIONAL ANALYSIS OF FLINT IMPLEMENT-PINCEVENT AND PONT D'AMBON : TWO CASE STUDIES FROM THE FRENCH FINAL PALAEOLITHIC (B. A. R. International Series 177, 1983)

9) Grace, R., Ataman, K., Fabrebas, R. and Haggren, C. M. B.: 'A multi-variate approach to the functional analysis of stone tools', In Beyries, S. ed. (1988) INDUSTRIES LITHIQUES TRSACEOLOGIE ET TECHNOLOGIE (B. A. R. Inter-

national Series 411）：217-230

10）Grace, R.: ATTRIBUTE ANALYSIS AS A ME-
THOD OF STUDYING FUNCTIONAL VARIA-
BILITY IN PALAEOLITHIC ASSEMBLAGES
(1981) B. A. Dissertation, University of London

11）プロファイル（profile）は，グレースが新たに設
けた石器の属性である。使用されたと推定される縁
辺の，両端を結ぶ直線を想定したとき，その縁辺が
どれだけ凸形になっているかを意味する指数。一般
に，尖頭器は大きい正の数値となり，ノッチのある
石器では，負の値となる。

12）Grace, R., Graham, I. D. G. and Newcomer,
M. H.: 'The quantification of microwear polishes'
World Archaeology 17 (1985)：112-120

13）D statistic は，Distance statistic であり，Con
statistic は Contrast statistic である。機械が読
み取ったデータを，統計学的処理をするうえでの指
数だが，邦語訳は不明。次にあげる文献に，指数の
意味と算出するうえでの公式が述べられている。
Grace, R., Graham, I. D. and Newcomer, M. H.:
'Preliminary investigation into the quantifica-
tion of wear traces on flint tools', In (G. de G.
Sieveking and M. H. Newcomer, eds.), THE
HUMAN USES OF FLINT AND CHERT (PA-
PERS PRESENTED AT THE FOURTH INTER-
NATIONAL FLINT SYMPOSIUM, 1988)：63-69

14）註2）の文献に，homogeniety と coarseness の
ことだとある。

15）第2の実験は，ポリッシュの特徴だけで，作業対
象物は推定できるかどうかを明らかにするために実
施された。縁辺のもつポリッシュ以外の情報を除外
するために，フリントの剥片の片面と5種類の物と
こすりあわせて，ポリッシュを形成させた。各対象
物に2剥片ずつ，計10点の剥片が用いられた。こ
れで，各剥片につき対象物を推定する，同じ特徴の
ポリッシュを持つ剥片どうしをグルーピングする，
というのが課題であった。第3の実験は，第2の実
験では，石器を使用したときと同じポリッシュが生
成しなかったかもしれないという立場にたって，実
際に剥片の縁辺を用いて5種類の物に対して，同じ
作業がなされた。被験者には，骨や木などの5種類
の物に2剥片ずつで作業をしたことが知らされてお
り，同じ特徴のポリッシュをもつ剥片のカップリン
グが課題とされた。

<追　記>

　この原稿の草稿は，最初，1988年10月に，岡
崎君から小生に渡されたもので，その折り，少し
手直しをするように話をし，その結果，手を入れ
た原稿を，再度12月13日に投函され，小生の手
元に届いたものである。内容について，もう少し
検討をしたらと思っていた矢先，本年2月，交通
事故による不慮の出来事で，同君は急逝された。
今，私の手元にある，同君が自身で書いた略歴に
は，次のようにある。

　「1959年生。富山県出身。1982年筑波大学卒
業。現在，筑波大学大学院博士課程在学中。文化
人類学（先史学）専攻。遺物観察及び実験を通し
て，石器の機能復元をし，さらにそれを通して道
具の形を決定する要因を研究。」

　学部・大学院時代を通して，同君は，石器の使
用痕研究を続けていた。それも，もっとも基礎的
な研究で，石器・石片の上に残るすべての傷痕に
ついて，黙々と顕微鏡を覗いていた。その結果，
それらの傷痕には，人類の手によるものばかりで
なく，土中埋没時に，また発掘後につけられたも
のが多数存在することを確かめた。折しも，ポリ
ッシュ研究全盛時代で，ポリッシュの種類によっ
てただちに特定機能に結び付けるという研究方法
に不満をもち，1987年から1年間，ロンドン大
学へ留学し，帰国されたばかりであった。本論文
は，同君が，留学中に体験したことをもとに，ポ
リッシュ研究一辺倒に対する批判を書いたもので
ある。

　新しい方法論を手にした同君は，さらに，氷性
土壌攪乱などによって生じる石器・石片の土壌中
における移動で，どのような傷痕が残されるかの
基礎的研究に取り掛かるところであった。この研
究が完成すれば，石器の表面に残る傷痕を，人為
的なものと，それ以外とを区別する方法を明らか
にすることができたであろう。まことに，惜しま
れてならない。同君の冥福を心からお祈りした
い。　　　　　　　　　　　　　　（加藤晋平）

# 北アジアのルヴァロワ技法の拡散──■葛 西 親

（かさい・しん）

北アジアに4～3万年前に拡散したルヴァロワ技法をもつ人間
集団は石槍で武装し，大型群生獣を捕獲した狩猟集団であった

先史人類の物質的な文化発展について，世界的な視野で，総括的な叙述を行なった G．クラークは，モード1から5までの5段階に分類した[1]。その内のモード3について，次のように述べている。「上部更新世の初期段階に，新しいモード（モード3）は次のような地域で発展した。すなわち，北アフリカ，ヨーロッパ，南西アジアの一部のハンドアックスが分布する北部地域と重なって，そして更にウズベキスタンのような東方まで，南ロシアの新しい移住地域へと拡大した。まず，注意深く調整された石核から剥片が生産される点が強調される。そして，ある石器群では，その石核は亀甲形に整形され，一枚の剥片がそのまま使用される形で，凸隆した側から剥がされる。もっとも，特別な場合には，その剥片は，ポイントやスクレイパーへと1ないし2側縁が加工される。また，ある場合には，石核は，より単純な円盤形である。」

このモード3は，言うまでもなく，通常言われるところの中期旧石器時代を示すもので，亀甲形の調整石核から，すなわちルヴァロワ技法による剥離，あるいは円盤形のそれから剥片を剥がす技術体系をもつ石器群で代表されるというのである。ところで，注目しなければならないのは，ルヴァロワ技法による石器群の分布が，1970年当時には，中央アジアのウズベキスタンの例までしか，クラーク博士の耳に入っていなかったことである。それから，約20年を経た今日，その分布はさらに東方へと広がり，西シベリアのアルタイ地方，エニセイ川中・上流域，ザバイカル地方，そしてモンゴルと，北アジア全体を覆うようになってきている。そこで，ここでは，北アジアにおけるルヴァロワ技法をもつ石器群の一端を紹介しようと思うのである。

## 1 ジェニソワ洞窟

ジェニソワ洞窟は，西シベリアのオビ川上流，ゴルノ・アルタイ自治区にある洞窟で，別名，チョ

ルノアヌイスカヤ-I, KOI-106, KOP-73, PASGO-115 などと呼ばれている。オビ川支流のアヌイ川右岸，チョルヌイ・アヌイ村から5.6kmにあり，カラコル川合流点から下流1.8km，カラコル山頂上から北北東1.5kmに位置している。西南西に開口する洞窟は，河面高30mにある。洞窟内部に入れられた試掘溝は，6mの深さまで掘られ，その最下層まで遺物が発見されている。文化層は22層に識別されている（図1）。北アジアにおける中期旧石器時代の遺跡で，はじめて層位的に発掘され，良好な成果を挙げた遺跡である。9層以下の各層における石器群の様子は次のようである。

〔9層B～C〕石刃とその破片13点，細石刃10点，剥片10点，石核調整剥片2点，彫器削片2点，掻器3点，彫器2点，サイド・スクレイパー1点，半月形幾何学形石器1点。〔9層D〕石刃97点，不定形細片・砕片24点，調整削片13点，剥片263点，リタッチのある石刃9点，ブランティング縁をもつ石刃6点，彫器1点，掻器3点，くさび形石器1点，サイド・スクレイパー2点，尖頭器（リタッチのないルヴァロワとムステリアン）2点，ナイフ1点，ノッチ2点，鋸歯縁石器4点，石核およびその破片5点。

〔11層〕剥片274点，細片・破片5点，石刃状形態27点，調整削片7点，石核および破片4点，リタッチのある石刃9点，ブランティング縁をもつ石刃1点，掻器1点，サイド・スクレイパー8点，尖頭器（ルヴァロワとムステリアン）2点，鋸歯縁石器4点，ノッチ7点，リタッチある剥片20点，自然礫皮面による背のあるナイフ1点，ほかに骨器多数がある。〔11層B2〕剥片19点，調整削片1点，石刃3点，リタッチのある石刃1点，掻器1点，ムステリアン尖頭器1点，サイド・スクレイパー1点，鋸歯縁石器4点，ノッチ1点，リタッチのある剥片3点。

〔12層〕剥片227点，細片52点，調整削片5点，石刃36点，石核（単打面単面剥離3点，3面剥

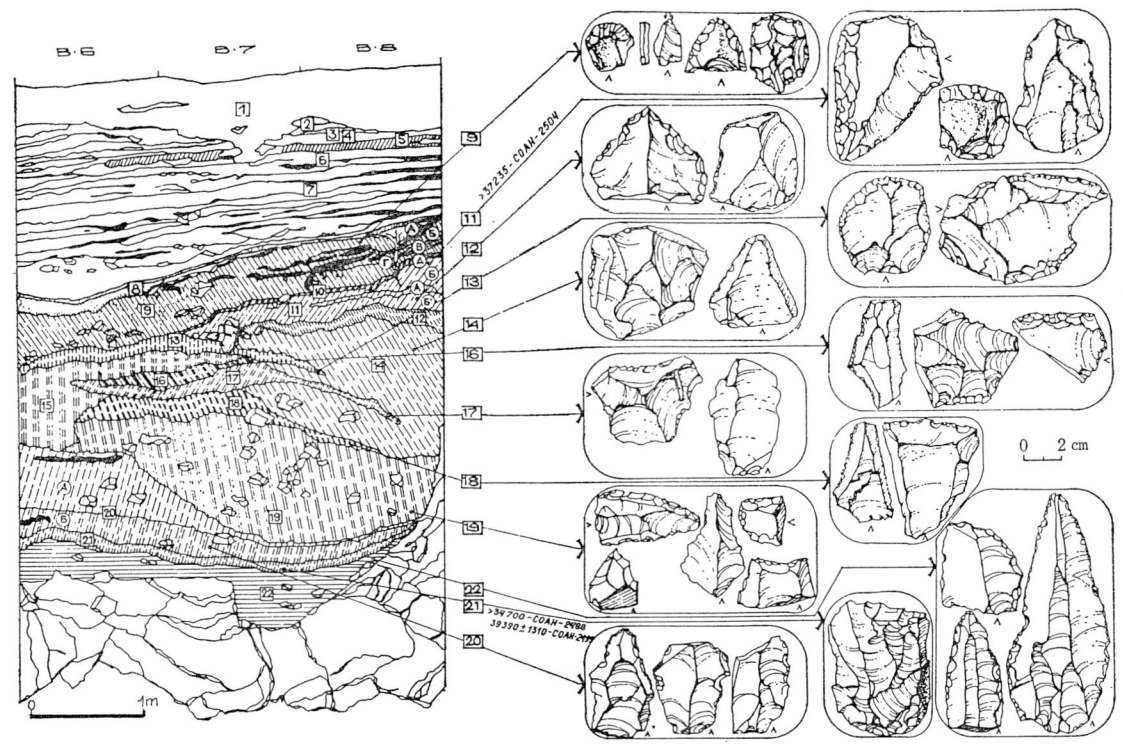

図 1　ジェニソワ洞窟の層位と出土石器（A. P. Derevyanko *et al.*, 1987 より）

離 1 点，放射状剝離 3 点，ルヴァロワ石核 1 点）8 点，ルヴァロワ尖頭器 6 点，リタッチのあるルヴァロワ尖頭器 2 点，リタッチのある石刃 7 点，ブランティング縁をもつ石刃 1 点，掻器 1 点，彫器 6 点，石錐 1 点，ナイフ 8 点，サイド・スクレイパー 5 点，鋸歯縁石器 8 点，ノッチ 17 点，リタッチのある剝片 1 点，その他 26 点。〔13 層〕剝片 63 点，彫器削片 3 点，石刃 15 点，細石刃 1 点，石核 2 点，リタッチのある石刃 5 点，彫器 1 点，掻器 1 点，くさび形石器 1 点，ルヴァロワ尖頭器 1 点，サイド・スクレイパー 12 点，鋸歯縁石器 2 点，ノッチ 1 点，その他 1 点。〔14 層〕剝片 311 点，石刃 46 点，調整剝片 1 点，石核（単打面単面剝離面 2 点，複打面単面剝離面 1 点，放射状単面剝離面 1 点，ルヴァロワ石核 2 点，その他）12 点，ルヴァロワ剝片 2 点，ルヴァロワ尖頭器 7 点，ルヴァロワ石刃 3 点，リタッチのある石刃 1 点，ムステリアン尖頭器 1 点，サイド・スクレイパー 12 点，掻器 5 点，彫器 3 点，ナイフ 4 点，トランケイテッドされた石器 1 点，鋸歯縁石器 15 点，ノッチ 19 点，腹面にリタッチのある剝片 3 点，急傾斜の交互剝離のある剝片 1 点，その他。〔15 層〕剝片 16 点，石刃 6 点，石核様剝片 1 点，サイド・スクレイパー 1 点，ノッチ 1 点。

〔16 層〕剝片 23 点，石刃 4 点，石核（単面放射状剝離 2 点，複打面単剝離面 2 点，3 打面多面剝離面 1 点）5 点，ルヴァロワ剝片 1 点，ルヴァロワ尖頭器 2 点，サイド・スクレイパー 2 点，彫器 1 点，鋸歯縁石器 1 点，ノッチ 1 点，腹面にリタッチのある剝片 2 点。〔17 層〕剝片 15 点，石刃 3 点，リタッチのある石刃 3 点，リタッチのある剝片 3 点，サイド・スクレイパー 2 点，ナイフ 1 点，鋸歯縁石器 1 点。〔18 層〕剝片 6 点，石核 1 点，ルヴァロワ尖頭器 1 点，サイド・スクレイパー 2 点，鋸歯縁石器 2 点，リタッチのある剝片 1 点。〔19 層〕剝片 259 点，調整剝片 6 点，石刃 48 点，石核（単打面単剝離面 5 点，煉瓦様形状 4 点，複剝離面 2 点，放射状剝離面 2 点，ルヴァロワ亀甲形 1 点，その他）32 点，ルヴァロワ尖頭器 6 点，リタッチのあるルヴァロワ尖頭器 4 点，ルヴァロワ剝片 1 点，ルヴァロワ石刃 3 点，サイド・スクレイパー 17 点，サイド・スクレイパー・ナイフ 1 点，掻器 2 点，彫器 2 点，石錐 2 点，ナイフ 5 点，鋸歯縁石器 6 点，ノッチ 17 点，トランケイテッドされた石器 1 点，腹面にリタッチのある剝片 2 点，両面石器，その他。〔20 層 A〕剝片 74 点，石刃 18 点，石核 3 点，ルヴァロワ剝片 2 点，ルヴァロワ尖頭器 3 点，リタッチのあるルヴァロワ尖頭器 1 点，サイド・ス

クレイパー 3 点，彫器 1 点，石錐 2 点，ナイフ 5 点，トランケイテッドされた石器 2 点，鋸歯縁石器 11 点，腹面にリタッチのある剥片 3 点，急傾斜剥離のある剥片 1 点，交互剥離のある剥片 1 点，ムステリアン型ラクレット 1 点，その他。〔20 層 B〕剥片 26 点，石刃 6 点，石核（放射状剥離 1 点など）3 点，リタッチのあるルヴァロワ尖頭器 1 点，サイド・スクレイパー 2 点，腹面にリタッチのあるサイド・スクレイパー 1 点，掻器 1 点，鋸歯縁石器 2 点，ナイフ 1 点，リタッチのある剥片 2 点。〔21 層〕剥片 13 点，石刃 1 点，石核（放射状剥離 2 点，単打面単剥離面 1 点，その他）9 点，サイド・スクレイパー 2 点，その他。

〔22 層〕剥片 44 点，石刃 1 点，石核（単打面単剥離面 3 点，ルヴァロワ型三角形 1 点，ルヴァロワ型円形 1 点，その他）8 点，ルヴァロワ剥片 1 点，ルヴァロワ尖頭器 2 点，リタッチのあるルヴァロワ尖頭器 2 点，サイド・スクレイパー 4 点，腹面にリタッチのあるサイド・スクレイパー 4 点，彫器 1 点，くちばし形石器 2 点，ナイフ 2 点，鋸歯縁石器 3 点，ノッチ 3 点，トランケイテッドされた石器 2 点。

## 2 ルヴァロワ技法の出現と消滅

以上の石器群をもとに，主要な層だけの，後期旧石器指数とムステリアン指数を計算してみると次のようである。

9 層B〜Cの後期旧石器指数は90.9，ムステリアン指数は9.1である。そして，9 層Dからは大きく指数が変化し，後期旧石器指数が52.6，ムステリアン指数が47.4となり，以下，11 層が40.4と59.5，12層が21.1と78.9，14層が9.7と90.3，19層が8.6と91.4，そして最下層の 22 層が4.2と95.8と計算されている。

次に，層毎の剥片剥離の技術指数については，次のようである。

9 層B〜CのIFLamは63.6，9層DのIFLargeは22.7，IFStrictは14.5，IFLamは35.5，ILは0.4で，以下各指数をこの順に記すと，11 層は33.3，18.8，11.8，0.3，12層は18.7，8.8，14.2，2.2，14 層は 19.3，12.5，10.7，3.2，19 層は28.8，13.6，10.3，3.7，最下層の 22 層は32.8，15.6，5.8，9.6 となっている。

以上のような分析をもとに，調査者たちは次のような文化編年を考えている。22 層はムステリア

ン前期〜中期，21 層〜16 層はムステリアン中期〜後期，14 層〜12 層はムステリアン後期〜後期旧石器初期，11 層は後期旧石器発達期，9層は後期旧石器終末期とする。そして，11 層出土の骨片の $^{14}C$ 年代は 37,235 以前，21 層の腐植土壌から 39,390±1,310 の値がだされている。これらの事実から，ジェニソワ洞窟の 11 層以下については，3万 5000 年頃以前とすることができよう。

このアルタイ地方における，中期旧石器時代の遺跡で $^{14}C$ 年代が計測されている遺跡は，ほかに数箇所あるが，その一つが，オクラードニコフ記念洞窟（別名シビリチーハ洞窟）である。ソロネシニエ地区，シビリチーハ村の郊外にある洞窟群の一つ。1973 年に，V. D. ルネフによって，獣骨片，尖頭器が発見されたことによって，数年前から調査が開始された。3 本の支洞が開口する洞窟である。1 層から 7 層まで認められ，1〜3，6〜7 の各層に石器群が発見され，全体で3,819 点が検出されている（図2）。石器群の中で，サイド・スクレイパーの量がきわめて多く，まだ十分な型式学的な分類が行なわれていないが，典型的ムステリアンとして認識されている。各層の IFLarge は，1 層が 32.7，2 層が 43.0，3 層が 43.5，6 層が41.6，7 層が 33.8，また IFStrict は，25.2，

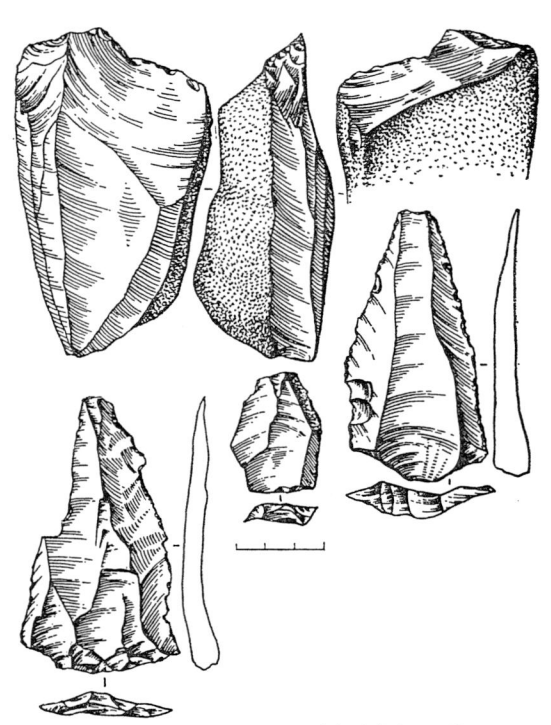

図 2 オクラードニコフ記念洞窟出土の石器
(A. P. Derevyanko *et al.*, 1987 より)

31.3, 32.7, 36.6, 22.8 と計算されている。その $^{14}$C 年代は, 1 層が 33,300±520, 2 層が 37,400±400, 3 層が 40,100±500, 42,500±600 と出されている。

次のストラシュナヤ洞窟は, 別名, KOI-68, KOP-35, PASGO-90 などと呼ばれている。イニャ川左岸, チギリョク村の北 2.8km, 支流ストラシュヌイ谷 (イニャ川左岸支流) の河口から北北東 0.5km のところにある。南東に開口した入口は, 河面高 35m にあり, 洞窟の長さは 35m, 面積は 120m² である。入口の部分に試掘溝が入れられ, 9.6m まで掘られたが, 岩盤には達しなかった。文化遺物は 6.2m までの間に包含されていた。上層 (0.4〜0.6m) には, 新石器時代から中世までの遺物を包含し, その下層には 5m の厚さの旧石器文化層が存在する。

洞窟の旧石器文化層について, 放射性炭素による年代測定が行なわれているが, 資料が少なかったので, 概数しか報告されていない。それぞれの資料番号は, SOAN-785, 786, 787 である。2.5m の深さから出土した骨片は, 25,000 年前と測定され, 5m の深さの骨片は, 40,000〜45,000 年前に年代づけられている。報告者たちは, すべての旧石器群を同一文化期であるかの表現をされているが, これらの実際には何枚かの文化層が重層しているのであって, 中期旧石器から後期旧石器時代にかけての遺物群とすることができよう。

出土石器は, 礫製石核, 円盤形石核, ルヴァロワ石核, 単・複打面石核, 剝片, 尖頭器, スクレブロ様石器, たたき石などである。歴史・文献・哲学研究所に所蔵される遺物についての筆者の観察では少なくとも地表下深さ 5m という注記の存在する剝片中には, 調整打面をもつルヴァロワ剝片・尖頭器が存在し, と同時に, ムステリアン尖頭器も見いだされる。ムステリアン石器群と称されるものである。

以上の洞窟遺跡のほかに開地遺跡もあり, その一つはウスチ・カラコル遺跡で, ジェニソワ遺跡から 2km ほどの, アヌイ川支流ウスチ・カラコル川の合流点にある。地表下 3m の砂質粘土層 (6層) から, 6点の石器が発見されている。この層は, カルギン間氷期内のコノシェリ亜氷期とされ, その年代は普通 33,000〜30,000 年と考えられている。上層の 5 層の $^{14}$C 年代は, 31,410±1,160 と出されている。出土 6 点の石器のうち,

2点はルヴァロワ尖頭器, 1点は両面加工の石槍, 他は剝片である (図3)。

以上の様相をみると, すくなくともアルタイ地方では, ルヴァロワ技法は 4 万年以前に出現し, 石刃技術の発展とともに 3 万年代に消滅していったことが知られるのである。

## 3 剝離技術の一端

ルヴァロワ技法による石器群は, アルタイ地方に多く認められる。ウスチ・カン洞窟, チュミチン遺跡群などが挙げられ, さらにエニセイ流域のドゥヴグラスカ洞窟, サグリ遺跡群, そしてモンゴル地方に広がり, 東方ではザバイカル地方のワルワリナ山遺跡の後期旧石器初頭の石器群にも認められる。しかし, 今のところ, ソ連邦極東や中国東北部の地域には, はっきりとした痕跡は存在しない。このような 4 万年代から 3 万年代にかけての, 北アジアにおけるルヴァロワ技法の東方への拡散は, 新しい生活戦略を獲得した人類集団の分布を示している。

ルヴァロワ技法という剝片剝離技術によって生産されたルヴァロワ尖頭器・ルヴァロワ石刃が, 彼らにとってきわめて重要な用具であったことを意味している。ジェニソワ洞窟では, ウマ, 毛サイ, ヤギュウなどの山岳ステップ種, アカシカ, ノロ, オオシカ, クマなどの森林種, そして中間地域の種であるウサギ, オオカミ, キツネなどが発見されている。オクラードニコフ記念洞窟では, ヒツジ, ヤギュウ, トナカイ, 毛サイ, ウマ, マ

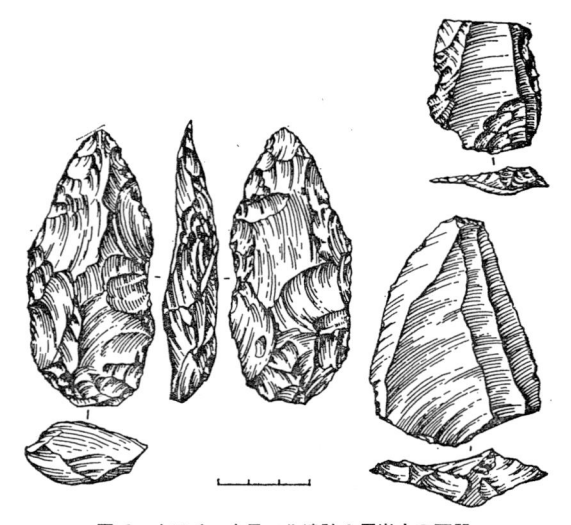

図 3　ウスチ・カラコル遺跡 6 層出土の石器
(A. P. Derevyanko *et al.*, 1987 より)

ンモス，キツネ，オオカミといった種が同定され
ている。いずれにしても，多種類の哺乳動物が捕
獲されたことを示し，中期旧石器の段階には，狩
猟技術が著しく進歩したことを暗示しているよう
だ。

　ところで，近年におけるタフォノミー（化石埋積
学）的な研究では，上部更新世の中期〜後期旧石
器時代の移行期以前の人類の生業活動，とくに食
肉獲得活動を，スキャヴェンジング（scavenging）
として解釈しようとする傾向にある[2]。しかし，
中期旧石器時代における北アジアにおけるルヴァ
ロワ技法を持つ石器群の著しい拡散は，消極的な
生産活動だけでは説明がつかない。大型群生獣に
対する積極的な狩猟活動が存在したことを暗示さ
せるのである。

　最近，このルヴァロワ剥片類に対して，新しい
使用痕研究が発表された[3]。ルヴァロワ剥片類に
ついては，すでに，リーキー氏[4]によって有柄の
石槍であったろうと推測されている。つまり，シェ
ア氏による使用痕研究は，数多くの実験的な例を
基礎に，尖頭器であった機能の証明と，同時に柄
に接合された可能性についての証明を行なって，
リーキー氏の意見を具体的に説明したのである。

　まず，ものを突き刺す尖頭器として使用された
点については，レヴァントのケバラ洞窟Ⅸ〜Ⅻ層
（5〜6万年前）とカフゼー洞窟ⅩⅦ層（9〜10万年前）
出土のルヴァロワ剥片類の尖端部の衝撃剥離を観
察した。1）一群の小さな階段状，そしてヒンジ
状剥離が尖端部に存在する，2）一枚の大きな階
段状，ヒンジ状剥離が尖端部から裏面に走ってい
る，3）尖端部に接した側縁に沿って一群の細か
な剥離が存在する，4）尖端部から側縁にそって，
彫器刻面と同じような一枚の大きな剥離面が走
る。以上の4種の衝撃剥離をルヴァロワ剥片類
（尖頭器・石刃・剥片）に認めることができ，ウマや
シカなどに実際に突き刺した実験結果とよく一致
する。

　ケバラ洞窟出土のこのような衝撃剥離をもつ大
部分のルヴァロワ剥片類には，二次加工痕が認め
られない。そして，ルヴァロワ尖頭器，ルヴァロ
ワ石刃，ルヴァロワ剥片の 82％ に衝撃剥離が認
められ，さらにその内の 66％ に，両側縁に着柄
痕跡を残している。このような観察を元に，シェ
ア氏は，「らしもこの使用痕資料の解釈が正しい
ならば，技術的な補助を受けた狩猟は，古ネアン

デルタールと解剖学的に現代のホモ・サピエンス
との間には，大きな行動上の断絶は存在しない。
一（中略）一この事実は，技術的な補助を受けた狩
猟の意義が，アフリカやユーラシア全体を通して
一般的な様相であったと考えられる」と結論づけ
ている。そこで，上述してきた北アジア各地にお
けるルヴァロワ技法をもつ石器群についても，同
様に指摘することができるはずである。

　ジェニソワ洞窟から出土したルヴァロワ剥片類
にも，その尖端部裏面に，上述の 1）種の衝撃剥
離の痕跡を認めることができ，また，その両側縁
部に沿って，とくに下端に近い部分に細かい一群
の剥離痕を，確かに観察することができる。やは
り，有柄の石槍であったことは間違いないのであ
る。北アジアに 4〜3 万年代に拡散したルヴァロ
ワ技法をもつ人間集団は，石槍で武装した狩猟集
団で，大型群生獣を容易に捕獲することができる
先史狩猟民であったのだ。今後は，このような視
点から，北アジアのルヴァロワ石器群の拡散の問
題を見直すことが必要であろう。

　　註
1）　G. Clark : Aspects of Prehistory. 1970
2）　L. R. Binford : Faunal Remains from Klasies
　　River Mouth. 1984
3）　J. J. Shea : Spear Point from the Middle Pale-
　　olithic of the Levant. Journal of Field Archa-
　　eology. 15−4, 1988
4）　L. S. B. Leakey : Adam's Ancestors. 1960
5）　ジェニソワ洞窟に関する文献は次のものを使用し
　　た。
　　A. P. Derevyanko *et al* : Sovetsko−Iaponskie
　　Arkheologicheskie Issledovaniya na Altae, 1987
　　A. P. Derevyanko *et al* : Arkheologicheskie
　　Issledovaniya Denisovoi Peshchery. 1985
　　S. V. Markin : Mnogosloinyi Arkheologicheskii
　　Razrez Denisovoi Peshchery. Drevnosti Sibiri
　　i Dal'nego Vostoka. 1987

# 東アジアにおける細石刃製作技術──

札幌学院大学助教授
鶴丸俊明
（つるまる・としあき）

中国には湧別技法や峠下技法，さらに忍路子技法に類する技術が
存在するが，それは日本列島の細石刃文化を解く手がかりとなる

日本列島に，最初の細石刃文化が根を下ろしたのは，いつのことであろうか。この点に関しては，北海道・嶋木遺跡で，それを論ずるための重要な資料が発見されて以来，新たな論議をよんでいる[1]。

その問題はさておき，更新世の遅くとも終末に近い時期の日本列島で，細石刃を製作し使用していたことは，確かなことである。日本列島の細石刃を製作し使用する文化が果たしてどこから来たのか。それがどのように拡がっていったのか。それらを追求する方法の一つが，細石刃製作技術の分析である。

## 1 日本列島の細石刃技術

細石刃製作までの過程をたどってみよう。まず，①用材が準備される。次に，ある形を目指した調整を行なって，②素材を作製する。次は，加撃面（打面）を確保して細石刃を剥離する直前の段階である③石核原形[2]を用意する。つぎに④細石刃の剥離が行なわれる。この段階では，細石刃剥離と前後して石核再調整が行なわれる場合も少なく，細石刃の剥離がおわった石核は⑤残核として廃棄される。しかし，①〜⑤までの経過をたどらない技術もある。②の段階を経ず，用材からそのまま石核原形を作り出す場合である。

では，日本列島に展開した細石刃製作技術を概要という形で整理しておこう[3]。

①湧別技法：両面に調整剥離を施して素材を作る。つぎに，素材の最大厚に安定的な加撃面を確保することを前提として，削片を段階的に剥離して素材を縦に割ったような石核原形に近づけていく。最後の削片剥離によって打面が形成され，石核原形が完成する。素材は中膨らみ状の楕円形，端部の鈍い尖頭器形などで，断面は凸レンズ状を呈するものが中心であるが，加撃面に礫面をもつ石核原形が最初から用意されたと思われる例もみられる。この技術による石核原形からは，白滝型と札滑型の2種類の石核が準備される。白滝型

は，加撃面を形成した打点側に擦痕を付し，その部分で細石刃剥離を行なう。一方の札滑型は，擦痕をつけず，また細石刃の剥離位置も加撃面形成の打点側にこだわらない。双方の型式とも，多くの場合は加撃面の一端で細石刃剥離を行なうが，加撃面の両端で行なう場合もあり，とくに白滝型に多い。この際においても，白滝型では，あらたに細石刃剥離を行なおうとする端部側から削片剥離を行なって加撃面を形成しなおし，かつ擦痕を付すという工程をたどる。両端から剥離の進んだ残核は，円錐状を呈することもある。両型式の見かけ上の違いは，この擦痕の有無の他に，大きさとくに幅の大小，札滑型における加撃面形成後の側面調整などにみられるようである。しかし，札滑型の資料数が少ないため，今後の資料の増加と分析を必要としている。

②蘭越技法：両面に調整を施して素材を作る。素材は，尖頭器形や楕円形，側方剥離で加撃面位置を確保した斧形状をとる。つぎに，長軸上の一端で側縁の一部を短く剥離するか，あるいは短軸方向に素材を分断するかのような形，さらには側方剥離面を削りとる形で加撃面を形成し，石核原形とする。したがって，加撃面形成削片は，舟形，板状などの変異がある。細石刃剥離は，加撃面の末端につながる側縁とは異なる側縁を削りとるように，石核原形の長軸方向に行なう。

③忍路子技法：両面を調整して素材を作る。形状は洋梨形，尖頭器形が把握されており，断面は凸レンズ状をとる。つぎに，側縁の一部を短く剥離して加撃面を形成し，石核原形とする。細石刃剥離は，石核原形の短軸方向を中心として終始する。

④峠下技法：通常，片面を調整して素材を作る。その際，非調整面からの側方剥離で加撃面位置が確保される。したがって，断面はD字形をとるのが普通である。また，細石刃剥離面位置も側方剥離で分厚く準備されている例がある。次には加撃面が形成され石核原形が作り出されるが，そ

の加撃面に，素材の調整面を表に，非調整面を裏にして置いた場合，右から左に向かって形成される場合が大多数である。通常は他端に抜けない，短い加撃面である。細石刃剥離は加撃面形成点側で行なわれるが，細石刃剥離面は石核原形の形状を反映して非調整面側に捩れる場合が多い。

⑤西海技法：両面に調整剥離を施して素材が作られる。断面は凸レンズ状のものとD字状のものとがあるといわれている。次に，横打剥離によって加撃面位置を確保し，加撃面長軸方向から調整して加撃面を形成して，石核原形とする。

⑥幌加技法：剥片の剥離面もしくは礫の打割面を確保する。次に，その面から周辺部を剥ぎ落として加撃面の形状を整え，必要に応じて下端からの調整も加えて底縁を形成し，舟形の石核原形とする。細石刃剥離は一端もしくは両端で行なわれる。両端から剥離の進んだ資料には，円錐形を呈するものもある。

⑦広郷技法：石刃の端部に左下がりに側方剥離を行なって加撃面とし，石核原形とする。細石刃剥離は石刃の側縁を削りとるように石核の中心部に進む。両端に加撃面をもつ例も多いが，その時にも同様な手順を踏むため，両側縁に細石刃剥離面が形成される。この場合，極端に剥離が進んだものは，楔状の残核となる。同一側縁で行なわれる例は極めて稀である。分析によれば，加撃面は細石刃剥離面側からの一枚剥離で形成されているものもあり，それが加撃面の再生なのか，あるいは加撃面形成の変異なのかは今後の問題である。

⑧置戸技法：剥片もしくは礫を用いて，加撃面調整と石核整形を並行して行なって円錐形の石核原形を作り出す。細石刃剥離は周回するように行なわれて，中心部に向かう。

⑨矢出川技法：用材となる母岩をそのままかあるいは分割し，石核整形や加撃面調整を一連のものとして行ない，立方体的形状の石核原形を作り出す。細石刃剥離は一面もしくは隣接する複数面で行なわれる場合が多い。

以上九つの技法を取り上げて，その概要を説明した。これ以外にもいくつか触れておく必要のある技法がある。その一つは，湧別技法との関係が注目されている美利河技法である。この技法は，まず「打面作出を意識して最大厚が片側の縁によっていて，断面はD字形に近い」状態の片面あるいは両面調整の素材をつくりだす。したがって，

つぎの加撃面作出に伴う削片は「すべて断面四角形のスキー状削片」である。またその削片が「反対側の端まで抜けなかった場合や，打面が平坦でない場合は側面からの打面調整を行う」と説明されている。側面調整については「削片剥離による打面再生後」にひんぱんに行なわれるとし，加撃面には擦痕はみられないという。報告者も触れているが，素材作出の段階ではその一部が峠下技法によるものに類似し，残核は湧別技法の札滑型のものに似ている。つまり双方の技法に似ていながらも非なるものとして，技法と残核に新型式名が付されたのである。しかし，前述したように，湧別技法の中に，礫面を加撃面として確保し，直接石核原形を準備する経過をたどるものがあることから，変異の幅を考慮する必要があり，現状では，この美利河技法を，湧別技法の変異の一つとして考えておきたい。

この他，野岳・休場技法，野岳技法は，矢出川技法とほぼ同一の石核整形を目指す技法として，海老山技法，舟野技法，畦原技法，加治屋園技法は現時点では幌加技法の中に含めて考えておきたい。

筆者は，用材から加撃面形成に至る過程で削片を剥離する工程をもつ技術を削片系細石刃技術とし，それをもたない技術を非削片系細石刃技術と呼称している。上記では①〜④が削片系細石刃技術に該当する[4]。各技術型式の分布を図1に示した。

## 2　周辺地域の細石刃技術

虎頭梁遺跡の発掘以来，中国では細石刃作出の技法体系の復元が積極的に進められてきた。日本列島の技法と対応させながら，その中味をみてみよう。

①河套技法：両面調整・断面凸レンズ状の素材から，加撃面を作出するために長軸方向に長い削片を剥離した後，通常加撃面の一端で細石刃が剥離される。加撃面の再生や更新は明確ではない。これは湧別技法に，また残核の特徴は札滑型に対応する。

②桑乾技法：両面調整・断面凸レンズ状の素材から側縁に沿って短い削片を剥離して加撃面を作出し，その端部で細石刃を剥離する。加撃面の再生・更新は細石刃の剥離に伴って行なわれる。この技法は忍路子技法に対応する。

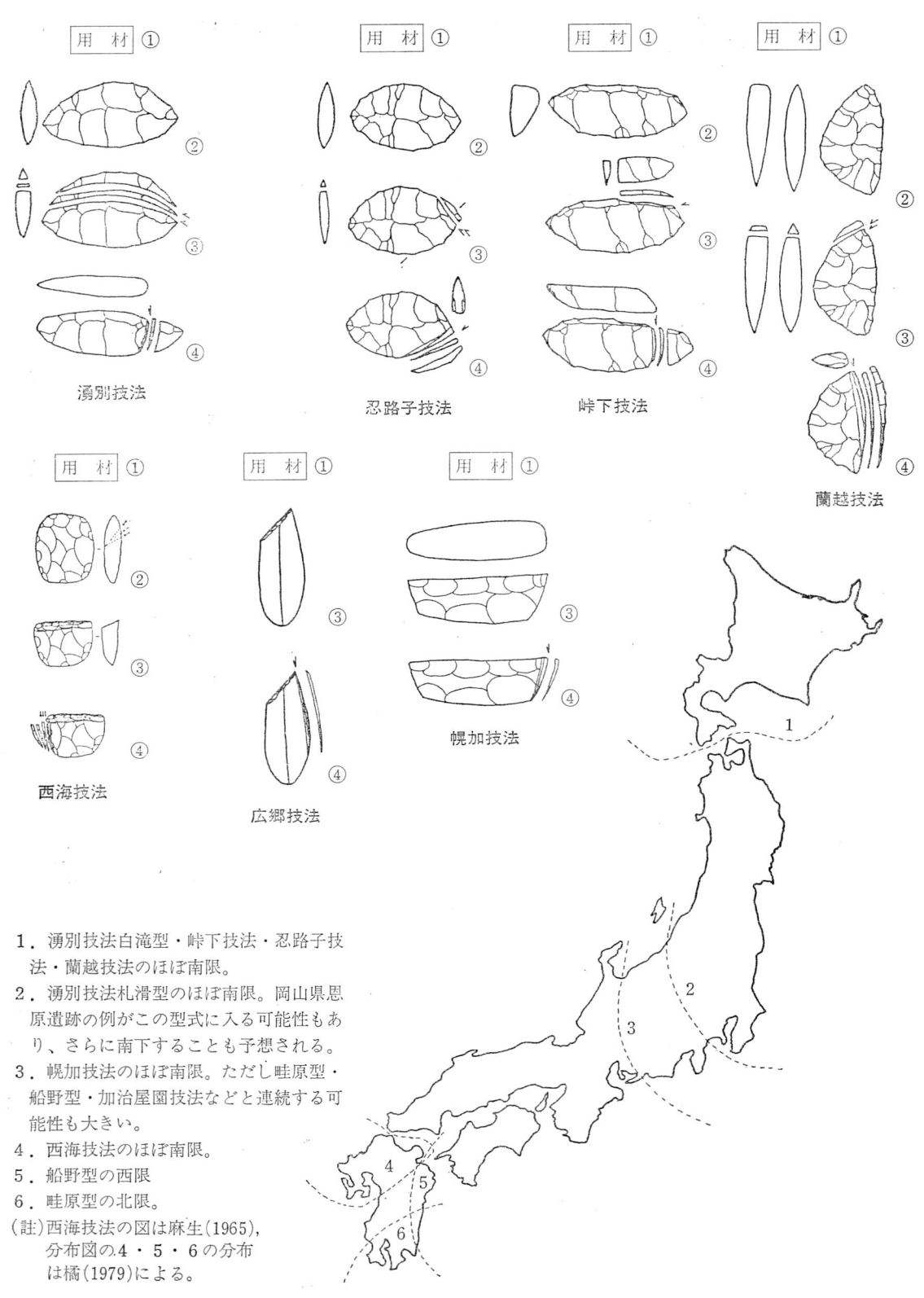

各図版ラベル：

用材①

湧別技法

忍路子技法

峠下技法

蘭越技法

西海技法

広郷技法

幌加技法

1．湧別技法白滝型・峠下技法・忍路子技法・蘭越技法のほぼ南限。

2．湧別技法札滑型のほぼ南限。岡山県恩原遺跡の例がこの型式に入る可能性もあり、さらに南下することも予想される。

3．幌加技法のほぼ南限。ただし畦原型・船野型・加治屋園技法などと連続する可能性も大きい。

4．西海技法のほぼ南限。

5．船野型の西限

6．畦原型の北限。

（註）西海技法の図は麻生(1965)、分布図の4・5・6の分布は橘(1979)による。

図1　細石刃技術とその分布

64

③虎頭梁技法：一側面側からの剥離で加撃面部を調整した断面D字形の原形を用意し，その端部で細石刃を剥離する。加撃面の再生・更新は細石刃の剥離に伴って行なわれる。これは峠下技法，西海技法に類似する。

④陽原技法：断面D字形の片面〜両面調整の素材を作り，つぎに長辺の中部付近に凹口を設け，その長辺で長軸方向に一般には1回の加撃により短い削片を剥離して加撃面を作り出し，細石刃を剥離する，というものである。峠下技法に通ずる技術である。

上記の分類は鄧聰氏と盖培氏らによる分類[5]である。これ以外にも，盖培氏によって設定された，最終的に円錐形・円柱形の残核形状を呈する石核を作り出すライハイ技法がある。また陳淳氏によって，蘭越技法による石核は窄型楔形石核に，幌加技法による石核は舟形石核に分類されている[6]。さらに，佐川正敏氏は，矢出川技法に含まれる可能性のある仮称・下川技法を設定されている[7]。

シベリア・極東などにおいて，細石刃核の作製から細石刃剥離に至る技法の分析はみられない。したがって，ここでは残核の諸特徴と削片などから，上記の技術型式のあり方を概観しておこう。

アンガラ川・レナ川流域：2万年以上の古さをもつといわれるマリタ遺跡には削片系の技術が存在するが，その詳細は不明である。同様な古さのソハチノ4遺跡では湧別技法的な技術のものや側方剥離打面の残核がみられる。クラスヌィヤル下層には峠下型に酷似した残核が，上層には蘭越型に類する残核や円筒形の残核がみられる。ベルホレンスク山遺跡2層の削片系の技術の中には湧別技法が明らかであり，他に蘭越・忍路子型の残核を彷彿とさせる石核がある。このほか，キスチェニェーボⅡ・Ⅲ・Ⅴの各遺跡で湧別技法や峠下・蘭越型類似の，ウスチ・ベラヤでは削片系と円筒・円錐形の残核がみられる。ウスチ・カレンガ遺跡では湧別技法に類似のものを含めた削片系と円錐形の残核が見られる。

アルダン川流域：3万年より古い年代をもつエジャンツィ遺跡では蘭越型類似の残核が，2万5千年よりも古いとされるイヒネ1遺跡では湧別技法類似の残核がみられる。

極東・沿海州・サハリン：ウスチノフカⅠ遺跡では幌加型が出土し，グロマトゥハ，マイヘⅠ遺跡では，湧別技法による残核がみられる。ソコル遺跡では湧別技法とともに，札滑型の残核が検出されている。

## 3 結 び

大雑把に，周辺地域の状況をみてきた。等質の視点で観察・分析することができない状況にはあるが，それなりの特徴を抽出することはできる。①中国，シベリア，サハリンに湧別技法が確認され，峠下型，幌加型に類似する残核も見られる。②シベリア地域には蘭越型に類似する残核が卓越するかのような状況が認められる。③忍路子型に類似する技術は中国で確認されているが，シベリア地域には確実な例が薄い。④広郷型は周辺地域には見られない。

中国で把握されている湧別技法や峠下技法，忍路子技法に類似する技術は，しかし，あるということ以上に論及はできない状況にある。各技法とも確認されている遺跡は少なく，その技法的内容の整理もいま一つの部分が少なくないからである。シベリア地域においては，それが，より極端である。技法の分析が実施されることを期待するものである。蘭越型に類似する残核が，西海技法的なものかあるいは蘭越技法的なものなのかなどの議論は，その分析なくしては成しえないからである。技法分析が進んだとき，日本列島のその分析の検証も可能であるし，技法の脈絡を辿ることもできるのである。

註
1) 加藤晋平・山田昌久編「北海道河東郡上士幌町嶋木遺跡の石器文化」歴史人類，16，1988
2) 安蒜政雄氏の用語を借用した。「日本の細石核」駿台史学，47，1979
3) 分類の詳細は『駿台史学』47，1979の諸論文を参考にされたい。
4) これらの諸型式のうちには，細石刃核として認定するにあたって十分な検討を経ていないものもある。紙数の都合で，その検討は後日にゆずる。
5) Tang Chung and Gai Pei : Upper Paleolithic Cultural Traditions in North China, Advances in World Archaeology, Vol. 5, 1986
   盖 培「陽原石核的動態類型学的研究及其工芸思想分析」人類学報，3−3，1984
6) 陳 淳「中国細石核類型和工芸初探」人類学学報，2−4，1983
7) 佐川正敏「中国の細石刃研究の現状と課題」考古学ジャーナル，243，1985

# 細石刃石器群の出現過程

筑波大学大学院
白石典之
（しらいし・のりゆき）

細石刃石器群の出現過程には九州，中部・関東，北海道に代表される地域差が存在するが，これらは内容的に大きく異なっている

日本列島における細石刃石器群は，細石刃核の型式や出現の時期において地域差を示している。このことから，その出現過程に関しても多様な地域性が予想できる。多くの場合，細石刃石器群の出現に関しては，外的視点から論じられているが，筆者は内的視点からのアプローチも必要であると考える。つまり，日本列島の内部での新技術の導入過程を明らかにする必要があるということである。そのうえで周辺地域との関係を考えることが重要であろう。本稿では，細石刃石器群という新たな道具・技術の導入の過程を内的視点より捉えてみたい。ここでは，連続して観察できる技術の変化に着目し，石器製作技術と石器との関係，とくに石器素材の供給のあり方に絞って，ナイフ形石器群から細石刃石器群出現までの変化の過程とその地域性を明らかにしたい。そして最後に，地域差成立の要因を大陸との関係から考察してみたい。

## 1　各地域における様相

ここでは，遺跡の調査例の多い九州，中部・関東，北海道の三地域を中心に検討する。

時期区分は，小田・キーリー両氏の編年案に準拠し，近年の発掘資料を考慮に入れて行なっている。細石刃石器群の出現過程を明らかにするために，全国的に遺跡数の増加するIIa期より検討する。なお，IIb期は前後に二分する。

### （1）　九州地方

**IIa期**　西輪久道遺跡上層，堤西牟田遺跡第II文化層，下城遺跡第I文化層，大丸・藤ノ迫遺跡，狸谷遺跡第II文化層，小牧3A遺跡，岩戸遺跡6下文化層，百枝遺跡C地区第II文化層などの遺跡を代表させることにする。剥片剥離技術には縦長剥片を目的とするもの（ここではI類と呼ぶ）と，横長剥片を目的とするもの（ここではII類と呼ぶ）がみられる。石器器種には二側縁加工ナイフ形石器，切出状ナイフ形石器，台形石器，剥片尖頭器，角錐状石器が存在している。石器素材の供給

のあり方は，I・II類の両者がさまざまの石器器種の素材を供給していると理解できる。

**IIb期前半**　堤西牟田遺跡第III・IV文化層，百花台遺跡第IV文化層，中山遺跡，上場遺跡第IV文化層，岩戸遺跡6上文化層などが該当している。剥片剥離技術I類が中心となり，それによってナイフ形石器，台形石器，剥片尖頭器，角錐状石器などの多器種の素材剥片が供給されていることが看取される。この傾向は斉一的に九州全体で認められる。

**IIb期後半**　磯道遺跡，原遺跡，百花台遺跡第III文化層，船野遺跡をあげることができる。この時期より一部で細石刃石器群の共伴が認められはじめる。剥片剥離技術はI類が主体で，それとは独立した形で細石刃技術が存在している。石器器種にはナイフ形石器，台形石器に一部で細石刃核，細石刃を新たに加える。細石刃技術以外の石器素材の供給はI類中心になされている。この特徴は船野遺跡を除く遺跡で認められる。船野遺跡のみI類，II類の両者による素材の供給が多様な器種に対して行なわれている。

**III期**　明確な素材供給の剥片剥離技術は存在していない。器種は細石刃核，細石刃が主体である。その他の器種は細石刃核素材を作出する際に生じた不定形剥片を利用しているのであろう。

### （2）　中部・関東地方

**IIa期**　相模野台地では下九沢山谷遺跡第IV文化層，柏ヶ谷長ヲサ第IX文化層，上草柳第2地点遺跡第II文化層，武蔵野台地では前原遺跡IV中2層，鈴木遺跡IV下層，大宮台地では殿山遺跡，下総台地では復山谷遺跡WおよびE地点IV層，堀之内遺跡，権現後遺跡第3文化層，北関東では岩宿遺跡第II文化層を例としてあげることができる。剥片剥離技術はI・II類両者が存在している。石器器種にはナイフ形石器，角錐状石器，下九沢山谷遺跡では槍先形尖頭器が出土している。石器の素材はI・II類両者から供給されており，どちらかに片寄ることはない。この傾向はこの地域全般

で認められる。

**IIb期前半**　相模野では栗原中丸遺跡第V文化層，中村遺跡第V文化層，橋本遺跡第III文化層，月見野上野遺跡第1地点第VI文化層，深見諏訪山遺跡第IV文化層，下鶴間長堀遺跡第III文化層，武蔵野では西之台遺跡B地点IV層，前原遺跡IV中1層，多聞寺前遺跡IV中1層，砂川遺跡，中部地方では寺谷遺跡，広野北遺跡第3文化層，釈迦堂遺跡を代表としてあげることができる。また，東北地方南部の塩坪遺跡も同期のものと考えられる。剥片剥離技術はI・II類の両者が存在しているが，I類が主体となっている。これは調整された石核より整った石刃を規格的に，しかも多量に剥離するものである。石器器種には二側縁加工ナイフ形石器，先端を刃潰し加工により斜断したナイフ形石器，槍先形尖頭器が特徴的に伴う。素材の供給は，ナイフ形石器はI類から槍先形尖頭器はII類から主になされている。素材と器種との対応関係が固定的で統一性を持っている。この傾向は，極めて斉一的にこの地域全体に看取される。

**IIb期後半**　相模野では中村遺跡第III・IV文化層，月見野上野遺跡第1地点第IV・V文化層，代官山遺跡第IV・V文化層，深見諏訪山遺跡第III文化層，下鶴間長堀遺跡第II文化層，橋本遺跡第II文化層，武蔵野では多聞寺前遺跡IV上層，仙川遺跡III層，前原遺跡IV上層，鈴木遺跡IV上層，下総台地では復山谷遺跡W地区III中・下層およびEIII層，木刈峠遺跡，北関東では見立溜井遺跡第I文化層，御正作遺跡，武井遺跡第II文化層，下触牛伏遺跡第I文化層，細原遺跡，中部地方では広野北遺跡第4・5文化層，広合遺跡第I文化層，北原管第I・II文化層，尾上イラウネ遺跡を，そして東北南部の三貫地遺跡をあげることができる。剥片剥離技術はI類中心である。石器器種は二側縁加工ナイフ形石器，切出形ナイフ形石器，槍先形尖頭器である。石器素材の供給はI類による剥片が主に用いられているが，石核の調整は乏しく，それにより剥片の規格性にも欠け，均一な縦長剥片は得られていない。幅広の剥片も多くなり，形態的には事実上，II類のものと変わらなくなっている。素材と器種との対応関係の統一性がみだれる。

**III期**　明確な素材供給の剥片剥離技術は存在していない。石器器種は細石刃核，細石刃が主体となる。その他の器種は，細石刃核素材作出の際

に生じた剥片を利用しているのであろう。

**（2）　北海道地方**

**IIa期**　嶋木遺跡，上似平遺跡古段階，広郷8遺跡，白滝第13地点遺跡，タチカルシュナイ第V遺跡C地点下層，帯広空港南A遺跡，メボシ川2遺跡II群が相当する。剥片剥離技術にはI類とII類が存在しているが，II類の中には円盤形石核の周りをめぐるように打点を移動し，横長剥片を獲得するものも含む。また，嶋木遺跡では細石刃核が出土している。石器器種は削器，掻器が中心となる。石器素材にはI・II類両者による剥片が利用されるが，嶋木遺跡のようにII類を主体とする遺跡と，白滝13遺跡のように縦長剥片を多用する遺跡という具合に，遺跡間でどちらかに片寄りを持つ傾向がある。

**IIb期前半**　美利河1遺跡I石器群，湯の里4遺跡B群をあげることができる。剥片剥離技術はI類が主体となり，とくに石刃技法が発達する。石器器種は細石刃核，細石刃，彫器，掻器，削器が中心となる。石器素材には石刃が主に用いられ，細石刃核の素材にも縦長剥片が用いられている。

**IIb期後半・III期**　石川1遺跡，新道4遺跡，タチカルシュナイ第V遺跡C地点上層，幌加川遺跡遠間地点が相当する。剥片剥離技術にはI類がみられる。石器器種は細石刃核，細石刃，掻器，削器が中心となる。細石刃核はI類とは別の工程で作られる。その他の器種については石刃を素材とするもののほかに，細石刃核製作途中で生じた剥片を利用したものが大きな割合を占めていると考えられる。

## 2　出現過程の地域差

九州ではIIa期には，I類とII類という二つの剥片剥離技術が存在し，さまざまな器種の素材剥片を供給するという体系がみとめられる。特定の器種と特定の素材という結びつきが弱く，その対応関係も遺跡間で斉一的でない。それがIIb期前半になると，I類を中心とした体系に変化する。素材と器種との対応関係は強固で統一的になる。この体系は九州全域において斉一的に看取れる。このような傾向はIIb期後半にも受け継がれる。この時期には細石刃技術が出現するが，前段階からの石器製作体系はそのまま保持されている。両者は安定的に並存しており，III期においてナイフ形石器群が消滅するまで連続している。

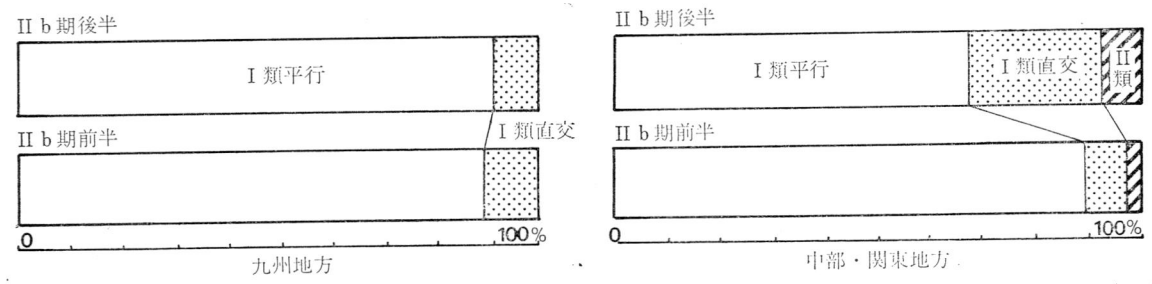

図1 二側縁加工ナイフ形石器の背面構成比率

中部・関東地方でも，Ⅱa期からⅡb期前半まで，九州地方と同じ傾向をたどる。すなわち，Ⅰ類とⅡ類の両者から素材を得るという，素材と器種との対応関係が統一的でないとともに，その傾向が遺跡間で斉一的でない段階から，規格性の高いⅠ類を中心とする素材と器種との強固な対応関係，遺跡間の斉一性を示す段階への変化が認められる。しかし，両者の相違はⅡb期後半に顕著にみられる。中部・関東地方では，この時期にⅠ類を中心としながらも，前段階のような整った石刃を素材とせずに，規格性の乏しい縦長剥片を使用するという，一部では実質的にはⅡ類と変化ないものも使用する傾向に変化している。これについては図1で明らかになろう。これは九州と中部・関東の二側縁加工ナイフ形石器の素材についてⅡb期の前・後半で，その背面構成から比較したものである。Ⅰ類から得られた剥片はⅠ類剥片，Ⅱ類から得られた剥片はⅡ類剥片と呼ぶことにするが，Ⅰ類剥片はさらに，背面にみられる剥離方向が剥片の剥離軸と平行するもの（平行系）と，背面にみられる剥離方向が剥片の剥離軸と直交するもの（直交系）に二分できる。これによると，Ⅱb期後半の中部・関東地方においては，前段階の石器製作体系と素材供給のあり方が崩壊していると理解できる。一方，九州では前段階のあり方が堅持されていると理解できる。

北海道地方では，Ⅱa期においてすでに細石刃技術が存在しているが，その石器群全体における位置づけは明確ではない。この時間の石器素材の供給はⅡ類が中心となっているが，その内容は遺跡ごとで差があり，遺跡間の斉一性に乏しい。Ⅱb期前半にはⅠ類が中心の素材供給がみられ，細石刃核の素材もこれを利用している。細石刃技術の体系と，その他の石器製作体系との共存関係を見い出すことができる。Ⅱb期後半以降になると細石刃技術が中心を占めるようになり，石器素材

剥片の供給も細石刃石核素材製作の途中で生じた剥片が使用されている例が多い。しかし，一方でⅠ類の剥片剥離技術も素材を供給しており，両者の体系は安定的に並存していると考えられる。

各地域の差はまとめると，①九州のように在来の技術体系と共存する形で細石刃石器群が出現し，やがて石器製作体系のすべてを占めるようになるもの，②中部・関東のように在来の技術体系が崩壊したのちに出現するもの，③北海道のように他の石器製作体系と並存しながら出現・発展するものの三者になろう。

## 3 地域差の背景

以上のように，日本列島における細石刃石器群の出現過程には九州，中部・関東，北海道に代表される地域差を示す三つのパターンが存在することが明らかになった。これらの地域差は出現時期の差にとどまらず，内容的に大きく異なっているのである。それではこの地域差は何に起因するのであろうか。当然さまざまな要因が想定されようが，ここでは地理的側面から考えてみることにする。

九州での既存の技術体系を保持する形での出現は，西南日本の細石刃石器群の出現が外来か自生かの問題とかかわるが，いずれにせよ新出のものを柔軟に受け入れる技術体系を有していたものと理解できる。これは大陸と近接した位置にあり，たえず交流を持っていた結果であろう。また，北海道の動向は，北アジアの変化を敏感に反映していると理解できる。石器器種，組成の類似からも，共通した環境での適応の様子が想定される。これも大陸との地理的位置が要因となっている。一方，中部・関東のような既存の体系を崩壊させるような変動からは，変化に弱い技術体系の存在を想定できる。両方の大陸との窓口から遠く離れて，独自の伝統を醸成していたこの地域の，環境

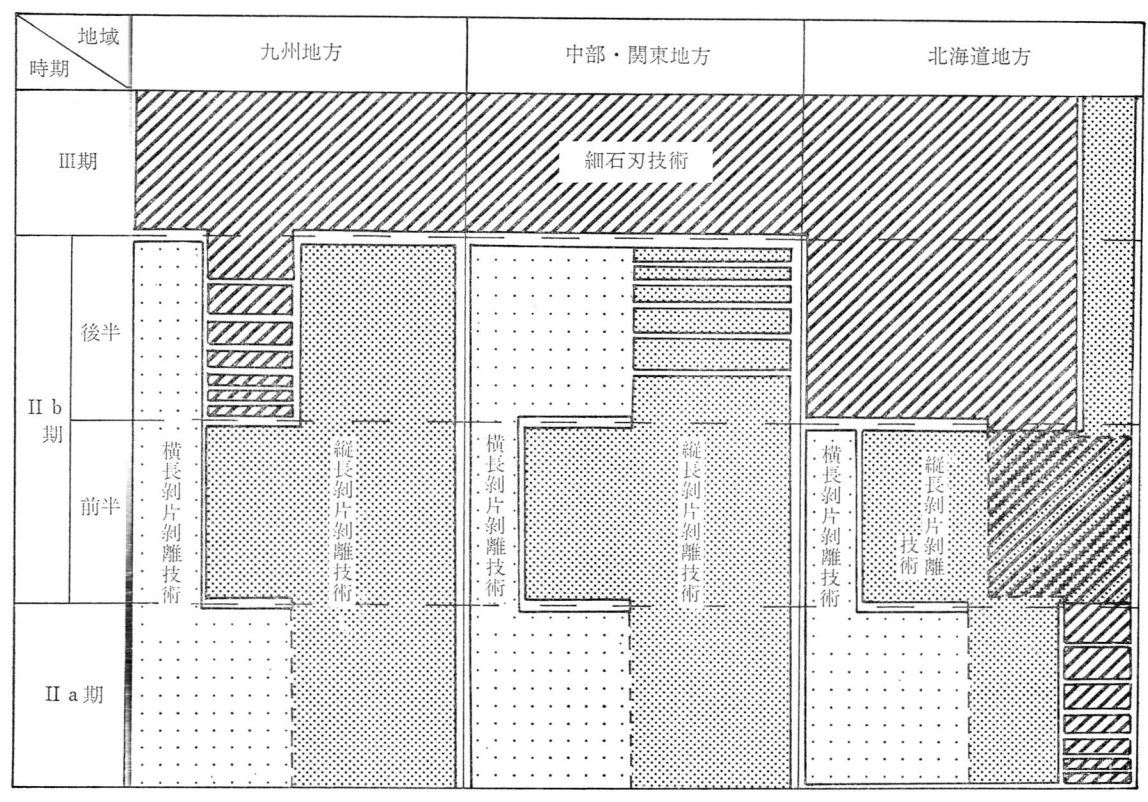

図 2　石器素材供給技術の時期的変遷と地域差

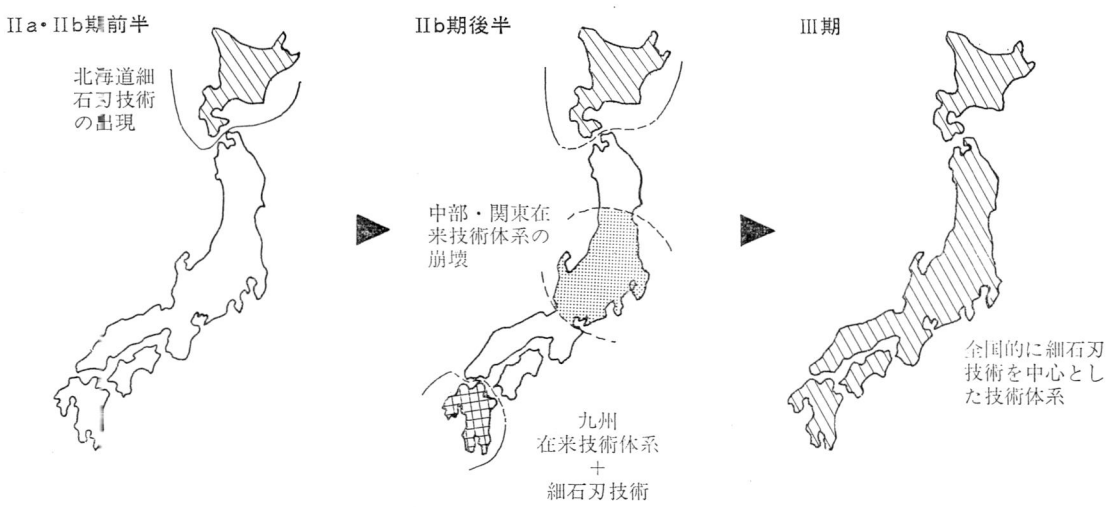

図 3　石器製作技術体系の地域相

変化とそれに伴う新しい技術に柔軟に対応することができなかった結果を示すものであろう。

このように，一様でない細石刃石器群の出現過程は，大陸の東の縁辺に弧状に位置する日本列島の地理的要因を大きく反映する現象と理解できるのではなかろうか。

**参考文献**

小田静夫・C.T.キーリー『日本旧石器文化の編年』（英文）1979

安蒜政雄「日本の細石器文化」駿台史学，60，pp.133〜159，1984

山田晃弘「北海道後期旧石器時代における石器製作技術構造の変遷に関する予察」考古学雑誌，71―4，pp.383〜411，1986

報告書については割愛した。ご了承願いたい。

# 人類拡散の諸問題

大陸から日本列島に渡ってきた人々はどんな特性をもっていたか。人類の拡散について形質人類学，遺伝子，犬から考えてみる

原モンゴロイドの拡散／北・南モンゴロイド遺伝子の拡散／アジア家犬の系譜

## 原モンゴロイドの拡散

国立科学博物館人類研究部
溝 口 優 司
（みぞぐち・ゆうじ）

大陸南部にいた柳江人／ケイラーのような原モンゴロイド集団の
一部が東アジアへ進んで港川人や縄文人の形成に大きく貢献した

### 1 「原モンゴロイド」とは？

ここで問題にする「原モンゴロイド」とは，一般には，現代モンゴロイド集団が形成される前の未分化な，いわばモンゴロイドの直接の祖先に当たる更新世の仮想人類集団のことである。現実には，どのような化石人類がこれに相当するかは確言できないが，ワイデンライヒ（Weidenreich, 1943）は中国の周口店上洞人 101 号男性頭蓋を，先史モンゴル人に似ていると考え，原モンゴロイドに分類した。ハウエルズ（Howells）は同じような意味で「初期モンゴロイド」という呼称を使っている（山口，1986）。また，埴原（1980）は同様の意味で「古モンゴロイド」という呼び方をしている。ちなみに，アイクシュテット（Eickstedt, 1934）は，中国南部から東南アジアを中心に分布している現代の南モンゴロイドに対して「古(旧)モンゴロイド」という分類名を使用している。

ここでは，ワイデンライヒ（1943）の考え方にそって，多少狭い意味で，現代の蒙古人やバイカル湖付近に住むブリヤート族のような典型的なモンゴロイドに特殊化する直前の祖先集団を，「原モンゴロイド」と定義することにする。

### 2 現代モンゴロイドの起源に関する仮説

世界各地の現代ホモ・サピエンスの起源に関しては，大体どの地域についても 2 種類の仮説がある。ひとつは，現在そこにいる住民は，原人あるいは旧人の時代からその地域で，ある程度の隔離状態のもとに適応進化してきた，という，いわば「地域連続説」である。もうひとつは，すでに現代的な人類にまで分化した共通の単一集団から，ある一群がその地域へやって来て，それまでの原人・旧人以来の土着集団に取って替わった，という「置換説」である（Wolpoff et al., 1984）。前者は「多元説」，後者は「一元説」と言われることもある（山口，1986）。

アジア地域に対しても，地域連続説と置換説の双方が提唱されている。東アジアの場合は，ワイデンライヒ，呉汝康以来の地域連続説が，最近ではウォルポフら（Wolpoff et al., 1984）にも継承され，中国の元謀原人（約80万年前），藍田原人（50〜80万年前），北京原人（23〜61万年前），和県原人（中期更新世）などから大茘人（4〜7万年前），馬壩人（後期更新世初期）などの旧人（古代型ホモ・サピエンス），周口店上洞人（1.05〜1.89万年前）などの化石現生人類を経て現代中国人に至る系統がある

と主張されている。また，ウォルポフら(1984)は，インドネシアのジャワ原人（80〜110万年前）やソロ人（約25万年前の，旧人に近い原人か）などから現代オーストラリア原住民につながるという地域的連続性も考えている。

　他方，アジアにおける置換説ではトーマ(Thoma, 1964)の説が有名である。トーマによれば，現代モンゴロイドは，遠く西アジアに端を発し，イラクの旧人，シャニダール人やウズベキスタンの旧人，テシク・タシュ人のような人びとが南シベリアを経由して東アジアに来た結果形成されたもので，中国の更新世人類は現代モンゴロイドの祖先ではない，と主張する。また，ハウエルズも1983年の時点では置換説の立場をとっている。現代ホモ・サピエンスの発祥の地は不明であるが，ともかく北京原人と後の時代のアジア人との間には関係がないと言い，また，オーストラレーシアの人びとの起源についても置換説を主張している（Wolpoff et al., 1984）。さらに，ごく最近，カミンガとライト（Kamminga and Wright, 1988）は，これまで原モンゴロイドの代表のように言われていた周口店上洞人101号男性頭蓋が，東アジアや南北アメリカに住む現代モンゴロイドとはそれほど似ていないことを示した（現代人の中ではアイヌに最も類似）。この周口店上洞人に対して得られた最近の炭素14年代測定法による約1万1千年前という年代推定値が正しければ，華北の新石器時代人との間に4〜5千年の間隔しかないので，多分農耕が始まったこの間に，華北では人種的な置換が起こったのではないか，と推測している。

　もうひとつ，モンゴロイドの拡散に関する仮説のうちで忘れてはならないものに，ターナー（Turner, 1989）の歯の形態に基づく仮説がある。彼によれば，5万年以上前に，恐らくアフリカから東南アジアにやって来た，形態学的にはすでに現代人であった人びとが，その後のアジアやアメリカのモンゴロイドの祖先になる。東南アジアでスンダ型歯形質という歯の形態パターンを持っていた彼らは，約2万年前に大陸内部を北上し，北東アジアで中国型歯形質を急速に発達させる。この歯形質を持った人びとが現代中国人や日本人の祖先となった，と考えるので，ターナーの仮説も，少なくとも華北付近については，置換説と考えられる。

## 3　アジア・大洋州の更新世人類間比較

　原モンゴロイドが具体的にどのような更新世人類であるのかを改めて検討するために，今回，これまでに集められた化石人類頭蓋の計測値を用いて試行的な分析を行なうことにした。対象とした更新世人類化石は表1の通りである。

　新石器時代のバイカル湖付近の典型的なモンゴロイドの頭蓋計測値がすでに報告されているので，先に定義したような原モンゴロイドを探すとすれば，彼らに類似したその直前の時代の，すなわち後期更新世の化石現生人類を探し出す，ということになる。

　図1は，頭蓋計測値7項目（マルチン番号1, 8または8c, 17, 45, 48, 54, 55）に基づく比較で，現代日本人男性の分散共分散行列（埴原，1981）を基準に計算したマハラノビスの汎距離を群平均法のクラスター分析によって処理した結果が示してある。

　なるべく多くの標本を同時に比較するために，計測項目数は少ないが，脳頭蓋計測値4項目（マルチン番号1, 8または8c, 17, 29）に基づく結果も図2に示してある。

## 4　原モンゴロイドの拡散

　上記の分析結果とこれまでに得られた先人の知見を考え合わせると，原モンゴロイドの拡散について，おおよそ次のような筋書きを想定することができるかもしれない。

　まず，典型的なモンゴロイドの直前の祖先としての原モンゴロイドは，周口店上洞人101号のような人達よりはむしろ，後期更新世に少なくとも中国南部から大洋州にかけて分布していた柳江人／ケイラーのような人類集団であっただろうと推測される（図1）。さらに，典型的なモンゴロイドに対してのみならず，ほかのすべてのアジア・アメリカの縄文時代と同時代の人びとに対しても，この柳江人／ケイラー集団は，上洞人101号のような人類よりは，その直系の祖先であった可能性が高い。

　このような柳江人／ケイラー集団のうち，南アジアや西アジアへ向かった，あるいはすでにそこにいた一群は，コーカソイドの祖先集団などとともに，恐らくその地域における新石器時代人集団の形成にかなりの程度寄与しただろう（図1）。

表 1　分析したアジアのおもな旧石器および新石器時代人の頭蓋

| | 年　代* | 計測者 |
|---|---|---|
| ジャワ原人（インドネシア） | | |
| 　頭蓋 I（トリニール 2，女？） | 50万年前 | Weinert（Weidenreich，'43） |
| 　頭蓋 II（サンギラン 2，女） | 80-110万年前 | Weidenreich，'43 |
| 　頭蓋 IV（サンギラン 4，男） | 80-110万年前 | Jacob，'66 |
| 　頭蓋 V（サンギラン10，男） | 中期更新世 | Jacob，'66，'73 |
| 　頭蓋 VIII（サンギラン17，男） | 80-110万年前 | Jacob，'73；Thorne & Wolpoff，'81 |
| 北京原人（中国） | | |
| 　頭蓋 III（男） | 23-61万年前 | Weidenreich，'43 |
| 　頭蓋 X（男） | 23-61万年前 | Weidenreich，'43 |
| 　頭蓋 XI（女） | 23-61万年前 | Weidenreich，'43 |
| 　頭蓋 XII（男） | 23-61万年前 | Weidenreich，'43 |
| 和県原人（中国） | | |
| 　PA830（男） | 中期更新世 | 呉・董，'82 |
| インドの原人（古代型ホモ・サピエンス？） | | |
| 　ナルマダ原人（女） | 中期更新世 | Lumley & Sonakia，'85 |
| ソロ人（インドネシア） | | |
| 　ガンドン頭蓋 I（女） | 約25万年前 | Weidenreich，'43 |
| 　ガンドン頭蓋 V（男） | 約25万年前 | Weidenreich，'43 |
| 　ガンドン頭蓋 VI（女） | 約25万年前 | Weidenreich，'43 |
| 　ガンドン頭蓋 X（女） | 約25万年前 | Weidenreich，'43 |
| 　ガンドン頭蓋 XI（男） | 約25万年前 | Weidenreich，'43 |
| 中国の旧人（古代型ホモ・サピエンス） | | |
| 　大荔人（男） | 4.1-7.1万年前 | Wu & Lumley（Lumley & Sonakia，'85） |
| 中国南部の化石現生人類 | | |
| 　柳江人（男） | 4万年前？ | 呉，'59 |
| 中国北部の化石現生人類 | | |
| 　周口店上洞人 101（男） | 1.05-1.89万年前 | Weidenreich（Suzuki，'82）； |
| 　周口店上洞人 102（女） | 1.05-1.89万年前 | Wu & Zhang，'85；Kamminga & |
| 　周口店上洞人 103（女） | 1.05-1.89万年前 | Wright，'88（101-103 のすべて） |
| 日本の化石現生人類（沖縄） | | |
| 　港川人 I（男） | 1.66-1.83万年前 | Suzuki，'82 |
| 　港川人 II（女） | 1.66-1.83万年前 | Suzuki，'82 |
| 　港川人 IV（女） | 1.66-1.83万年前 | Suzuki，'82 |
| オーストラリアの化石現生人類 | | |
| 　レイク・タンドー（男） | 1.20-1.52万年前 | Freedman & Lofgren，'83 |
| 　コフナ（男） | 約 1.3万年前 | Brown，'81；Thorne & Wolpoff，'81 |
| 　ケイラー（男？） | 1.29万年前 | Weidenreich（Thoma，'64；Howells & Schwidetzky，'81）；Thorne（Freedman，'85） |
| 　コウ・スワンプ I（男） | 0.90-1.30万年前 | Thorne，'76；Thorne & Wolpoff，'81 |
| 　コウ・スワンプ V（男） | 0.90-1.30万年前 | Brown，'81；Thorne & Wolpoff，'81 |
| 　コウ・スワンプ VII（男） | 0.90-1.30万年前 | Thorne，'76 |
| 縄文時代頃のアジア・アメリカ人（男） | | |
| 　彦崎（岡山） | 縄文時代前期 | Suzuki，'81 |
| 　蝦島（岩手） | 縄文時代後晩期 | 溝口ら，n.d. |
| 　吉胡（愛知） | 縄文時代晩期 | 金高，'28 |
| 　バイカル（北アジア） | 新石器時代前期 | Debets（Levin，'58） |
| 　宝鶏（華北） | 6.2-6.7千年前 | 顔ら（張ら，'77；韓・潘，'79，'80） |
| 　甑皮岩（華南） | 8.6千年前 | 張ら，'77 |
| 　カザフ（中央アジア） | 2.3-2.7千年前 | Debetz et al.（Schwidetzky，'72） |
| 　アナトリア（西アジア） | 3.3-5.7千年前 | Cappieri（Rathbun，'82） |
| 　インド（南アジア） | 3.5-5.0千年前 | Cappieri（Rathbun，'82） |
| 　ケンタッキー（北米） | 約 5千年前 | Snow（Ruff，'80） |

\* 年代は計測値報告者もしくはオークレイら（Oakley et al., 1975），松浦（Matsu'ura, 1982），呉と王（Wu and Wang, 1985）などによる。

2万年前以前の後期旧石器時代のある時期までに北方へ進んだ柳江人／ケイラー集団の一部は，恐らく新天地のバイカル湖からアルタイ山脈付近で極寒の環境に耐えうるような形質を発達させ，約2万年前のアフォントヴァ・ガラ IV 遺跡人（Alekseev and Gochman, 1983；山口，1986）のような典型的なモンゴロイドとなったであろう。

東アジアへ進んだ柳江人／ケイラー集団の一部は，港川人や縄文人の形成に大きく貢献したと思われるが，港川人／縄文人は，柳江人／ケイラー集団が来る以前から北東アジアにいたと思われる，もっと古い，原人や旧人の特徴を持った周口店上洞人 101 号（図2）のような後期更新世人類とも関係があるかもしれない。

アメリカに渡った人びとの祖先も，周口店上洞人 101 号よりは，柳江人／ケイラー集団に類似した人びとだったと推測されるが，約5千年前のケンタッキーのアメリカ・インディアンは柳江人／ケイラー／バイカル新石器時代人のグループよりははるかに華北の新石器時代人に似ている（図1）。これは，更新世を通じての華北における地域的連続性と関係があるかもしれない。つまり，アメリカ・インディアンは，北上した柳江人／ケイラー集団が，北東アジアで，その地域の原人・旧人の系統をひき，かつ，同地域の新石器時代人にも影響を与えた周口店上洞人のような人類集団と混血しつつ，当時の寒冷環境に適応しながらさらに北上東進してベーリング陸橋を渡った人びとの子孫なのかもしれない。

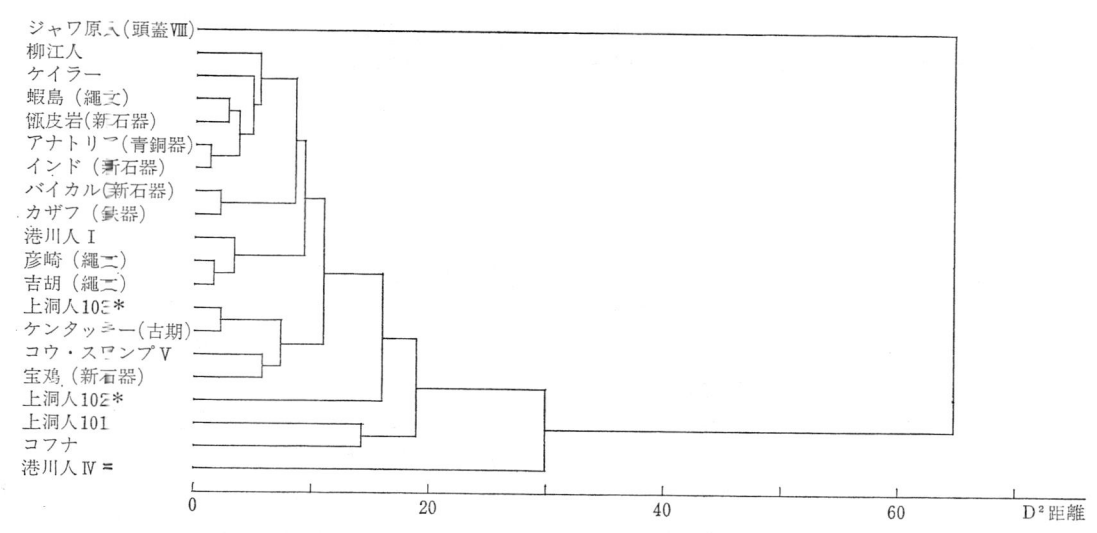

図1 頭蓋計測値7項目に基づくアジア・大洋州の更新世人類と縄文時代相当期アジア人の類似関係
（＊印は女性。それら以外はすべて男性）

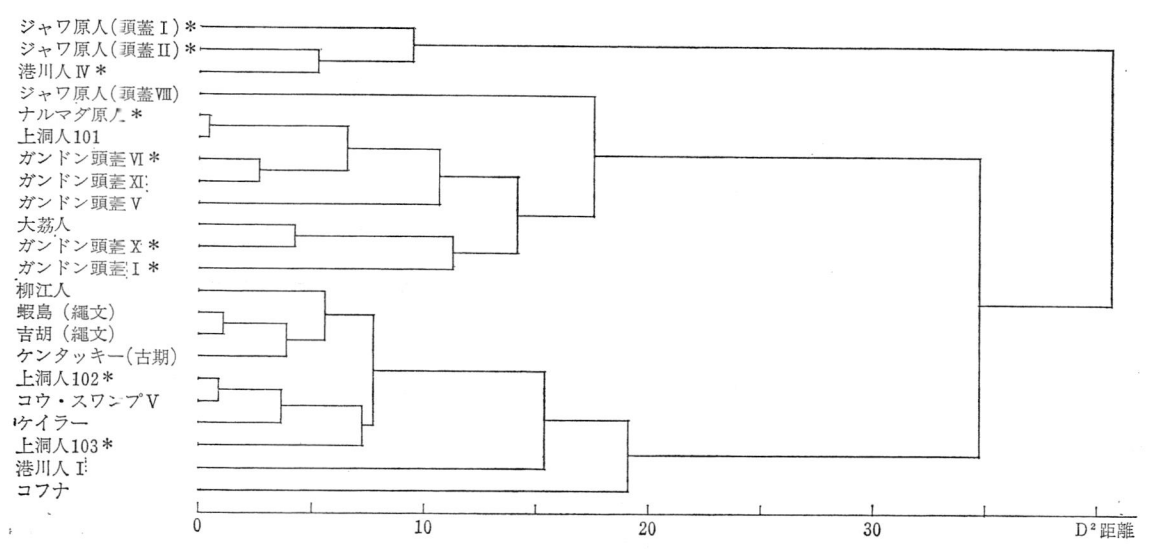

図2 脳頭蓋計測値4項目に基づくアジア・大洋州の更新世人類と日本・北米の縄文時代相当期人の類似関係
（＊印は女性。それら以外はすべて男性）

以上，不十分ながらも，原モンゴロイドの拡散について，とくに後期更新世人類と新石器時代人の関係に焦点を当てて論じてきたが，原モンゴロイド自身の起源，現代アジア人と新石器時代アジア人の関係など，問題が山積している。今後の資料の蓄積と研究の進展を期待するものである。

**参考文献**

Kamminga, J., and R. V. S. Wright 'The Upper Cave at Zhoukoudian and the origins of the Mongoloids' J. Hum. Evol., 17, 1988

Turner, C. G., II 'Teeth and prehistory in Asia' Scientific American, 260, 1989

Wolpoff, M. H., X. Z. Wu and A. G. Thorne 'Modern *Homo sapiens* Origins : A general theory of hominid evolution involving the fossil evidence from East Asia' In : "The Origins of Modern Humans : A World Survey of the Fossil Evidence," ed. F. H. Smith and F. Spencer. Alan R. Liss, 1984

山口　敏『日本人の顔と身体』PHP 研究所，1986

# 北・南モンゴロイド遺伝子の拡散

大阪医科大学教授　松本秀雄（まつもと・ひでお）

蒙古系民族は Gm 遺伝子によって北方型と南方型の２つのグループにわかれるが、それは移動の跡が移動と民族の成立をよく説明している

ヒト上科は中新世前期の東アフリカに熱帯常住動物として出現し、およそ 100 万年前にアラビア半島でつながっていたニューラシア大陸にも進出した脱アフリカをはたしたグループとして適応、拡散した。永い年月住みなれた環境から、環境条件のすっかり違った地域への拡散が果たせたことは、連続的な変異の蓄積の中に、すでにヒトは地球上のどこにでも適応できるような地球遍在性の動物としての変異を獲得しており、今日みられるような地理的変異の萌芽ができていたと考えられる。そしてヨーロッパ、ジャワ（ジャワ原人）、中国（元謀人〈雲南〉、藍田人〈陝西〉、北京原人）というように、広くアジア地域に広がり、さらに４万年前には新大陸へ拡がって脱アジアを果たした。このように広い地理的分布の拡大につれて、それぞれの地域への適応の結果として形成された地理的分化は、現在みられるような明らかな人種的変異としてとらえられ、より明らかな地域的変異としてとらえられているのである。

私のな解析にあたって重要な法則として、ハーディー・ワインバーグの平衡というものがある。それは「無選択結婚の行なわれている大きな集団では、集団内の遺伝子頻度は毎世代変わらず、永く平衡が保たれる」というものである。このことは一つの大きな集団の中では、血液型の遺伝子頻度は一定の平衡状態が保たれており、大きな集団との混血などがない限り、その集団における遺伝子頻度は変わらないということを示している。

## 1 Gm 型とはどのようなものか

われわれをとりまく環境の中には、ウイルスや細菌をはじめとして無数といってよいほどの異物が存在している。このような異物はわれわれの健康を障害したり、時には生命を脅かすことにもなる。このような場合、これらの異物を壊して、身体の外に排出し、身体の恒常性を維持する働きが免疫反応といわれる。この反応の中で、最も大きな働きをするものが抗体である。抗体の中の IgG と呼ばれるものが担っている血液型が Gm といわれるもので、この Gm の特徴は、例えば蒙古系民族では Gmag, Gmaxg, Gmab3st, Gmafb1b3 というように、必ず一定の固定した組合せで遺伝子を形成して親から子に規則正しく伝えられる。白人人種は Gmag, Gmaxg, Gmfb1b3 という三つの遺伝子、黒人人種は Gmab1b3, Gmab3s, Gmab1c という三つの遺伝子で特徴づけられる。このように、Gm 遺伝子によって明瞭に三大人種といわれるものを識別できるのである。したがって人種間の混血の割合も数値としてとらえることができる。また Gm 遺伝子の特徴は、その頻度が同一人種の中でも、その集団の間で著しい違いをみせることである。したがって Gm 遺伝子は人種、民族、集団の特徴を精緻、かつ鋭敏にとらえる遺伝子であることがこれまでに明らかになっている。

## 2 世界に分散する蒙古系民族の特徴

東南アジアから東アジア、さらに南・北アメリ

表 1　日本人集団における Gm 遺伝子の分布

| 集団 | ag | axg | ab3st | afb1b3 |
|---|---|---|---|---|
| 静内 | .448 | .191 | .283 | .078 |
| 秋田 | .453 | .161 | .295 | .091 |
| 仙台 | .476 | .165 | .246 | .112 |
| 東京 | .460 | .168 | .263 | .109 |
| 横浜 | .478 | .166 | .251 | .106 |
| 伊勢崎原 | .442 | .179 | .273 | .106 |
| 新潟 | .488 | .145 | .250 | .117 |
| 津 | .482 | .188 | .233 | .097 |
| 神島 | .453 | .182 | .276 | .089 |
| 奈良 | .464 | .161 | .252 | .123 |
| 大阪 | .450 | .159 | .261 | .130 |
| 松江 | .444 | .181 | .260 | .115 |
| 岡山 | .414 | .189 | .276 | .121 |
| 広島 | .456 | .186 | .265 | .093 |
| 高知 | .440 | .200 | .255 | .105 |
| 大分 | .481 | .190 | .236 | .093 |
| 長崎 | .454 | .200 | .255 | .091 |
| 鹿児島 | .461 | .209 | .240 | .090 |
| 種子島 | .448 | .193 | .254 | .105 |
| 屋久島 | .479 | .176 | .220 | .125 |
| 奄美大島 | .492 | .202 | .247 | .059 |
| 沖縄（部覇） | .431 | .221 | .266 | .082 |
| 宮古（上野村） | .533 | .138 | .286 | .043 |
| 石垣 | .453 | .186 | .321 | .040 |
| 与那国 | .446 | .146 | .364 | .044 |
| アイヌ | .571 | .134 | .252 | .043 |

74

カにわたって広く分散する蒙古系民族は，いずれの集団も基本的には蒙古系民族を特徴づける四つの Gm 遺伝子 ag, axg, ab³st, afb¹b³ をもつ集団である。これらの集団の Gm 遺伝子構成について，驚くべきことは，ag 遺伝子と afb¹b³ 遺伝子，ab³st 遺伝子について，明らかな遺伝子勾配が存在することである。高い頻度の ag 遺伝子と低い頻度の afb¹b³ 遺伝子をもつことによって特徴づけられる「北方型蒙古系民族」というべきグループと，逆に高い頻度の afb¹b³ 遺伝子と低い頻度の ag 遺伝子をもつことによって特徴づけられる「南方型蒙古系民族」というべき二つのグループである。また蒙古系民族の標識遺伝子「ab³st 遺伝子」についても同様に明らかな遺伝子勾配が認められる。バイカル湖畔のブリアート（北）に見られる値を最高として，外蒙古，オロチョン，ツングース，朝鮮，日本，アイヌ，チベット，ヤクート，コリヤーク，エスキモーなどにおいて，格段に高い頻度でみられ，中国本土から台湾，東南アジアにかけて，また北米から南米にかけて険しい落差をみせながら消失している。その両極にある中国南部，東南アジア，オーストロネシアの諸民族と南米インディアンとの間にみられる Gm 遺伝子パターンの際立った対比の中に北方型蒙古系民族と南方型蒙古系民族の特徴を明確にとらえることができる。このような Gm 遺伝子パターンからみると，この afb¹b³ 遺伝子は南方型蒙古系民族を特徴づける標識遺伝子であり，表に示した遺伝子勾配からみて，南方型蒙古系民族の標識遺伝子 Gmafb¹b³ の分散の中心は中国南部の雲南，広西地域にある。他方，ag 遺伝子は北方型蒙古系民族を特徴づける遺伝子であり，同時に ab³st 遺伝子もこれが最高の値を示すバイカル湖畔から四方への流れをみると，この遺伝子もまた「北方型蒙古系民族」を特徴づける標識遺伝子であって，その分散の中心はシベリアのバイカル湖畔にあるということができる。

日本民族とは異質性を示す朝鮮民族の Gm 遺伝子構成は，基本的には明らかに北方型蒙古系民族に起源をもつ民族であることを示しているが，北の近隣少数民族あるいは漢民族などとの度重なる接触によってもたらされた混血の結果として，北部漢民族や蒙古族との間に日本民族と比べてより近縁性がみられる。これは日本民族は朝鮮民族の成立以前に日本列島の地に入り，定住していた

表 2　蒙古系及び近隣集団における Gm 遺伝子の分布

| 集団／遺伝子頻度 | ag | axg | ab³st | afb¹b³ | fb¹b³ |
|---|---|---|---|---|---|
| マチゲンガ (アマゾン・ベルー) | 0.735 | 0.257 | 0.004 | 0.004 | — |
| ケチュアン (アンデス・ベルー) | 0.865 | 0.093 | 0.016 | 0.026 | — |
| マザテスコ (メキシコ) | 0.787 | 0.158 | 0.022 | 0.033 | — |
| ピマ (アリゾナ) | 0.910 | 0.057 | 0.006 | 0.026 | — |
| カイオワ (ニューメキシコ) | 0.835 | 0.055 | 0.066 | 0.044 | — |
| アパッチ | 0.598 | 0.133 | 0.197 | 0.072 | — |
| アルゴンキアン (オンタリオ) | 0.860 | 0.071 | 0.069 | 0.000 | — |
| アタバスカン (アラスカ) | 0.623 | 0.178 | 0.143 | 0.056 | — |
| エスキモー (グリーンランド) | 0.706 | 0.005 | 0.247 | 0.041 | — |
| エスキモー (アラスカ) | 0.683 | 0.011 | 0.254 | 0.052 | — |
| エスキモー (カブラン・ソ連) | 0.795 | 0.000 | 0.205 | 0.000 | — |
| チュクチ (東北カムチャッカ) | 0.724 | 0.116 | 0.154 | 0.006 | — |
| コリヤーク (カムチャッカ) | 0.714 | 0.055 | 0.200 | 0.031 | — |
| エンツイ (エニセイ) | 0.506 | 0.173 | 0.276 | 0.045 | — |
| ヤクート (ヤクーツク) | 0.552 | 0.087 | 0.267 | 0.094 | — |
| ブリアート (バイカル北) | 0.473 | 0.162 | 0.307 | 0.058 | — |
| ブリアート (バイカル南) | 0.492 | 0.125 | 0.272 | 0.111 | — |
| 蒙古 (ソ連) | 0.431 | 0.102 | 0.229 | 0.238 | — |
| オロチョン (十八站) | 0.374 | 0.121 | 0.440 | 0.065 | — |
| ツングース | 0.391 | 0.155 | 0.300 | 0.154 | — |
| 朝鮮 (延吉) | 0.491 | 0.166 | 0.186 | 0.157 | — |
| 韓国 (全土) | 0.501 | 0.207 | 0.145 | 0.147 | — |
| アイヌ (北海道) | 0.571 | 0.134 | 0.252 | 0.043 | — |
| 日本 (本土) | 0.458 | 0.176 | 0.260 | 0.106 | — |
| 日本 (沖縄) | 0.434 | 0.221 | 0.262 | 0.083 | — |
| 日本 (宮古) | 0.533 | 0.138 | 0.286 | 0.043 | — |
| チベット (ラサ) | 0.570 | 0.148 | 0.213 | 0.069 | — |
| チベット (西部) | 0.650 | 0.159 | 0.130 | 0.061 | — |
| モンゴル (烏岡厚布) | 0.325 | 0.209 | 0.194 | 0.272 | — |
| 蒙古 (全域) | 0.379 | 0.190 | 0.140 | 0.291 | — |
| 蒙古 (フフホト) | 0.471 | 0.203 | 0.097 | 0.229 | — |
| 回 (フイ) (呼団壁) | 0.377 | 0.108 | 0.141 | 0.277 | 0.097 |
| ウイグル (ウルムチ) | 0.331 | 0.120 | 0.113 | 0.095 | 0.341 |
| チベット (合作) | 0.470 | 0.185 | 0.128 | 0.217 | — |
| 漢 (ハルビン) | 0.441 | 0.210 | 0.113 | 0.236 | — |
| 漢 (長春) | 0.471 | 0.219 | 0.089 | 0.221 | — |
| 漢 (壹源) | 0.466 | 0.237 | 0.083 | 0.214 | — |
| 漢 (大連) | 0.384 | 0.266 | 0.094 | 0.256 | — |
| 漢 (北京) | 0.428 | 0.214 | 0.117 | 0.241 | — |
| 漢 (済南) | 0.431 | 0.190 | 0.116 | 0.263 | — |
| 漢 (昆山) | 0.376 | 0.141 | 0.098 | 0.385 | — |
| 漢 (合肥) | 0.416 | 0.172 | 0.084 | 0.328 | — |
| 漢 (西安) | 0.405 | 0.183 | 0.113 | 0.299 | — |
| 漢 (杭州) | 0.350 | 0.184 | 0.079 | 0.387 | — |
| 漢 (武漢) | 0.290 | 0.131 | 0.055 | 0.524 | — |
| 漢 (成都) | 0.168 | 0.078 | 0.048 | 0.706 | — |
| 漢 (長沙) | 0.204 | 0.066 | 0.054 | 0.676 | — |
| 漢 (貴陽) | 0.226 | 0.085 | 0.043 | 0.646 | — |
| 漢 (広州) | 0.183 | 0.054 | 0.033 | 0.730 | — |
| 漢 (福州) | 0.188 | 0.077 | 0.043 | 0.692 | — |
| 漢 (台湾) | 0.222 | 0.087 | 0.047 | 0.643 | — |
| タカサゴ (台湾) | 0.194 | 0.042 | 0.002 | 0.762 | — |
| メオ (タイ山地) | 0.207 | 0.036 | 0.018 | 0.739 | — |
| メオ (台江) | 0.095 | 0.015 | 0.015 | 0.875 | — |
| ブイ (都匀) | 0.062 | 0.010 | 0.014 | 0.914 | — |
| チワン (南寧) | 0.031 | 0.005 | 0.022 | 0.942 | — |
| シユイ (三都) | 0.024 | 0.005 | 0.019 | 0.952 | — |
| カダザン (ボルネオ) | 0.015 | 0.012 | 0.000 | 0.973 | — |
| ベトナム | 0.190 | 0.093 | 0.016 | 0.701 | — |
| カンボジア | 0.142 | 0.054 | 0.037 | 0.767 | — |
| タイ (全土) | 0.044 | 0.042 | 0.015 | 0.899 | — |
| マレー (マレーシア) | 0.086 | 0.058 | 0.006 | 0.850 | — |
| フィリッピン (ルソン) | 0.098 | 0.039 | 0.027 | 0.836 | — |
| ネグリト (ルソン) | 0.136 | 0.100 | 0.000 | 0.754 | — |
| ネグリト (ミンダナオ) | 0.120 | 0.208 | 0.000 | 0.672 | — |
| インドネシア (ジャワ) | 0.127 | 0.116 | 0.005 | 0.751 | — |
| インドネシア (セレベス) | 0.156 | 0.078 | 0.000 | 0.766 | — |
| ミクロネシア (カロリン) | 0.087 | 0.026 | 0.000 | 0.888 | — |
| メラネシア (ブーゲンビル) | 0.197 | 0.057 | 0.000 | 0.746 | — |
| ポリネシア (ハワイ) | 0.243 | 0.063 | 0.000 | 0.693 | — |
| クック諸島 | 0.183 | 0.070 | 0.000 | 0.747 | — |
| カチャリ (アッサム) | 0.024 | 0.024 | 0.143 | 0.809 | — |
| アホム (アッサム) | 0.079 | 0.058 | 0.100 | 0.604 | 0.159 |
| カリタス (アッサム) | 0.118 | 0.063 | 0.066 | 0.366 | 0.387 |
| ブラーミン (アッサム) | 0.180 | 0.089 | 0.086 | 0.127 | 0.518 |
| バングラティシュ (回教徒) | 0.265 | 0.195 | 0.044 | 0.356 | 0.140 |
| スリランカ (シンハリ) | 0.515 | 0.183 | 0.026 | 0.125 | 0.151 |
| タミール (南インド) | 0.415 | 0.252 | 0.048 | 0.083 | 0.201 |
| ヒンズー (インド) | 0.324 | 0.134 | 0.042 | 0.074 | 0.426 |
| マザンデラニアン (イラン) | 0.143 | 0.007 | 0.085 | 0.026 | 0.738 |
| ギラニアン (イラン) | 0.150 | 0.017 | 0.088 | 0.018 | 0.726 |
| ウラル (ソ連) | 0.279 | 0.085 | 0.029 | 0.000 | 0.608 |
| アボリジン (オーストラリア・砂漠) | 0.730 | 0.270 | 0.000 | 0.000 | — |

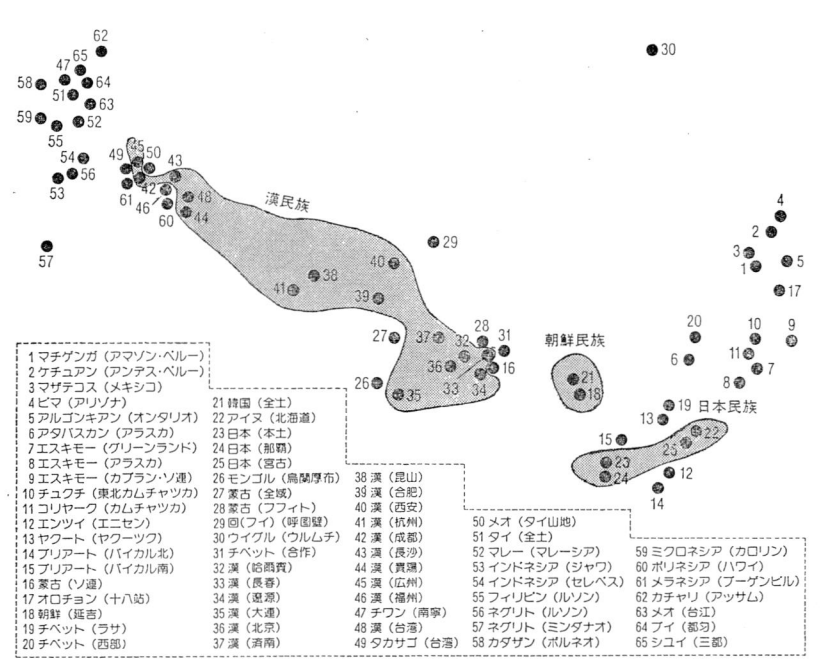

図中の地名リスト（図の凡例）:

1 マチゲンガ（アマゾン・ベルー）
2 ケチュアン（アンデス・ベルー）
3 マザテコス（メキシコ）
4 ピマ（アリゾナ）
5 アルゴンキアン（オンタリオ）
6 アタバスカン（アラスカ）
7 エスキモー（グリーンランド）
8 エスキモー（アラスカ）
9 エスキモー（カプラン・ソ連）
10 チュクチ（東北カムチャツカ）
11 コリヤーク（カムチャツカ）
12 エンツイ（エニセン）
13 ヤクート（ヤクーツク）
14 プリアート（バイカル北）
15 プリアート（バイカル南）
16 蒙古（ソ連）
17 オロチョン（十八站）
18 朝鮮（延吉）
19 チベット（ラサ）
20 チベット（西部）

21 韓国（全土）
22 アイヌ（北海道）
23 日本（本土）
24 日本（那覇）
25 日本（宮古）
26 モンゴル（烏蘭厚布）
27 蒙古（全域）
28 蒙古（フフィト）
29 回（フイ）（呼図壁）
30 ウイグル（ウルムチ）
31 チベット（合作）
32 漢（哈爾賓）
33 漢（長春）
34 漢（遼源）
35 漢（大連）
36 漢（北京）
37 漢（済南）
38 漢（昆山）
39 漢（合肥）
40 漢（西安）
41 漢（杭州）
42 漢（成都）
43 漢（長沙）
44 漢（貴陽）
45 漢（広州）
46 漢（福州）
47 チワン（南寧）
48 漢（台湾）
49 タカサゴ（台湾）

50 メオ（タイ山地）
51 タイ（全土）
52 マレー（マレーシア）
53 インドネシア（ジャワ）
54 インドネシア（セレベス）
55 フィリピン（ルソン）
56 ネグリト（ルソン）
57 ネグリト（ミンダナオ）
58 カダザン（ボルネオ）

59 ミクロネシア（カロリン）
60 ポリネシア（ハワイ）
61 メラネシア（ブーゲンビル）
62 カチャリ（アッサム）
63 メオ（台江）
64 プイ（都匀）
65 シュイ（三都）

**図 1　Gm遺伝子の遺伝距離に基づく蒙古系諸民族の遺伝的関係（多次元尺度法により構成）**

と考えるか，あるいはほとんど同時期の古い時期に朝鮮半島からはなれて孤島化する以前の日本列島部にかけて広く分散，定住していた極めて近い起源を有する民族であったものが列島化した後に，封鎖人口の形で等質化の進んだ日本民族とは対照的に日本列島と連続が断たれた朝鮮半島の集団となってから後に，しばしば北方からあるいは中国から大きな集団の侵入，あるいは移入を受け入れたことが現在の朝鮮民族の特異な Gm 遺伝子パターンの形成に大きく与かっているものと考える。

漢民族はそれぞれ等質性を示す日本民族や朝鮮民族と違って，北から南に向かって著しい遺伝子勾配を示す特異な民族であるが，これはこの広大な国土にその 93% という漢民族を主として，55の少数民族が住み，歴史上の度重なる民族移動，頻回の王朝の交代などの理由による多民族の雑居と交錯居住がこのような遺伝子勾配の形成に大きく与かっているものと考える。いずれにしても中国北部の漢民族は北方型蒙古系民族の，中国南部の漢民族は南方型蒙古系民族の影響をそれぞれより強くうけているといえる。

## 3　日本民族について

日本民族は現在，Gm 遺伝子の分布からみるかぎり，アイヌ，飛島（秋田），佐渡，南西諸島の大部分を除いて，北海道和人から沖縄那覇にわたる全土において等質である。日本民族の日本列島部への渡来のルートとして，主としてサハリン，北海道を経由する北方からのルート，あるいは朝鮮半島からのルートを考えるが，朝鮮史によると1万数千年前の時期に朝鮮半島部にはすでにほぼその全土にわたって多くの人々が住んでいたことを示す考古学的な資料が得られているという。洪積世末期の未だ日本列島がユーラシア大陸の一部であり，陸続きであった時期には，日本列島部への渡来はより容易であったと考えられるが，一旦朝鮮半島部に人々が定住するようになると，小さなバンドの単位であっても多くの集団が朝鮮半島を通り抜けることには困難がある。したがって，原日本民族が日本列島部へ渡来した時期は少なくとも朝鮮民族の祖先集団と同時期か，あるいはそれに先立つ時期であると考えるのが自然であろう。日本列島への原日本民族渡来の道すじの一つとして考えられている朝鮮半島の住民である朝鮮民族の Gm 遺伝子パターンをみると，ag 遺伝子を高い頻度でもつことも含めて，基本的には北方型といえるが，南方型の afb$^1$b$^3$ 遺伝子の割合は日本人よりも高く，14.7% であり，北方型の ab$^3$st 遺伝子は日本民族のほぼ半分位の頻度の 14.5% である。こういった遺伝子の流れということから考えても日本民族がすでに朝鮮半島に先住している朝鮮民族の中を通りぬけて，日本列島へ到達したとすると Gm 遺伝子の頻度からみて無理がある。「封鎖人口」といえる大きな集団である原日本人は典型的な北方型の遺伝子を高い割合でもち，より低い南方型の特徴をもつことからみても朝鮮民族の成立以前の古えからの遺伝子構成を今に至るまで保存していると考えられる。

アイヌと日本民族との Gm 遺伝子パターンは全く異質性を示し，アイヌ民族は Gmag 遺伝子をより高く，Gmafb$^1$b$^3$ 遺伝子をより少なくもっており，しかも ab$^3$st 遺伝子は日本人のそれとほ

とんど変わらないことからみて，日本人とアイヌとの日本列島部への渡来の時期はより古い Gm 遺伝子パターン（より高い ag 遺伝子とより低い afb$^1$b$^3$ 遺伝子をもつ）を示すアイヌが先住であり，原日本人の渡来の時期は１万数千年前後前であり，アイヌの渡来の時期は日本人より精々３〜４千年前であると考える。

## 4 蒙古系民族の中にどうして二つのグループが生じたか

蒙古系民族における集団間の分化の程度を分化指数を用いて検討すると，それはアフリカの諸部族やアメリカインディアンの部族間の分化指数を遙かに越えるものであり，古い時代における蒙古系集団には Gm 遺伝子によって特徴づけられるような二つの分散の中心が存在したことをはっきり示している。世界に分散する蒙古系民族が示す Gm 遺伝子パターンはそれぞれの移動の跡と，民族の成立をを実によく説明している。よりよい居住地を求めて小さな集団に分散して移動し，長期間の地理的隔離によってそれぞれにその居住環境に最もよく適応した姿としてとらえられている。ある集団が新しい環境に移って，そこで適応するためには環境条件の中に含まれているいろいろの病原体に応えて，生き残ることが必要である。このような場合にその環境に適応できないものが除去されていくことを「淘汰」といっている。また一つの遺伝子がある人種，あるいはある民族からその間にある障壁を越えて，別の人種あるいは民族の中に浸潤していくことを「遺伝子の流れ」といっている。抗体 IgG には８種類のサブクラスが存在する。このサブクラスと抗体の生物学的な働きとの間には深い関係があることがよく知られている。それぞれの IgG サブクラスが病原体に対する防御と深い関係をもっており，特定のサブクラスの抗体が特定の病原体に対応するような仕組みになっている。白人にみられる Gmfb$^1$b$^3$ 遺伝子を２個もっているホモ接合の個体はこれを１個しかもたないヘテロ接合の個体よりも腸チフスに対する感受性が低いことが報告されている。こごで実験の不可能なヒト集団について 1979 年にドゥ・ブリースらによって報告された一つの実例がある。

1845 年，新天地の開発を夢みた 367 人のオランダ農民が南アメリカのスリナムに移住した。到着後２週間で腸チフスが拡がり，全体の半分が死亡した。また６年後に黄熱病が流行し，残りの 20 ％の人々が死亡した。このことは全移住民の 60 ％にあたる人々が新しい環境に適応できないで死亡したことを意味している。スリナムに生き残った人々とその子孫を含めて，これらのオランダ人について 26 種類の血液型遺伝子が調べられ，本国のオランダ人の成績と比較検討された。その結果，Gm 型，HLA 型などの遺伝子についてみられた成績は新しい環境への適応，ことに感染症に対する抵抗性の如何と深い関係があることが明らかになった。このことは特定の血液型遺伝子が腸チフスや黄熱病などの流行に際して，生き残るために必要な遺伝的制御に与かり，自然淘汰を左右する要因となっていることを示している。

このようなことからみても，ある人種，あるいは民族が新しい環境に移住してそこに適応してゆくためには，いろいろな要因の中でもとりわけ感染症に対して抵抗性をもつような免疫的な機構が整っていることがまず必須のことである。たとえば東南アジアの人々で極めて高い頻度でみられる南方型蒙古系民族を特徴づける afb$^1$b$^3$ 遺伝子は，マラリア，腸チフスなどへの抵抗性と深い関係をもつことが考えられている。北方型と南方型蒙古系民族との間にみられる対照的ともいえる Gm 遺伝子頻度の著しい違いは，それぞれの民族集団において長い年月における生活環境の違いによってもたらされたものであろう。東南アジアから南アメリカにわたる広大な地域に分散する蒙古系民族の中に見られる際立った遺伝子勾配の中に，このような自然淘汰の結果と，民族の移動による遺伝子の流れを如実によみとることができる。

### 文　献

松本秀雄「免疫グロブリンの遺伝標識Gm遺伝子に基づいた蒙古系民族の特徴—日本民族の源流について」日本人類学雑誌，95–3，1987

松本秀雄『日本民族の源流』大陸書房，1985

黒田末寿・片山一道・市川光雄『人類の起源と進化』有斐閣双書Gシリーズ，1988

松本秀雄（*Review article*）Characteristics of Mongoloid and neighboring populations based on the genetic markers of human immunoglobulins. Hum. Genet., (1988) 80 : 207–218.

松本秀雄（*Review article*）Characteristics of Mongoloid populations and immunogenetics of various diseases based on the genetic markers of human immunoglobulins. Exp. and Clin. Immunogenet., (1989) 6 : 68–87.

# アジア家犬の系譜

岐阜大学農学部教授

■ 田名部 雄一
（たなべ・ゆういち）

新来の弥生人は縄文人を圧倒したが，遺伝子からみて犬は先住
していたものの方が弥生人についてきたものより優勢であった

## 1 家犬の成立

犬が最も古い家畜であることは明らかである。従来 14,000 年前の家畜化された犬の骨がイラクで発見されていたが[1]，近年埴原和郎，赤沢威のグループにより，シリアのパルミラの近くの，ネアンデルタールの住んでいたドゥアラ洞窟で，35,000 年以上前の家犬の骨が見出された[2]。これは他の古い家畜である羊の 12,000 年前（イラクなど西アジア），豚の 11,310 年前（中国，広西省桂林甑皮岩遺趾）に比べても，著しく古い。現在犬の祖先は狼と信じられている[2,3,4]。狼と人とは昔から互いに利益のある共生関係が生じ，これが家畜化の原因となったとされている[4]。これは他のほとんどの家畜が，始め食用として家畜化されたのとは大きく異なっている。人にとって夜行性で夜よく眼が見え，嗅覚の鋭い犬の祖先は，共同生活者としての人の欠点を補うもので，夜の大型食肉獣の襲撃を防ぐのに大変役立った。また人が食物採取の主な手段を採集から狩猟に変えてからは，犬は狩猟の助手として役立つので，その相互依頼はより緊密となった。そのうえ人と犬の祖先は，その社会組織が互いに似ていて，共に第一人者に忠実に仕える性質がある。後に犬は人と共に暮すようになると，家族中の第一人者の主人（ボス）にとくに敬意を払う。この犬の人とくに主人に対する態度は人が神に対する態度とよく似ていると考える学者がいる[5]。

犬の祖先は比較的小型の狼であるインドかシリアの狼であろうと考えられるが，その後各地で，いろいろな狼が混血していることが想像される。このことはいろいろな犬の品種の骨学的な比較研究から推定されており，Clutton-Brock[3] は図1に示すような犬種の相互関係に関する仮説を提示している。しかしこれは，遺伝子からきめたものでなく，未だ立証されたものではない。

上述したように犬は最古の家畜であるだけでなく，仲間（コンパニオンアニマルと呼ばれる）でもあ

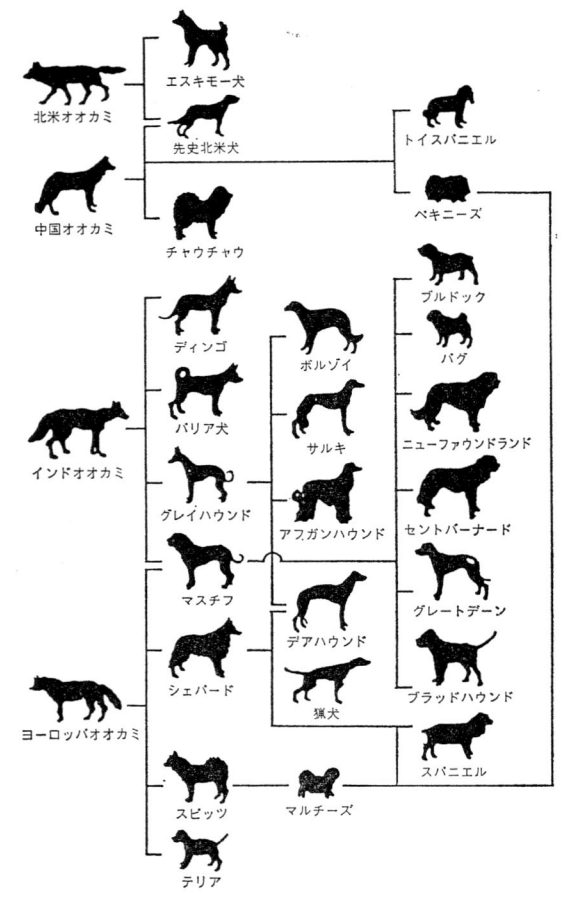

図 1 現在の犬品種の相互関係に関する仮説[3]

るので常に人と共に移動する。したがって犬，とくに在来犬の遺伝子を調べることによって，それを連れて来た先史時代の人の動きを探ることが可能である。このような考えから著者らは，アジアとくに日本在来犬に重点をおいて，その血液蛋白質の遺伝子を西洋犬のものと比較検討した。

## 2 調査したアジア在来犬および西洋犬

日本には，現在北海道犬，秋田犬，甲斐犬，紀州犬，四国犬，柴犬の6犬種が天然記念物として保存されており，各々登録協会によって血統登録されている。柴犬には，岐阜県にいる美濃柴犬，

鳥取県にいる少数の山陰柴犬があり，外見は他の柴犬と差はあまりないが，血液蛋白質の遺伝子構成がかなり異なっているので，一般の柴犬（原産地名をとり信州柴犬とした）と別け，別群として調査採血した[6]。

日本の周辺の離島には，いろいろの在来犬がいるので，産西諸島の種子島，屋久島，奄美大島，沖縄本島（中南部），西表島の各犬群，朝鮮海峡の対馬，壱岐の各犬群について調査採血をした。また三重県志摩半島には，猟師によって外見は紀州犬に似た実猟犬が飼育されている。これも遺伝子構成が登録犬の紀州犬とはかなり異なっているので別群としてとりあつかった。沖縄本島の名護市から国頭半島にかけて虎の毛色をもつ，中南部のものと異なる琉球犬が飼育されている。また，現在秋田市に本部のある柴犬保存会では，前頭部の額段（ストップ）の浅い柴犬を保存登録している。この最後の2つの犬群についても調査採血した。

台湾の高山地方に住む高砂族の飼育する犬について，共同研究者の太田克明（名古屋大学助教授）が調査採血を行なった。これらは，北部のタイヤル（Atyal），中部のブヌン（Bunun），南部のルカイ（Rukai）および東部のアミ（Ami）各部族のもつ在来犬である。これら4つの犬群の遺伝子構成は互いに近いので一群として扱った。

韓国では，第二次大戦前に在来犬として，南西端の木浦（モッポ）の先の離島，珍島にいる珍島犬[7]と，現北朝鮮の咸鏡南道（ハムギョン）にいた豊山犬の2つが天然記念物として指定されていた。珍島犬は現在も韓国政府により天然記念物として保存されている[8]。また珍島の南150 kmにある済州島（チェジュウドウ）にも，固有の在来犬がいる[8]。これらについても韓国の柳在根博士（国立環境研究院）他の協力を得て採血調査を行なった。共同研究者の太田克明は，バングラディシュ在来犬についても採血調査を行なった。またグリーンランド原産のエスキモー犬，中国原産の犬で，西欧で育種されたパグ，ペキニーズ，日本で育種されたチンについても採血調査した。

日本にいる西洋犬43品種から採血を行なったが，散布図による比較に示したのは，例数の多い16品種である。

## 3 血液蛋白質多型から調べた
## アジア犬種の系譜

上述したアジア，ヨーロッパの犬種の合計3,264頭から採血を行ない，血液を遠心分離して血漿と血球に分け，主に電気泳動法を用いて，その蛋白質（酵素を含む）の多型（表型の違うもの）を調べた。調べた26種類の蛋白質のうち15種類に多型が見出された。これら多型の見出された各蛋白質について，その多型を支配する遺伝子の頻度（比率）を調べ，その差から犬種の相互の遠近関係を推定した[9,10,11,12,13]。

この15の多型を示す遺伝子のうち，ガングリオシドモノオキシゲナーゼの存在により，赤血球についている糖脂質がNグリコリルノイラミン酸になる $Gmo^g$ 遺伝子と，これがNアセチルノイラミン酸となる $Gmo^a$ 遺伝子のうちの前者（$Gmo^g$）血球ヘモグロビンの泳動速度の速い変異型の $Hb^A$（この対立遺伝子は $Hb^B$ で泳動速度が遅くなる）の2つの遺伝子は，西洋犬には全く認められず，日本を含む，東アジア在来犬にのみ見出される[9,10]。

$Gmo^g$ 遺伝子の頻度の犬種の差を図2に示した。$Gmo^g$ は韓国の珍島犬で最も高く，済州島犬でも高い。日本犬は一般にかなり高いが，この対立劣性遺伝子である $Gmo^a$ の方が高い。この図をみると，$Gmo^g$ は日本の中南部では高いが，北海道犬（アイヌ犬）に全く認められない。

$Hb^A$ 遺伝子の頻度の犬種の差を図3に示した。$Hb^A$ は，韓国の珍島犬が最も高く，次いで済州島犬が高い。また日本の犬種中，西部にいる対馬犬群，壱岐犬群，山陰柴犬に比較的高いことが注目される。しかし他の日本犬ではこの頻度は低く，共優性の対立遺伝子 $Hb^B$ の頻度がはるかに高い。$Hb^A$ は $Gmo^g$ と異なり，南西諸島の犬では低く，また台湾在来犬や西洋犬には全く認められない。

この西洋犬に全くない2つの遺伝子の日本犬への浸透は，日本犬の成立に重要な示唆を与える。この2つの遺伝子が朝鮮半島を経て日本に入って来たことは疑う余地がない。またこの2つの遺伝子頻度が韓国犬に比べ日本犬の方がかなり低いことから，この遺伝子の流入の前に，古い犬が日本にいたことを示している。この遺伝子と似た傾向を示す遺伝子は他にもかなりある。血漿アルブミンS（$Alb^S$），血漿ポストアルブミンB（$Poa^B$），血漿ポストアルブミン-3B（$Poa$-$3^B$），血漿トランフェリンD（$Tf^D$），血漿エゼリン抵抗性エステラーゼC（$Es^C$），血球エステラーゼ-2F（$Es$-$2^F$），赤血球酸性ホスファターゼF（$Pac^F$），赤血球グルコースホスヘイトイソメラーゼB（$GPI^B$）遺伝子など

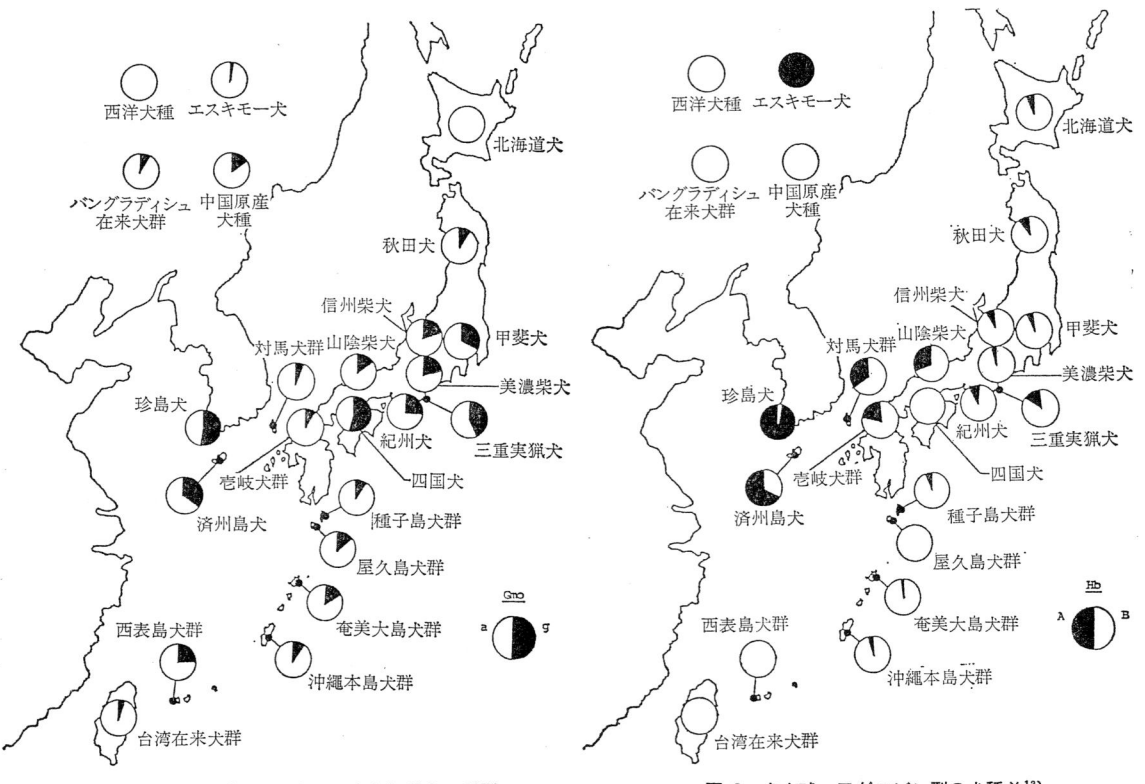

**図 2** 犬血球ガングリオシドモノオキシゲナーゼ型
遺伝子頻度の犬種差[13]

**図 3** 犬血球ヘモグロビン型の犬種差[13]

である。この他の遺伝子は，それほどはっきりした傾向は示さないが，上述したものと逆の傾向を示すものはない。

　これら多型を示す 15 の遺伝子座上にある，36 遺伝子の頻度から分散共分散行列をつくり主成分分析をして，40犬種の遺伝的遠近関係を示したのが図 4 である[12]。この位置が近い程相互に近縁であることを示す。この図をみると，日本犬種集団は，最大の寄与率（全分散の 34%）を示す $Z_1$ 軸上に一群をなしている。一方西洋犬集団はその右方に位している。日本犬種中北海道犬は最も右寄りに位し，台湾在来犬がこれと近い所に位置している。中国原産のチン，パグなどはこの中間に位置している。日本犬中，南西諸島の犬，甲斐犬，美濃柴犬，四国犬などは比較的右方に位置し，壱岐犬群，紀州犬，信州柴犬，秋田犬は中央に位置し，山陰柴犬，対馬犬群，三重実猟犬は左側に位置している。韓国の珍島犬は $Z_1$ 軸上最も左に位置し，済州島犬は珍島犬と日本犬種中最左端の群の中間に位置する。一方エスキモー犬はこれらと全く離れ，二番目に大きな寄与率（13%）を与える $Z_2$ 軸の上方に位する。

　以上のことから，日本にはまず南アジアの犬が先に入って来て，古い型の犬ができ，つぎに朝鮮半島から新しい犬が入って来て混血が起ったと考えると，上述した犬の遺伝子の流れをよく説明できる。日本犬集団中，図 4 で，左方に位するものにはこの流入が多く，右の方に位置するものは少ない。とくに北海道犬（アイヌ犬）ではこの流入がほとんどなかったと考えられる。北海道犬は，南方アジアの犬と遺伝子構成が似ていて，他の日本犬とはかなり異なっている。これは北海道が隔離した島であることと，この犬の飼育者であったアイヌが永年この島の主居住者であったためと考えられる。北海道犬が南方からでなく北方から入ったとの考えも，完全には否定できない。しかし韓国起源の $Hb^A$ 遺伝子が低い頻度ではあるが，北海道犬に見出されることと，北方系のエスキモー犬の遺伝子構成が全く異なっていることから可能性は低い。また西洋犬の遺伝子構成が北海道犬と近いことから，西洋犬がシベリア経由で，北海道に入った可能性は，犬が常に人と共に移動すること，アイヌがモンゴロイドであること，ヨーロッパ人のシベリア経由の大移動が，アイヌ民族の成

80

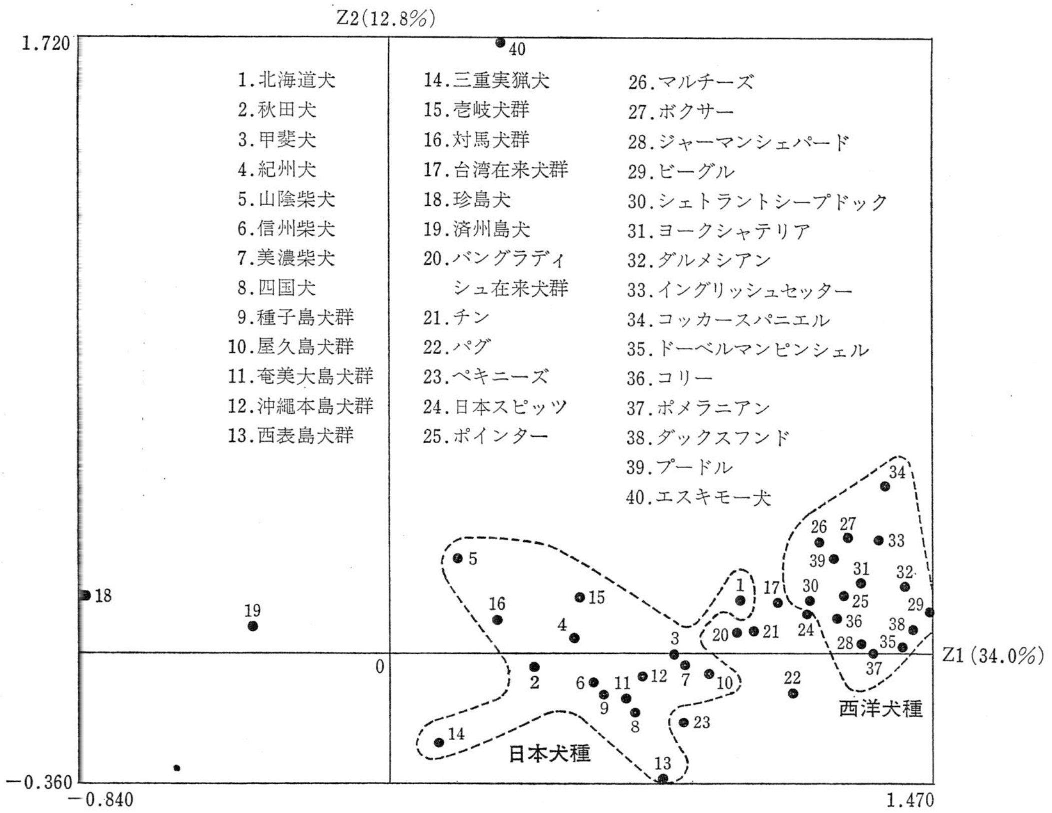

図 4　分散共分散行列を用いた主成分分析による 40 犬種の二次元散布図[12,13]

立時にあったとは考えられないことから，低いと考えられる。しかしこの点は今後シベリアの在来犬の血液遺伝子を調査して確証を得たい。

　上述した犬の血液蛋白質の遺伝子構成から見ると，多くの日本犬とくに北海道犬や南部の犬は台湾在来犬，中国原産犬さらに西洋犬と比較的近く，韓国在来犬とかなり異なっている。これは，日本犬の成立には南方アジア系の犬の影響の方が強く，朝鮮半島の犬の影響がかなり，少ないことを示している。これらのことは，日本の先住民族（縄文人と推定される）がまず日本に南方から犬を持ちこみ，次いで新来の民族（弥生人や古墳時代人と推定される）が新しい犬を持ちこみ，混血が起りほとんどの日本犬の祖型ができたと考えるとよく説明される。この際アイヌのもっていた北海道犬にはこの混血がほとんど起らなかったのであろう。一方始めにのべたように，犬の祖先が，インドまたはシリア狼であったとすると，南または南西アジアでできた家犬が，西方（ヨーロッパ）や東方に人と共に移動したが，これらの集団は，あまり大きな遺伝的な変異は起らなかったのに対し，中国

や北方シベリアに移動した民族につれられて行った犬は中国やシベリアの狼と混血して，新しい遺伝子（$Hb^A$ や $Gmo^g$）を持ち，これが華北，朝鮮半島や，さらにはエスキモー人につれられて北アメリカ大陸に移動していったとの仮説が立てられるが，これを確証するには，さらにアジアの在来犬や狼の血液蛋白質の遺伝的な研究が必要である。

　上述の血液蛋白質の多型を支配する遺伝子による，日本犬の成立に対する推定は，顔面の額段（ストップ）を調べた骨学的な知見によっても支持される。日本の古い犬である縄文犬ではストップはほとんどない。弥生時代になるとストップが出始め，鎌倉時代（13 世紀）になるとかなり深くなり，現在の日本犬では一般にかなり深い[14,15]。韓国在来犬はストップが深い[8,15]。このことから，弥生時代以降のストップの出現は，新しい犬が朝鮮半島を経て持ちこまれたためと考えられる。また現在の日本犬の内でも，沖縄本島北部（名護市近郊）の琉球犬や，柴犬保存会の柴犬は，いずれもストップがほとんどないか浅い。興味あることにこの 2 つの犬群の遺伝子構成は，台湾在来犬や

北海道犬のそれと近く，珍島犬，済州島犬など韓国在来犬のものと全く異なることが最近わかった。これらの犬は南アジア在来犬の特色をもっている。なお現在の北海道犬はストップの深いものが多いが，20〜30年前にはストップの浅いものがかなり多くいた。最近ストップの深い犬の骨が大分県の弥生初期の遺跡[16]と朝鮮雄基西浦項遺跡（青銅器層）から発見されたことは，これが朝鮮半島経由で持ちこまれたことを示している。

## 4 日本犬と日本人の関係

近年人間の頭骨の研究[17]から，縄文人は古モンゴロイドであり，沖縄本島那覇市近郊で見つかった港川人と近縁であり，恐らく南方から 12,000 年前位に日本に入って来たと考えられる。また 2,300 年前以降日本に入って来た弥生人は新モンゴロイドであり，朝鮮半島を経てわが国に入って来たと考えられる。ほとんどの日本人はこの混血によりできたが，アイヌと琉球人は縄文人の直系の子孫と考えられた。一方人白血球抗原（HLA）を中心とする分子遺伝学的研究[18]は日本人に最も近縁な民族は韓国人であり，次に近いものは中国北部の漢人やモンゴル人であるが，やや関係の遠い中国南部の漢人や小数民族にある遺伝子も日本人に入っていることを示した。このことは日本人と祖先を共有するものが少なくとも2つの民族グループにより構成されていることを示す。この人の分子遺伝学的知見は，日本人の形成に対する遺伝子の寄与は韓国人との共通祖先の方が強いことを示している。一方上述したように，日本犬では南方アジア系の犬の遺伝子の寄与が，朝鮮半島の犬より強いことを示している。このことは人の場合には，新来の弥生系の方が文化的にも政治的にも優越していたので，縄文系を圧倒したのに対し，犬では先住していたものの方が，新来の弥生人についてきたものより数がかなり多かったと考えればよく説明される。

最近の旧石器時代（3万〜1万年前）の石器の調査[19]から日本には縄文人の前に旧石器時代人がいたことを示している。このことは日本人の構造が，縄文と弥生（古墳も含む）の2重構造でなく，3重4重構造になっていることを示すものである。しかし旧石器時代の人骨は未だ日本で発見されず，犬の骨も最も古いもので9,400年の縄文時代のものである。したがって現在の時点では，日本の旧石器時代人の数はあまり多くなく，現在の日本人の成立に遺伝子上あまり大きな貢献をしなかったとも考えられる。しかしこの推定は今後旧石器時代に多くの骨が発見されるようになれば，考え直す必要があるかも知れない。

註
1) Turnbull, P. E. and Reed, C. A.「The fauna from the terminal Pleistocene of Palegawra Cave, a Zazian occupation site in northeastern Iraq.」Fieldiana Anthropology, 63, 81–146, 1974
2) Payne, S.「The animal bones from 1974 excavations at Douara Cave.」『Paleolithic site of Douara Cave and paleogeography of Palmyra Basin in Syria』Haniwara, K. and Akazawa, T. eds. The Univ. Museum. the Univ. of Tokyo Bull. 21 Part III pp. 1–108, 1983
3) Clutton-Brock, J.「Dog.」『Evolution of domesticated animals.』Mason, I. L. ed. Longman, pp. 198–211, 1984
4) Zeuner, F. E.「The dog.」『A history of domesticated animals.』Harper & Row, pp. 79–111, 1963
5) Hardy, A.『The biology of god.』Jonathan Cape Ltd. 1975
6) 田名部雄一「日本犬の成立とその品種」どうぶつと動物園, 34―1, 12-17, 1982
7) 森 為三「珍島犬」日本犬, 9―6, 28-44, 1940
8) 田名部雄一「珍島犬―特に日本犬とのつながり」愛犬の友, 38―1, 777-779, 1989
9) 田名部雄一「犬から探る古代日本人の謎」PHP研究所, pp. 1-213, 1985
10) 田名部雄一「家畜にみる日本人の起源」遺伝, 42―10, 47-53, 1988
11) 田名部雄一「犬から探る日本人の起源」季刊邪馬台国, 38, 151-158, 1989
12) 田名部雄一「血液蛋白質からみた日本犬の成立」考古学ジャーナル, 303, 15-21, 1989
13) 田名部雄一「南で生まれた北海道犬」科学朝日, 49―9, 20-25, 1989
14) 西本豊弘「イヌの話」歴博, 25, 12-13, 1987
15) 田名部雄一「日本犬の顔型の変遷」遺伝, 42―10, 口絵, 1988
16) 西本豊弘「下郡桑苗遺跡出土の動物遺体」大分県文化財調査報告書, 80, 48-83, 1989
17) 埴原和郎「日本人の起源とその形成」『日本人誕生』埴原和郎編, 集英社, pp. 14-46, 1986
18) 徳永勝士・斎藤誠也「HLA抗原系からみた日本人」遺伝, 42―10, 40-46, 1988
19) 加藤晋平『日本人はどこから来たか』岩波書店, pp. 1-208, 1988

# 地震の液状化跡─────大阪府西三荘・八雲東遺跡

寒 川　旭・宇治原 靖泰　工業技術院地質調査所・門真市教育委員会

当遺跡は，大阪平野北部を西流する淀川左岸の門真市大字門真，守口市八雲東一丁目に所在し，現在は松下電工本社の敷地内に位置している（図1）。1989年2月から4月にかけて，門真市と守口市両教育委員会共同の発掘調査が行なわれ，縄文時代から江戸時代にかけての遺物が出土し，室町時代の土壙・溝が検出された。さらに中世から近世にかけての時期に発生した大地震に伴う液状化跡が検出された。

## 1　遺跡の概要

遺跡は淀川の氾濫原に位置しており，自然堤防上に集落が存在したと考えられる。そして，中世までに度重なる洪水の影響をうけて，出土遺物の大部分が原位置を保っていないようである。しかし，これらはほとんど磨耗しておらず，煤の付着したままの縄文土器片をはじめ，錆の進んでいない中世の鉄製品など各時代の遺物が出土した。

縄文土器として，北白川上層Ⅲ式の深鉢・浅鉢が出土した。このことによって，淀川左岸の低地でも，約3,500年前に生活が営まれていた可能性が強くなった。中世の鉄製品には短刀・鉄鏃・鎌・斧・刀子などがあり，金属生産に関係するふいごの羽口やるつぼも出土し

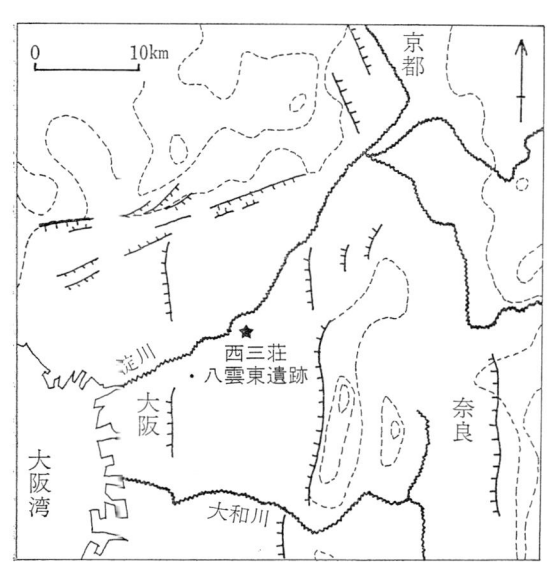

図1　調査地域の位置図（太実線は活断層：活動の際にケバで示した側が下降し反対側が上昇）

ている。その他，弥生時代の土器，輸入陶磁，馬の骨，多くの中世土器などが出土し，今後の調査が期待されている。

## 2　液状化跡

**液状化現象**　地表面から浅い位置にゆる詰まりの砂（砂礫）が堆積し，地下水で満たされた状態で激しい地震動を受けた際に発生する現象である。急激な震動によって砂の粒子間の結合がはずれ，各粒子はばらばらの状態になって粒子のすき間を小さくするように移動する。このため，砂粒の間を満たしている間隙水が強く圧迫されて水圧が上昇する。このようにして砂・水が混じり合って高圧の液体になった状態を液状化と言う。さらに，上位の地層を引き裂いて砂・水が地表に噴出する（噴砂）ことが多い。この現象の痕跡をはじめ多くの地震跡が，最近，全国の遺跡発掘現場で次々と検出されるようになった。

**噴砂の検出**　発掘調査において，まず，地表下1mまでの埋土を取り，さらに江戸時代の遺物を含む厚さ30cmの濃灰色粘土層を除去した。この段階で，暗灰色の極細砂〜シルト層を引き裂き，内部が砂で満たされた割れ目（砂脈）が多く発見された（図2）。

砂脈は最大幅12cm，最大長3mで，約10本が東西方向に雁行状に配列していた。砂脈内の砂は粗粒〜細粒砂で，同一の砂脈は概ね均質な粒径をもつ砂粒で構成されていた。

**液状化層と噴砂**　砂脈に直交する方向で図2のA〜Dに沿う4つのサブトレンチを掘削して液状化層の断面形の観察を行なった。

図3はサブトレンチCの壁面（西へ面する）の一部を示したものである。図の上位には厚さ50〜60cmの極細粒砂とシルトの互層（Ⅰ層）が堆積している。その下位に，少なくとも厚さ1m以上の中〜粗粒砂（Ⅱ層），および，図の右端の厚さ60cmの細粒砂と粗粒砂の互層（Ⅲ層）が見られる。

Ⅱ層の中〜下部には河川の堆積作用による堆積構造がよく残っている。しかし，Ⅱ層の上部で厚さ30〜40cmの部分では，堆積後に新たに生じた砂・水の流動に伴う特徴的な構造（柱状および皿状の構造など）がよく残っており，この部分がとくに激しく流動したことを示して

いる。

　砂脈aは，下部で20 cm，上部で10 cm と幅が減じてはいるが，当時の地表面へ砂・水を噴き出したことが推定される。砂脈bの左半部は地表まで達しないで消滅したもので，割れ目内の砂は上部ほど細粒化し，最上部ではとくに細い粒子になっている。

　**液状化をもたらせた地震の時期**　図3のⅠ層には室町時代（新しいもので15世紀）の遺物が多く含まれている。この地層を引き裂いて噴砂が発生しているので，地震の時期は15世紀より後に限定される。また，Ⅰ層や砂脈を被覆する粘土層からは江戸時代の遺物（年代の判明しているもので18世紀）が出土しており，地震の時期は18世紀より古いと考えられる。

　このように，地震の時期は16または17世紀頃に限定できる。この中で，当地域に確実に大きな地震動を与えた歴史地震として，1596（文禄5・慶長元）年の伏見地震が挙げられる。この地震の体験者が記述した『言経卿記』にも，京都盆地南部から大阪平野北部にかけて著しい被害が発生したことが記されている。現在の資料からは，この地震に伴う液状化現象の跡の可能性が強い。

　**参 考 文 献**

1)　文部省震災予防評議会編『増訂大日本地震史料』第1巻，鳴鳳社，1941
2)　寒川　旭「地震考古学の展望」考古学研究，36，1989
3)　寒川　旭・岩松　保「発掘された地震の液状化跡」科学，58，1988
4)　宇佐美龍夫『新編日本被害地震総覧』東京大学出版会，1987

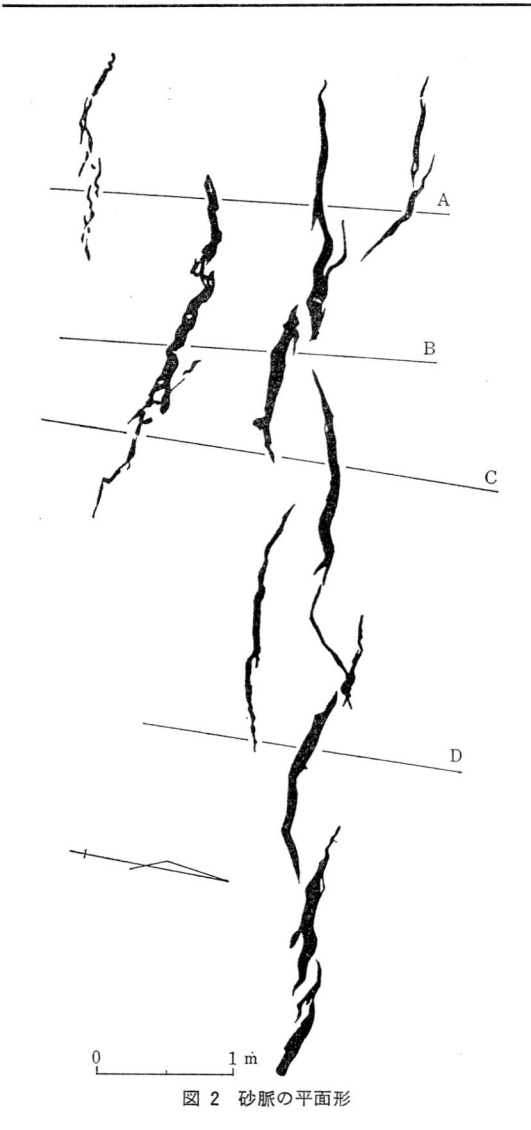

図 2　砂脈の平面形

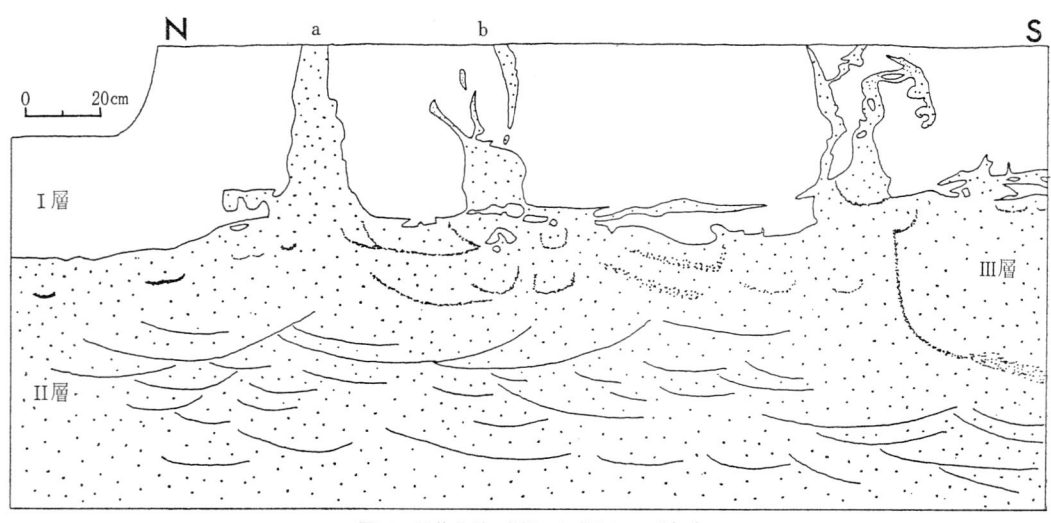

図 3　液状化跡の断面形（図2のC断面）

液状化跡遠景（本文図3）

地震の液状化跡が検出された

# 大阪府西三荘・八雲東遺跡

構　成／寒川　旭・宇治原靖泰
写真提供／門真市教育委員会・守口市教育委員会

大阪府の門真・守口両市にまたがる西三荘・八雲東遺跡で，16～17世紀ごろに起こった大地震による液状化現象の跡が発見された。また，縄文土器として北白川上層III式の深鉢・浅鉢，中世の鉄製品として短刀・鉄鏃・鎌・斧・刀子などが検出された。

液状化跡近景（本文図3a）

液状化跡（本文図2D断面）

階段状に上昇する小さな噴砂

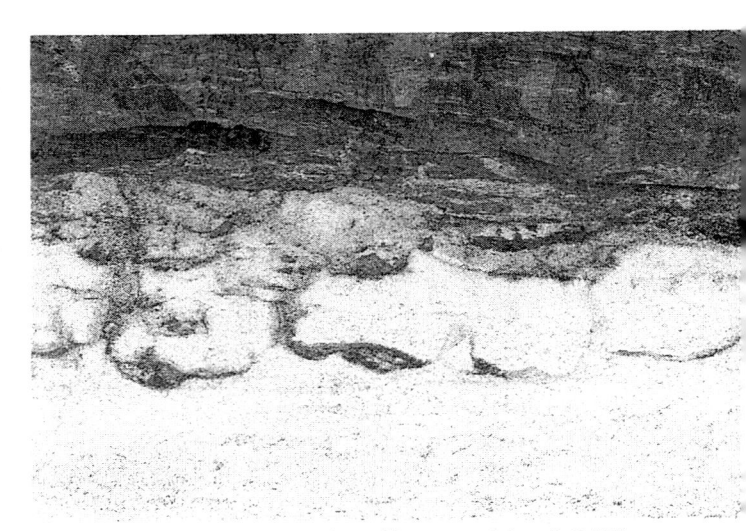

液状化に伴う水・砂の上昇によって生じた柱状構造

北白川上層III式の土器

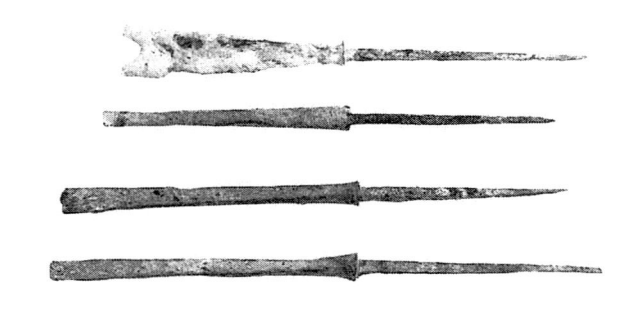

中世の鉄製品（鉄鎌と短刀）

# 長崎市大浦諏訪神社

鍋冠山　→

大浦諏訪神社　→

大浦天主堂　→

妙行寺　→

旧グラバー住宅　→

遺跡遠景　幕末に居留地造成がなされた大浦川左岸の南山手一帯のなかにある。

長崎市相生町の大浦諏訪神社で社殿改修および社務所の新築工事中に，江戸時代後期の礫石経経塚の遺物が80年ぶりに再発見された。発見の様子を記録した文書も残っていて貴重である。

　　　構　成／永松　実・寺田正剛

経塚出土の一括遺物　明治42年に大浦諏訪神社境内の土取工事中に発見された。このほか現在粉失しているが，一分金，水晶破片も出土した。

外容器に使用された甕と鉢（総高31.2cm）

一字一石経経石（右下5.3×4.0cm）

長崎市大浦諏訪神社
経 塚 遺 物

青銅製壺（総高11.3cm）

内容器の松材木片
（底板13.8×13.6cm）

青銅製独鈷（全長9.0cm）

# 江戸後期の礫石経経塚————長崎市大浦諏訪神社

永 松　実・寺 田 正 剛　長崎市教育委員会

明治42年に大浦諏訪神社境内の土取り工事中に礫石経経塚と埋納品が出土し，埋納品はそのまま当社に保管されていた。現在同社は社殿改修と社務所の新築工事が進められている。この工事に先立ち社務所を整理している時に，今回紹介することになった経塚遺物が80年振りに再発見された。そして幸いなことにこの出土状況を記録した文書も残っていて，当時の様子をうかがうことができる。

これらの資料によって類例にとぼしい埋納方法と，多量の副納品を伴った江戸時代後期の礫石経経塚の一例を報告する。

## 1　経塚の立地

大浦諏訪神社は，長崎市相生町66番地に所在する。祭神は健御名方命である。沿革は『長崎旧記』によれば寛永7（1630）年，『戸町旧記』では寛永12（1635）年，また当社社記によると元禄6（1693）年とも記されている。

当地は江戸時代には大村藩の彼杵郡戸町村大浦郷であったが，安政4（1857）年に高来郡古賀村と交換して幕府の直轄地となり，明治31（1898）年に長崎市に編入された。経塚は鍋冠山（169m）北麓の大浦川左岸の標高25mの丘陵から出土した。

当社の周辺を見ると，西隣は現在日蓮宗誠孝院の墓地になっていて，道をへだててその西側に国宝大浦天主堂がある。大浦天主堂は元治2（1865）年に献堂式が行なわれ，日本信徒発見の場所となったことで有名である。さらに西側には文久3（1863）年に建築された国指定重要文化財旧グラバー住宅などの周辺に市内に散在した幕末から明治にかけての洋風住宅を移築したグラバー園がある。また，道をへだてて北西側には万治元（1658）年に創建され，安政の開国により安政5（1858）年に英国領事館として使用された真宗妙行寺がある。

## 2　発掘記録

以下長きにわたるが経塚発見当時の記録を記載する。

『明治42年7月中大浦御鎮守諏訪社に於ける社務所の縁先東側の石垣破損せしを以て其改築工事を為すに当り其埋込みに必要なる土砂を同境内なる裏手森林中より採掘すべく人夫をして堀取に従事せしめたるに同

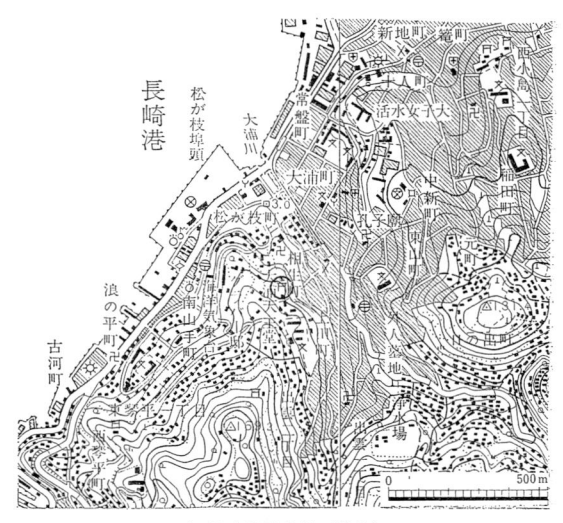

経塚遺物出土地（○印）

月22日奥殿より凡そ壱間五合余の後方に於て約八人持位ひの円形野石あり故に其野石を取除かしめたるに尚下には幅弐尺長三尺高さ七寸斗りの平形石あり一見ふたを敷したるものの如くなるを以て尚其石を取り除かしめたるに其下方に高さ1尺3寸直径3寸角の塔婆2本并に高さ1尺直径3寸角の塔婆2本いづれも石造にて四方に梵字彫刻しあり而して其石造大小4本の塔婆を四角に立其中央に土焼の小壺高さ1尺余口径8寸蓋附にして土中に埋めあり又其小壺の周囲には円形三角形其他各種の小石類百個を埋込みあり且つ以上の小石には一字一石と称する種々の文字記載しあり故に前述の異種物を総て現場より取出し更に土焼小壺の蓋を取り除き其内部を調査せしに壺には清水充満し其水中に松板製の小箱高さ6寸幅4寸の物1個入れあり尚其箱の蓋を取り除きたれば中より

青銅製壺　高さ4寸口径1寸5分の茶壺形
全上製不動明王の紋形　厚さ2分直径3寸
全上製独鈷　長さ3寸
以上青銅製の壺中には
壱分金　1個慶長年間の通貨
小玉　1個
水晶破片　1個
以上の異種物を発顕せり故に社掌今村豊安名義を以て不取放所轄梅香崎警察署に宛採堀せし旨現品相添届

出をなしたるに追て何分の沙汰致すまで現品は諏方神社へ保管すべしとの命により即ち当神社に保管し置きたり

　前顕の異種物は何等のために当神社境内に埋込みたるものなるかを調査するに更に其事蹟として観るべきもの在之案ずるに何等かの祈禱抔を致したる際埋め置きたるものならんと謂うものあり

　又一説には当所諏訪の大御神は本来旧大村藩主の建立にして従時は仏式を以て祭られ浦上岩屋権現の管理下なりしとの事言ひ伝へありなれば当初大村藩主が建立せらるるに当り諏訪権現の御魂祭りが祈禱を致し以て之を神魂と致したるものにはあらさるか

　果して然りとせば前記の物品は総て之を当神社の宝物として永久に保存すべきものなる可し

　　明治42年7月22日

　　　　諏訪神社氏子総代　中村隆治』

## 3　遺構と遺物

　遺構としては，出土状況から見ると一字一石の礫石経による経塚の様相を呈していると考えられる。発見当時は碑石などなく，蓋状平形石下の四角に立てられていた塔婆は4～5年前まであったとのことだが，現在行方不明のため特定することはできないが，角柱塔婆，長足五輪塔婆，方柱塔婆などが考えられる。またこの塔婆の四面にあった梵字も同じく四方五大の五輪梵字，胎蔵界五仏の梵字（中尊の大日如来の梵字を除き，四方仏の梵字のみを記す），四天王の梵字などが推測される。

　出土記録と現存の遺物を比較すると，経石は 5.3 cm×4.0 cm，厚さ 1.3 cm～2.9 cm×2.5 cm，厚さ 0.7 cm の扁平な河原石が 12 個残り，文字は「鬼，加，妻?，若?，淺?」などと判読される。

　外容器は高さ 23.3 cm，口径 22 cm の甕に，高さ 7.9 cm，口径 23.8 cm の鉢が蓋に使用されていた。いずれも18世紀後半の唐津系の製品が転用されていた。

　内容器の松材木箱は，一辺 11.0～13.6 cm×11.8～13.8 cm，厚さ 1.5～2.0 cm の正方形をしている。それぞれ2～3ヵ所を角釘で止めていた。そして，底板を除き墨書で天𑖀（ア），南𑖣（ビ），西𑖨（ラ），北𑖳（ウン），東は消えて読めないが𑖎（ケン）と考えられ，大日如来報身真言を表わす梵字がかすかに判読された。

　青銅製壺：高さ 11.3 cm，口径 5.7 cm。口縁の蓋が当る場所の2ヵ所に蓋を止める抉りがある。底部が欠損して内側には緑錆がふいている。

　青銅製不動明王の紋形・輪宝：直径 8.8 cm，厚さ 2 mm。扁平な板をたがねで打ち抜いたままで装飾はない。鞆に五角形の鋒が作出されている。

　青銅製独鈷：長さ 9.0 cm，中央部径 1.4 cm。把の長さに比べ鈷が短かく，純重な感じがする。把の中央と両

端は1条の紐で締められ，八葉の蓮弁が装飾されている。

　壱分金：1個　現存しない。

　小　玉：1個　重さ 19 g，長さ 2.8×1.7 cm，厚さ 1.0 cm。楕円形で表面が褐色を呈しているが，豆板銀と判明した。

　水晶片：1個　現存しない。

　これらの容器，仏具，銭貨（金・銀），水晶などを一括した近世礫石経経塚の副納品としては特異なものといえる。

## 4　誠孝院の記録

　鍋冠山誠孝院は大浦諏訪神社の西に隣接していたが，敷地が狭かったので昭和3年に東山手7番22号へ移転している。当山は寛保3（1743）年に誠孝院善長日健が開基し，宝暦7（1757）年の創立となっている。

　やがて文化 14（1817）年に第7代日静は，日親上人鎮座の本堂などの造営を企て，長崎の町々を観化してその資にあて，文政元（1818）年に至って遂にその工事を成就し，翌年4月13日より5日間供養を営んだ。しかし，弘化4（1847）年6月に本堂前の地面が狭いために，大浦諏訪神社境内表通より裏手まで，5坪5合の地を当庵の地所で，神社境内と隣接した所と交換の儀を願い出，首尾よく許可を得，戸町村横目口村邦助，庄屋渡辺文左衛門および大浦郷役人臨時立合の上，地面の交換がなされたことが誠孝院の記録に残っている。

## 5　礫石経経塚の性格

　近世の礫石経経塚は目的，用途，方法など多様な様相になるといわれているが，本例についても，

　1.　寺院関係の建立物に伴う祭祀行為でとくに地鎮のため。

　2.　寺域に対する結界を目的としたもの。

　3.　供養などの行為に対する祭祀行為のため。

などが考えられるが，2は当該遺構に碑石などがなく，寺域の四方，八方にも確認されていない。3は経塚自体の施設や埋納された副納品の内容が卓越しているため，あまり妥当とは考えられない。しかし1の場合は外容器の年代と誠孝院の記録からも可能性が高いと考えられる。

　この本堂造営の祭祀に伴い本堂右側に埋納された経塚が，弘化4年の換地によって大浦諏訪神社の境内に入り，それが明治42年の土取りの際に発見されたものと推測される。

## 6　おわりに

　本資料を紹介するに際して，大浦諏訪神社今村豊邦氏，鍋冠山誠孝院松尾弁尚氏と立正大学坂詰秀一先生，佐賀県立九州陶磁文化館大橋康二氏，佐賀県神埼町教育委員会桑原幸則氏に御配慮と御教示を頂き深く感謝申し上げます。

# 縄紋時代史

## 3. 縄紋人の素姓

北海道大学助教授

林 謙作

## 1. 人種論の遺産

人種論争のなかでかわされた議論の中身は工藤雅樹が詳細に記述しており[1]，山口敏の人類学の立場からの簡潔な評価[2]がある。学説そのものについては，これらの業績を参照していただくこととして，ここでは，それらの学説が，縄紋研究にどのような影響をおよぼしたか，その問題を中心として考えて見ることにしよう。

人種論争は1920年代のなかばに転換期をむかえる。それ以前，坪井正五郎の死とともに，コロボックル説は短期間におとろえ，アイヌ説が有力となった。しかしこのいきさつは，清野謙次・金関丈夫が指摘するように，「大した科学的根拠も無い」のに，『何時の間にか日本石器時代人はアイヌ其物であるとまで思われる様になつてしまつた』[3]までのことであり，問題のとらえ方や研究の方法のうえで，これといった発展があったわけではなかった。坪井正五郎や小金井良精（1856〜1944）ばかりでなく，それ以前の，おもに欧米の研究者による議論を含めて，縄紋人の素姓をめぐる議論は，日本の「先住民族」がアイヌであるか，アイヌ以外の民族なのかという，ただその一点をめぐる応酬である，といえる。清野謙次の立場からみれば，人種問題の「直接的且つ積極的証拠では無くして間接的証拠たるに過ぎない」「考古学的土俗学的乃至言語学的方面の事実」をよりどころとしていた[4]。

1920年代のなかばを境として，縄紋人の素姓の問題は，清野謙次（1885〜1955）・長谷部言人（1882〜1969）・松本彦七郎などの手ですすめられることになる。清野は病理学，長谷部は解剖学，松本は動物学の出身である。これらの分野では，資料を一定の手続きにしたがって観察・記述することが大きな比重をしめ，基礎的な業績として評価される——それゆえこの分野は「記述科学」ともよばれる。これらの人びとは資料の観察・記述と解釈や評価を混同してはならず，資料そのものの客観的な観察と記述が必要であることを主張し，その主張はある程度までの効果をもたらした（彼らの主張が「理解」されたかどうかは別問題である）。日本の考古学で，まがりなりにも，資料そのものの性質にもとづいた観察と記述がおこなわれるようになったのは，浜田耕作（1881〜1938）とともに，彼らの功績である，といえるだろう。

こうして人種論は，人骨の観察・記述の訓練をつんだ専門研究者が発言すべきものであることになった。「民族論は……正しく人種学者解剖学者の手に返へされた。文化現象としての遺物も正しく考古学者の手に委ねられるべき時が来た」[5]という中谷治宇二郎の発言は，当時の大多数の考古学者の意見を代弁しているだろう。骨は自然科学者に，ものは考古学者に，というわけである。しかし，すでに指摘したように，その当時の考古学研究者で，ものを研究する手段・解釈の原理を確立している人はほとんどいなかった[6]。そして考古学者が苦しまぎれに飛びついた新カント派哲学の「文化」の観念が，そのまま根をおろしてしまったところに現在にいたる縄文研究の混乱のひとつの原因がある。

松本や清野は，「客観的」な記述・観察の見本を考古学者にしめしてくれた。しかし，説明や解釈の方法までは手がまわらなかった。彼ら自身，これといった解釈の原理や説明の方法の持ち合せがなかったからである。松本の「土器紋様論」の骨子は，層位的に観察された現象の記述である。

松本は「土器紋様の上方退却」・「土器紋様の直線化」などの現象を「民族心理」で説明しようとした[7]。「民族心理」は，その当時の流行語で，いまふたたび流行の兆しを見せているが，科学的にはまったく説明のしようのないシロモノである。清野が宮本博人と連名で発表した津雲貝塚の人骨についての論文は，それまでの「推測的な」人種論にとどめをさした[8]。その中身は，人骨の計測結果・その結果としてあたえられる「形質距離」の記述である。「混血」というのは，「人種」の形質は固定していて変化しないものだ，という当時の人類学の通説の範囲からあたえられる，ただ一つの「合理的」な解釈であった。松本にせよ，清野にせよ，根本的なところでは，出来合の解釈や説明に身をまかせている。清野が人骨研究の成果で『記紀神話』を「合理的」に解釈しようとしたのもべつに不思議ではない。

山口敏は，「清野の研究法が，きわめて計画的かつ客観的である反面，最終的な段階で数字の大きさだけで判断するという機械的な面をもっていた」ことを指摘している[9]。ここで山口が「客観的」というのは，清野が観察結果を，人骨の計測値や形態距離などの数値でしめしたことをさしている。いい換えれば，清野は観察結果を記述する手段として，数字をもちいたのである。清野の人種論の勝利は，数字による記述の勝利でもあった。それ以来，日本考古学には数字に対する信仰と反発が根をおろし，今日にいたっている。

つぎのような発言に共感をもつ研究者は今日ではまったくいない，といえるだろうか。「自然科学的な記載を持ち得る対照物は，如何にも整然としてゐて，それ自身に権威があるらしく見える。……然し是等はすべて，……文化価値に乏しいものであると云へるのである。文化現象の価値は，その複雑にして一見容易に捕捉し難いところにある」。ここに引用したのは，中谷治宇二郎の自然科学系の研究者による人種論の考古学へおよぼした影響についての発言である[10]。省略した部分には，「従来の考古学者の関心した遺物のそれは全く気まぐれな記載と選択の下にあつた為，新興科学の明るみの下に投出して見ては，一握の襤褸布の様な惨めな存在と思はれるのである」という発言がある。中谷に代表されるような「文化」のとらえかたが，自然科学系の人種論の圧力のもとで，いわば受身の自己主張としてできあがったことを

示している。日本考古学でなお支配的な，主観的な記述や判断へののめり込み・数量的処理に対するやみくもな反発，その裏返しとしての「客観信仰」や「数字信仰」は，ここにはじまっている。

## 2. 縄紋人の言語・縄紋人の形質

人種・言語・考古資料，どのような対象にしても，系統論はもっとも基本的ではあるが，もっとも素朴な問題で，思考力をまったく持ち合わせない人でも，資料さえにぎれば，それなりの発言ができる分野である。だから，系統論の流行は，資料追随主義がはびこる危険と裏腹の関係にある。それはそれとして，縄紋人の形質や言語について，現在どのような意見があるのか，ここで一応紹介しておくことにしよう。

### 2-1. 言語学にもとづく推論

ここでは，戦後の研究を中心として紹介することにする。

日本列島の住民の話している言語には，琉球語・いわゆる日本語・北海道先住民の言語（以下「アイヌ語」とよぶ）があり，それぞれいくつかの方言を含んでいる。そのうち，琉球語はいわゆる日本語から分かれたものであることが証明されている[11]。梅原猛はアイヌ語が「原日本語」・「縄文語」であることを精力的に主張したが[12]，言語学の専門家は問題にしていない。ただし，服部四郎，安本美典・本田正久らはアイヌ語の基礎語彙に日本語と共通する要素があることを指摘している[13]。また，山田秀三の本州東北部のアイヌ語地名の調査結果[14]も，アイヌ語と日本語の関係を考えるうえで無視できないだろう。

戦前には，日本語を朝鮮語と関係の深いアルタイ系の言語とみる立場が支配的だった。つまり，朝鮮語も日本語もアルタイ系の祖語から枝わかれしてきた，と考えていたわけである。1970年代にはいって，系統のちがった言語がまざりあった「混成語」だという考えが有力になってきた[15]。混成語とは，「ある人々が，自分の母語社会を離れて別の言語社会に入り，政治的にも社会的にも勢力の強い異質言語で話さねばならないような場合」，あるいは「ある母語集団の中に，政治的，経済的により強力な集団が外部から侵入してきたため，支配者集団と被支配者集団との間で話さねばならないような場合」にうまれる[16]。まず，もとの言語よりも文法も発音も単純になったピジン

pidgin が成立し，ピジンそのものを母語とする人々のあいだに，語彙が拡大し，文法もやや複雑なクレオール creole が成立する。

　日本語と朝鮮語の構造はよく似ており，朝鮮語・日本語の単語を置き換えるだけで，こみいった文章も正確に翻訳できる。しかし，単語そのものはまったく違っている。J. J. チュウは，この現象は，日本語・朝鮮語が，ともにおなじ系統の言語を話していた集団が，しばらくのあいだ隔離されたのちに，ふたたび接触をたもつようになる過程でできあがった混成語であることを示していると解釈する。チュウは，アルタイ系の言語を話す集団が，まず朝鮮半島全域に侵入し，そののち，やはりアルタイ系の言語を話すべつの集団が，朝鮮半島の西半部・九州・本州西部に侵入し，やがてそれぞれの地域で，クレオールである朝鮮語・日本語の祖型が生まれた，と説明する[17]。

　チュウは，おなじアルタイ系の言語の接触を考えているが，べつの意見もある。大野晋は，「日本には縄文式時代に，ポリネシア語族のような音韻組織を持った南方系の言語が行われていた。弥生文化の伝来とともに，アルタイ語的な文法体系と母音調和とを持った朝鮮南部の言語が行われるようになり，……第一次的には近畿地方までその言語区域としたであろう」と述べている[18]。

　オーストロネシア（マライーポリネシア）系の要素と，アルタイ系の要素が混じりあっているというだけでに，日本語が「混成語」である，とはいえない。二つの言語が接触した結果うまれた，どちらともつかぬ新しい言語が「混成語」である。村山七郎に，朝鮮半島ですでにオーストロネシア系の言語と接触していたアルタイ系の言語を話す集団が日本列島に渡来し，固有の文法のなかに日本列島の西南部の集団のオーストロネシア系言語の要素をとりいれて「原始日本語」が成立すると推測している[19]。村山は，日本語の動詞のなかに，南方系の語幹に北方系の活用語尾がついているものがあることを指摘し，また，ヤスミシシとか，オスなど，支配・統治を意味する言葉がアルタイ系のものであることを指摘している[20]。大野もウヂ・カラなどの社会組織をあらわす言語が朝鮮語・ツングース語・蒙古語などと共通することを指摘している[21]。

　ここに紹介した大野や村山の意見にもとづけば，日本語のなかのアルタイ系の要素をもたらした集団は，日本列島に固有の社会組織や政治的制度も持ち込んだことになり，混成語としての日本語の性格は，先住者であるオーストロネシア系の言語を話す集団との力関係に由来する，ということになる。ただし，大野の指摘するウヂ・カラなどの単語と，村山の指摘するヤスミシシやオスなどの単語が同時に渡来した，という証拠はない。いずれにしても，もし日本語のなかに縄文人の言語の痕跡をさがすならば，現在言語学で確認されているかぎりでは，いわゆる南島系の要素である可能性が高い，ということになる。

2-2.　現生集団の体質にもとづく推論

　現在生きている人びとの身体つきを観察し，その結果から，いくつかの「人種」を区分し，その関係を推察する。この方法は19世紀からフランス・ドイツなどヨーロッパ大陸諸国で発達し，人種学 Rassenkunde とよばれるひとつの研究領域にまでふくれあがった。おもに，目や髪の色と形，身長・体重や，頭の幅や長さ・形など，数値としてあらわすことのできる身体の特徴，皮膚隆線系——つまり手足の指紋・掌紋など——が観察の対象としてとりあげられていた。

　目のまえで観察できる集団を「人種」にふり分ける場合はともかく，その区分を過去にまでさかのぼらせようとすると，ここに並べた項目のうち，いくつかのものはまったく使えないか，あまり有効ではないことになる。簡単にいえば，ヒトの成長する過程で，あたえられた環境に左右される要素——身長・体重・頭の形など——は過去の「人種」の分布を推察する手がかりとしてあまり有効ではない。遺伝することが確実で，しかも環境の影響を受けにくい要素をとりあげなければ，確実な推論とはいえない。

　この条件を満足するものとして，「遺伝的多型」が注目を浴びるようになってきた。親や兄弟を探している中国残留孤児と，肉親と名乗りでた人物の血のつながりを確認するのに活用されたのが，この「遺伝的多型」である。中学校の理科でならった血液型の遺伝のことを思いだしてみよう。われわれは両親から，$\alpha$または$\beta$凝集素，AまたはB凝集原をうけついでいる（ただし，親が凝集原をもっていない場合もある）。凝集素・凝集原の組み合わせによって，われわれの血液型が決まる。それを左右するのは，染色体の決まった場所（遺伝子座）での，たがいに優劣関係にある一組の遺伝子

（対立遺伝子）の組み合わせである。「遺伝的多型」とは、このようなかたちで決定される形質をさしている[22]。

人種によって血液型の分布が違っていることは1910年代末から注目されており、日本でも古畑種基が血液型の分布を府・県ごとに調査し、日本人の地域性や起源について発言している[23]。現在では、50種類をこす遺伝的多型が確認されている。そのなかには ABO・MNSs・Rh などの血液型・耳垢が粘つくかどうか（アメ耳・コナ耳）・色盲・

表 1　血液蛋白 8 個の遺伝子座位のデータに基づく日本列島内の集団間の遺伝的距離（註22より）

| | アイヌ | 東 北 | 関 東 | 近 畿 | 関 西 | 九 州 |
|---|---|---|---|---|---|---|
| アイヌ | | | | | | |
| 東 北 | .1384 | | | | | |
| 関 東 | .1434 | .0382 | | | | |
| 近 畿 | .1510 | .0488 | .0414 | | | |
| 関 西 | .1537 | .0441 | .0595 | .0501 | | |
| 九 州 | .1522 | .0464 | .0420 | .0310 | .0582 | |
| 沖 縄 | .1284 | .0777 | .0878 | .0875 | .0736 | .0848 |

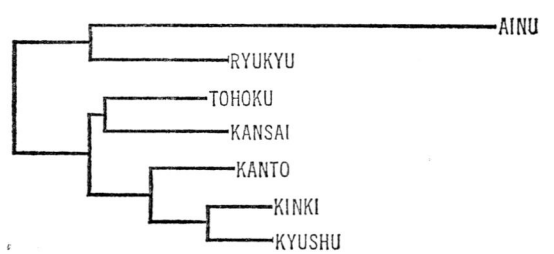

図 1　血液蛋白 8 個の遺伝子座位のデータに基づく仮説的系統樹（註22より）

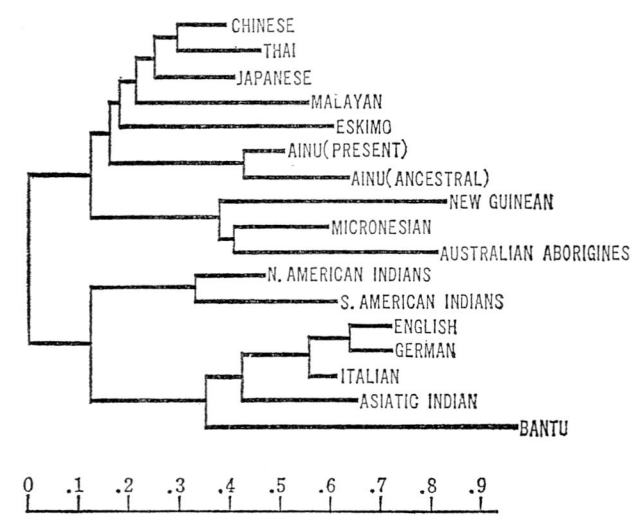

図 2　13個の遺伝子座（血球型，酵素型，蛋白型）によるアイヌと諸集団との類縁図（註22より）

味盲など、われわれが日常生活のなかで見たり聞いたりしているものもある。しかし、これらのもののデータはもはや採りつくされ、目新しい解釈がうまれる余地はないらしい。最近の遺伝的多型の研究では、$PGD^c$ とか $Dpt^1$ などの「赤血球酵素」や $Hp^1$ とか $Tf^c$ などの「血清蛋白」などがもっぱら問題となっている。

遺伝的多型の研究から、どのような事実があきらかになっているのだろうか。尾本恵市は、日本列島の住民は、北海道先住民（以下「アイヌ」とよぶ）・沖縄諸島の住民・そのほかの集団（本土人）の三グループに区分することができる、という（図1）[24]。尾本は、日高地方のアイヌの調査結果にもとづいて、和人との混血の影響を補正した「祖型アイヌ」と、和人をはじめとする世界各地の住民との遺伝的距離を計算している（図2）[25]。この結果によれば、「祖型アイヌ」は、和人・中国人・北米先住民（インディアン）とともに、一つのグループを構成している。いい換えれば、北海道の先住民は、いわゆる「蒙古人種」のなかに含まれ、アイヌは白人である、という古くからの意見はこの結果から否定されることになる。埴原和郎も歯の形態の研究からおなじ結論を引きだしている[26]。

遺伝的多型の研究の資料は、現在観察できる人びとからえられる。したがって、ここで問題にしている「縄紋人の素姓」という問題の答えを直接引きだすことは無理な相談である。しかし、アイヌ人が、日本列島のほかの地域の住民や東アジアの諸地域の住民と縁もゆかりもない人びとではない、という結論は、大きな意味がある。そしてその人びとが、渡来系住民の影響を受けていないとすれば、アイヌ人は、日本列島のほかの地域の住民よりも、縄紋人の体質をつよく受け継いでいる、と推測することができるだろう。

### 2-3.　古人骨にもとづく推論

縄紋人が、どのような顔つき・身体つきをしていたのか、古人骨の観察以外には、その疑問に答える手段はない。古人骨の示す特徴は、資料から読み取られた事実である。しかし、縄紋人とにた集団がどこにおり、どのような関係があるのか、という問題の答えは推論になる。縄紋人がどのような特徴をもっていたのか、古人骨の研究者の意見は大筋のと

ころでは一致している。しかし，縄紋人の系統とか，東アジア各地の集団との関係となると，意見が一致しているわけではない。

　最近の古人骨にもとづく議論は，長谷部言人＝鈴木尚の意見と，清野謙次＝金関丈夫の意見を二本の軸として展開している，ということができるだろう。長谷部にしても清野にしても，たとえば弥生・古墳時代の人骨が，現代人と縄紋人の中間的な特徴を示していることは認めている[27]。つまり，事実の認識の面では両人のあいだに大きな違いはなく，どのようにして縄紋人が現代人に変化したのか，という推論の面で意見が分かれているのである。

　長谷部の意見はつぎの文章に要約されている。『縄文時代の人々は，すでに『結ぶこと』『しばること』を知っていた。そればかりでなく，自分の持っている技術をますます拡大してゆく力を十分に発揮した。このすぐれた素質のもちぬしが，おとろえてゆく文化の所有者として消えてしまったとは思えない。むしろ，その後ますます向上発展の一途をたどって……弥生式土器時代・古墳時代をとおって，現代の日本人になったと考えるのがあたりまえではないだろうか」[28]。アメリカ軍の占領のもとで，敗戦後の復興という課題を抱えていた1950年代の日本人は，この意見に自分たちの立場を重ねあわせることができただろう。

　それに対して，「日本国に初めて人類が渡来して日本石器時代住民を生じた。……そして其後に於ても時代の下がるに従つて大陸から，又南洋から種々なる人種が渡来して混血したが，……日本石器時代人を追い払つて新人種を以つて交替せしめる様な人種の体質的変化は無かつた。唯だ時代の進むにつれて日本石器時代人の体質は混血により，又環境と生活状態の変化とによつて現代日本人になつた」という清野の意見は，植民地を返還させられ，外国との交流も制限されていた日本人の共感はよばなかったろう。まして，「われわれの自然科学の研究に基づいて」古事記・日本書紀の記述を解釈しようとする清野の主張に公然と共感をしめす雰囲気は，終戦直後の日本の社会にはなかった[29]。

　清野の論文では，人骨の計測値と，それを統計的に処理した結果がおおきなスペースを占領している。だから，人骨の専門家でなければ，「日本石器時代人」が，どのような特徴をもっているのか，理解することはできない。これに対して，長谷部は，人骨の観察に重点をおき，縄紋人の特徴を具体的に説明した[30]。長谷部の意見がひろく受け入れられるようになったのは，解釈が合理的であったこととともに，縄紋人の体質を具体的に説明したことも無視できないだろう。このようにして長谷部の意見は，戦後の人骨にもとづく日本人起源論の基調となってゆく。長谷部の，どちらかといえば理論的な見通しは，鈴木の調査と観察結果によって肉づけされた，といえるだろう。たとえば，縄紋人がどのような顔つきをしていたのか，はじめてくわしく説明したのは，鈴木である[31]。鈴木は，東北から東海にわたる各地域で縄紋人骨を発掘した。その一方，鎌倉市材木座・東京都増上寺・東京都鍛冶橋などで中・近世の人骨を収集する機会にめぐまれた。

　鈴木は，材木座の中世人骨の極端に長い頭としゃくれた顔，その延長線上にある近世江戸庶民と，歴代徳川将軍の繊細で都会的・現代的な顔などの変化が，大規模な人口の移動や混血が起こるはずのない日本の中・近世の人骨に観察できることを指摘した。そして，縄紋から弥生・古墳にいたる人骨の特徴（おもに頭と顔）が，漸移的な変化を示しているとしても矛盾がないことを根拠として，中・近世の日本人の骨格に起きた変化，戦後の日本人の体格の変化などを念頭に置けば，縄紋人は現代日本人の祖先と考えられることを主張した[32]。

　鈴木の意見は，おもに東日本の材料を土台としている。したがって，鈴木のあつかった弥生人骨は千葉県安房神社境内・毘沙門洞穴をはじめとする三浦半島の海蝕洞穴など，年代も比較的あたらしく，数も限られていた。これに対して，金関丈夫は山口県土井ヶ浜をはじめとする，西日本の弥生前期の人骨を観察する機会に恵まれていた。金関は，この時期に渡来した面長・高身長の集団の影響を無視できないと主張した[33]。

　それはそれとして，縄紋人はどのような顔つき・身体つきをしていたのだろうか。山口敏は「ひとことでいいますと，縄文人は大頭で，寸づまりの幅広い顔の持ち主である」と表現し，中国南部の柳江人と似た顔つきであることを指摘する（図3）[34]。縄紋人の横顔も，弥生からのちの日本列島の住民とくらべると，かなり個性的なものだった。東日本の縄文後期中ごろの写実的な土偶の

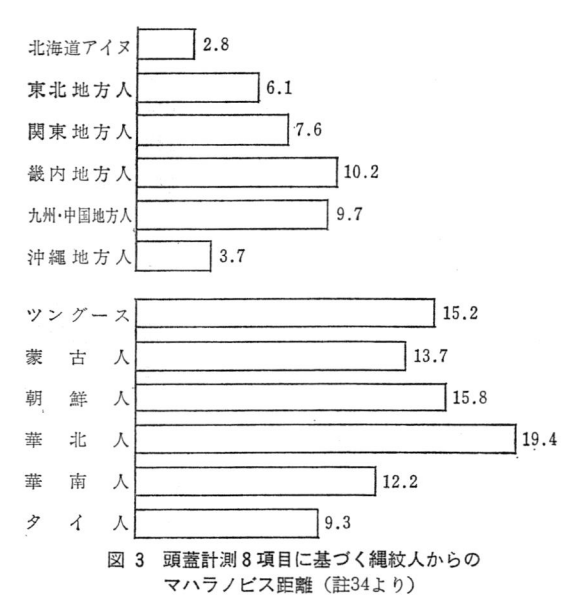

| | |
|---|---|
| 北海道アイヌ | 2.8 |
| 東北地方人 | 6.1 |
| 関東地方人 | 7.6 |
| 畿内地方人 | 10.2 |
| 九州・中国地方人 | 9.7 |
| 沖縄地方人 | 3.7 |
| ツングース | 15.2 |
| 蒙古人 | 13.7 |
| 朝鮮人 | 15.8 |
| 華北人 | 19.4 |
| 華南人 | 12.2 |
| タイ人 | 9.3 |

図3　頭蓋計測8項目に基づく縄紋人からの
マハラノビス距離（註34より）

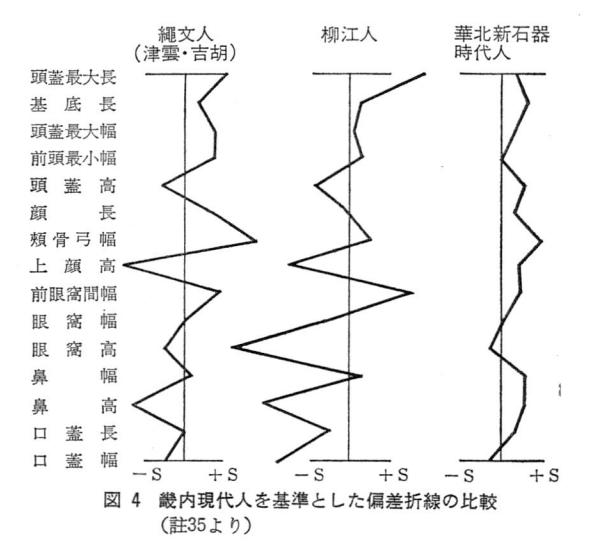

図4　畿内現代人を基準とした偏差折線の比較
（註35より）

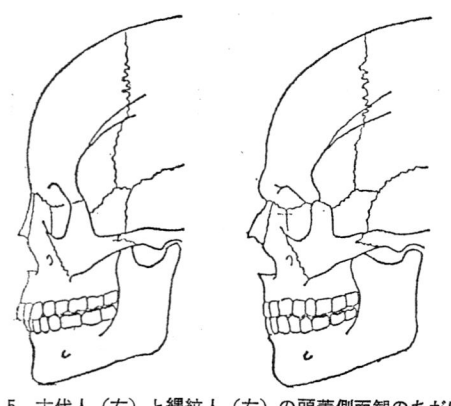

図5　古代人（左）と縄紋人（右）の頭蓋側面観のちがい
額のふくらみ，眉間の高まり，鼻のつけ根の高さ，
歯の咬みあわせのちがいがわかる（註36より）

顔には，T字形につながる眉と鼻が表現されており，横から見ると鼻が異常なほど高い。図4・図5に示すように，縄紋人は眼窩の上の縁がつよく膨らんでおり，鼻のつけねも現代日本人よりも高かった。われわれは自然に口を閉じると，上顎の歯が，下顎の歯の前にかぶさる。専門家は，これを鋏状咬合とよんでいる。縄紋人は，上顎と下顎の前歯の端がピタリと合わさる鉗子状咬合の持ち主であった。縄紋人は，埴輪ののどかな顔つきと違って，アイヌ人や沖縄県人とにた彫りのふかい顔つきをしていた。

縄紋人の手足のつくりも，現代日本人とはかなり違っていたらしい。縄紋人の手足の骨が扁平であることは，縄紋人の骨が発見されたばかりのころから指摘されてきた。そればかりでなく，手足の下半分の骨（橈骨・脛骨）が，上半分の骨（前腕骨・大腿骨）にくらべて長かった。このような特徴は，オーストラリア先住民・ダヤク人・ヨーロッパ後期旧石器人など採集狩猟民に共通する特徴であるという[35]。山口は，「日本の縄文時代人は華北の新石器時代人のような本格的な農耕文化を持った集団に比べると，多分に続旧石器時代的な性質をあとあとまで持ち続けた集団だったのではないか」[36]と述べている。

縄紋人の顔つき・身体つきが，旧石器時代人と似通っているとすれば，東アジアの旧石器時代人は，どのような特徴をもち，どのような点で縄紋人と似通っているのだろうか。この問題になると，蒙古系の集団を，アメリカ先住民（アメリカインディアン）を代表とする寒冷な環境の影響を受けていないグループと，蒙古人やイヌイト（エスキモー）のような，平べったい顔・短い手足・厚い皮下脂肪など，寒冷な環境のなかで生活するのに都合のよい体質をもつグループにわける，W・ハウエルズの意見が引き合いにだされる[37]。

ハウエルズはアメリカ先住民の特徴は周口店山頂洞人に起源をたどることができるという。蒙古人やイヌイトの体質も，最終氷期のアジア大陸内陸部の寒冷な環境のなかでつくられたものだ，という。とすると，すべての蒙古系の集団は，東北アジアに起源を持つことになり，縄紋人の故郷が東北アジアにあることは，ほとんど疑う余地がないようにみえる。しかし，V・ターナー2世は，南北アメリカ・東北アジア・東南アジア・ポリネシアの住民の歯の特徴を調べ，蒙古系の集団の南

方起源説を発表している[38]。

ターナー２世は，さきにあげた地域の**住民**をスンダ歯系 Sundadonty・中華歯系 Sinodonty に二分する。あわせて８項目の特徴がふたつの系列を区別するめやすとなるが，なかでもくぼみをもった上顎の前歯（シャベル状切歯）は，スンダ歯系の集団では，中華歯系の集団にくらべて，いちじるしく少ないという。この基準によると，ポリネシア諸島や東南アジアの住民・港川人・縄紋人・アイヌ人はスンダ歯系に分類される。イヌイトやアリュートをふくむアメリカ先住民，それに東北アジア（華南以北・バイカル湖以東）の諸地域の住民，さらにアイヌをのぞく日本人は中華歯系に分類される。

オーストラリア先住民が，アジアから移住したのはおよそ３万年前のことである。オーストラリア先住民の歯は，中華歯系・スンダ歯系とはまたちがった特徴をもっている。その一方，沖縄本島の港川人の歯は，あきらかにスンダ歯系の特徴をそなえている。したがって，スンダ歯系の集団はオーストラリア先住民の移住したあと，港川人が沖縄にあらわれる以前，つまり3.0〜1.7万年前のあいだに，東南アジアに姿をあらわし，太平洋沿岸に沿って北上し，日本列島にも移住してきた。したがって，港川人は，縄紋人をあいだにおいて，アイヌと結び付きをもっていることになる。一方，いまからおよそ２万年前に中国の内陸部に移住した集団から，中華歯系の集団がうまれ，その一派がおよそ２千年前に日本列島に移住してきた。これが現在の日本列島各地の住民の祖先である。

ここに紹介したターナー２世の説によれば，縄紋人とアイヌをのぞく現代日本人とは，直接のかかわりを持たないことになる。L.ブレイスも，縄紋人・弥生人・和人・アイヌ人・朝鮮人の歯の大きさの比較にもとづいて縄紋人と現代日本人のつながりを否定する[39]。ブレイスによれば，弥生人の歯がもっとも大きく，江戸時代人をふくむ和人と朝鮮人の歯はほぼおなじ大きさで，アイヌ人はもっとも小さい歯の持ち主である。縄紋人の歯の大きさは和人よりはアイヌ人にちかい。ヒトの進化の過程で歯はたえず小さくなってきているから，縄紋人の小さな歯が，現代日本人の大きな歯に変化することはありえない。縄紋人よりも大きな歯の持ち主である現代日本人は，縄紋人ではなく，弥生人の子孫だろう，というのがブレイスの

意見である。

## 3. 縄紋人の素姓

これまで紹介した言語学・人類学にもとづく推論から，われわれは縄紋人の素姓について，どのような見取図を描くことができるだろうか。

言語学では問題があるらしいが，東北地方（とくに北半部）に，ナイ・ベツを代表とするアイヌ語と共通する地名が残っていることは無視できない。狩猟をなかば専業としていたマタギが狩猟のときだけ使う「山言葉」のなかにも，アイヌ語と共通する単語が含まれている。東北地方の縄紋時代，あるいはそれ以前の住民の言語が，アイヌ語と共通する要素を含んでいた可能性はかなり高いだろう。それではアイヌ語と共通する要素の正体は何だろうか。

蒙古系の集団が，まず東南アジアに姿をあらわし，北上してきた，というターナー２世の意見は，尾本の遺伝的多型の研究の結果とも一致している[40]。そして，大野や村山の指摘する，日本語のなかの南島系の要素も，スンダ歯系の人びとが日本に移住してきたときに持ち込んだもの，と解釈できるかもしれない。縄紋人の顔つきが，中国南部の柳江人に似ている，という山口の意見もこれと矛盾しない。その一方，ブレイスもターナー２世も，アイヌは和人よりも縄紋人と近い関係にある，という。

形質人類学の立場から，このような推論が成りたつとすれば，アイヌ語には，南方系の要素が日本語よりもはっきりとあらわれているはずである。村山七郎は，アイヌ語はオーストロネシア系のもっとも古い形をとどめており，ポリネシア語との共通性は，オーストロネシア祖語の特徴が，アイヌ語・ポリネシア語に残っているものと考えられる，という[41]。

人類学の立場からの推論によれば，縄紋人は，旧石器時代の末期に日本にやって来た人びとの子孫だ，ということになる。言語学者が指摘する日本語のなかの南方系の要素は，この人びとの言語であった可能性が高い，ということになる。この結論は，一方では，縄紋文化はアジア大陸に起源をもつ要素を含んでいるにしても，日本列島のなかで，周囲から隔離された環境のもとでできあがったものだ，という考古学の立場からの推論と矛盾するものではない。その一方，つぎの「縄紋文

化の形成」のなかでくわしく述べるように，更新世の末期から完新世の初期にかけて，日本列島と中国南部，あるいはそれよりも南の地域と結びつく要素を指摘できないのも事実である。考古学はもちろんのこと，言語学・人類学の立場からの推論にもまだ不完全な部分がある，と考えなければならない。

　言語学・人類学それぞれの立場から推定されている縄紋人の素姓は，どこかに接点はあるにしても，おなじものではない。縄紋人を一つの人種といいきれるほど，人種の概念は確かなものではない。人種とは「人類のなかのさまざまなグループの関係を整理し，進化の過程にかかわる諸学の便宜をはかる必要上設定された生物学上の構成物であり，分類の一手段である」[42]ということをはっきりと意識しておく必要がある。

　縄紋人を，「民族」としてとらえることにも根拠はない。われわれが根強くもっている「単一民族意識」が批判されるようになってから，さまざまな集団の特徴をとらえて，日本列島にいくつかの民族が共存していたことを主張しようとする傾向があらわれている。かつて鳥居龍蔵は，「固有日本人」や「銅鐸使用民族」の存在を主張した[43]。「多民族社会」をとなえる人びとの議論が，鳥居の主張の焼き直しでなければさいわいである[44]。われわれが，いま「民族」とよんでいる単位が，どのようにしてできあがってきたのか，「縄紋人の素姓」という問題は，その答えをだすひとつの手段となる。これから言語学や人類学とは違った，縄紋人はどのような社会を作っていたか，という立場からこの問題と取り組んでみよう。

　今回は，山口敏・尾本恵市・百々幸雄・村山七郎の各氏から助言をいただいた。末尾ながらお礼申し上げる次第である。

註
（＊は複数の刊本がある場合，引用した版を示す）

1）　工藤雅樹『研究史・日本人種論』吉川弘文館，1979

2）　山口　敏『日本人の顔と身体―自然人類学から探る現代人のルーツと成り立ち』pp. 19-43（PHP研究所，1986）

3）　清野謙次・金関丈夫「日本石器時代人種論の変遷」pp. 41-42（松村　瞭編『日本民族』9-81，岩波書店，1935）

4）　「日本石器時代人種論の変遷」p. 44

5）　中谷治宇二郎『日本石器時代提要』p. 199（岡書院，1929）

6）　林　謙作「考古学と科学」pp. 118-122（桜井清彦・坂詰秀一編『論争・学説日本の考古学』1 総論：101-143，雄山閣，1987）

7）　松本彦七郎「宮戸嶋里浜及び気仙郡獺沢介塚の土器　附特に土器紋様論」pp. 722-723（『現代之科学』7：562-594，696-724，1919）

8）　清野謙次・宮本博人「津雲石器時代人はアイヌ人なりや」（『考古學雜誌』16：483-505，1925），「津雲石器時代人はアイヌ人に非らざる理由を論ず」（『考古學雜誌』16：568-575，1925）

9）　『日本人の顔と身体』p. 39

10）　『日本石器時代提要』pp. 194-195

11）　服部四郎「日本語と琉球語・朝鮮語・アルタイ語との親族関係」pp. 21-35（『民族学研究』13，1948，『日本語の系統』＊ 20-63，岩波書店，1959）

12）　梅原　猛「古代日本とアイヌ語―日本語と神話成立の謎」（江上波夫・梅原　猛・上山春平・中根千枝編『日本人とは何か―天城シンポジウム民族の起源を求めて』113-202，小学館，1980），「ユーカラの世界」（江上波夫・梅原　猛・上山春平編『シンポジウム北方文化を考える―アイヌと古代日本』335-376，小学館，1984），『アイヌは原日本人か』165-188 など

13）　服部四郎「アイヌ語の研究について」pp. 103-105（『心の花』700，1957，『日本語の系統』＊ 101-109）

14）　山田秀三「アイヌ語地名分布の研究」（『アイヌ語地名の研究』1：186-334，草風館，1982），「東北地方のアイヌ語地名」（『アイヌ語地名の研究』3：9-127，1983）

15）　大林太良・村山七郎『日本語の起源』pp. 105-115（弘文堂，1973）

16）　森口孝一「言葉と社会―社会言語学」p. 142，（西田龍雄編『言語学を学ぶ人のために』126-148，世界思想社，1986）

17）　Chew, J. J. Prehistory of Japanese Language in the Light of Evidence from the Structures of Japanese and Korean. pp. 192-199, *Asian Perspectives* 19：190-200，1976

　　なお，安本美典・本田正久・村山七郎らは Chew にさきだって混成語説の立場をとっている。安本美典・本田正久「日本語の誕生」pp. 53-57（『数理科学』109：51-79，1972），大林太良・村山七郎『日本語の起源』p. 223，村山七郎『日本語の語源』vii（弘文堂，1974）

18）　大野　晋『日本語の起源』pp. 100-101，191-193，198-199（岩波書店，1957）

19）　大林・村山『日本語の起源』pp. 196-198，208-209

20）　大林・村山『日本語の起源』pp. 211-215

21）　大野『日本語の起源』pp. 135-137

22）　遺伝的多型の定義はいくつかあるらしい。尾本は

『生物種の一つの集団内において，ある遺伝子座に複数の対立遺伝子が存在することにより起こる不連続な型の共存』と定義している。

「日本人の遺伝的多型」p. 218（池田次郎編『人類学講座』6，日本人Ⅱ，217-263，雄山閣，1978）

23）古畑種基「血液型より見たる日本人」（松村 瞭編『日本民族』83-109，岩波書店，1935）

24）「日本人の遺伝的多型」pp. 241-242

25）「日本人の遺伝的多型」pp. 249-251

26）埴原和郎「日本人の歯」pp. 190-192（『人類学講座』6，日本人Ⅱ，175-216）

27）清野謙次「日本石器時代人類」p. 12（『岩波講座・生物学』4，岩波書店，1929），長谷部言人『日本人の祖先』pp. 72-78（岩波書店，1951），復刻版*・近藤四郎解説，築地書館，1983

28）『日本人の祖先』p. 118

29）清野謙次「古墳時代日本人の人類学的研究」p. 2（『人類学・先史学講座』2，雄山閣，1938）

30）『日本人の祖先』pp. 72-74，107

31）鈴木 尚「縄文時代人骨」pp. 367-369（杉原荘介編『日本考古学講座』3 縄文文化，353-375，河出書房，1956）

32）Hisashi Suzuki, Microevolutional Changes in the Japanese Population, from the Prehistoric Age to the Present-day. *Jour. Fac. Sci., Univ. Tokyo, Sec. A (Anthropology)* 3-4：279-309, 1969

池田次郎による抄訳が，池田次郎・大野 晋編『論集・日本文化の起源』5 日本人種論・言語学，242-258，平凡社，1973 に収録されている。鈴木 尚『日本人の骨』（岩波書店，1963）

33）金関丈夫「弥生時代の日本人」（日本医学会編『日本の医学の1959年』1：167-174，1959），「人種論」（大場磐雄編『新版考古学講座』10，183-200，雄山閣，1971），「人類学から見た古代九州人」（福岡ユネスコ協会編『九州文化論集』1 古代アジアと九

州，179-212，1973）

34）森本岩太郎・永井昌文・内藤芳篤・松下孝幸・山口 敏・小片丘彦・寺門之隆・尾本恵市・賀川光夫・小田富士雄・岡崎 敬・大林太良・池田次郎「骨から見た日本人の起源」p. 41，pp. 46-47（『季刊人類学』12—1：3-95，1981），「日本人の顔と身体」pp. 177-179，p. 184

35）「骨から見た日本人の起源」pp. 47-48，「日本人の顔と身体」p. 179

36）「骨から見た日本人の起源」p. 50

37）Howells, William, *Mankind in the Making.* 1964

38）Turner II, Victor, Late Pleistocene and Holocene History of East Asia based on Dental Variation. *American Journal of Physical Anthropology.* 73：305-321, 1987. Teeth and Prehistory in Asia. *Scientific American.* 1989—2：70-77

39）Brace, C. L., Nagai, Masafumi, Japanese Tooth Size：Past and Present. *American Journal of Physical Anthropology.* 59：399-411, 1982

40）尾本恵市「東アジアと太平洋の人種形成」pp. 151-157（埴原和郎編『日本人の起源—周辺民族との関係をめぐって』139-160，小学館，1986）

41）大野『日本語の起源』pp. 37-50

42）Shapiro, Harry L., Revised Version of UNESCO Staement on Race. p. 365, *American Journal of Physical Anthropology.* 10：363-368, 1952

43）鳥居龍蔵「古代の日本民族」（『有史以前の日本』磯部甲陽堂，1924，『鳥居龍蔵全集』* 381-390，朝日新聞社，1975 など）

44）「多民族社会論」にまつわる問題点は，都出比呂志が指摘・批判している。

都出比呂志「歴史学と深層概念—日本文化の歴史的分析の手続き」（『歴史評論』466：71-88，1989）

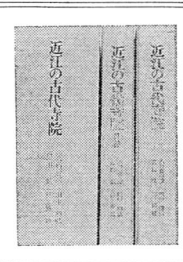

小笠原好彦・田中勝弘
西田　弘・林　博通著

## 近江の古代寺院

近江の古代寺院刊行会編
**A5判　640頁**
10,000円　（〒500円）
1989年5月刊

　日本における古代仏教研究の基本的資料として寺院跡の占める位置はきわめて高いことは言うまでもない。その遺跡を認識する手段は，文献史料の記述もさることながら考古学的資料にその大半をおっている。遺構として地表上より観察される基壇と礎石，遺物としての古瓦はそのメルクマールとされ，とくに瓦当紋様の研究による古瓦の編年研究の進展は，寺院跡の年代確定に決定的な役割を果たしてきたところである。したがって日本における平地伽藍を主とする寺院跡の研究は，朝鮮半島のそれと同じく，古瓦の調査と研究より端を発し，ついで伽藍遺構の発掘調査による実態の把握へと進んできた。古瓦の研究は，出土遺跡の年代を確定し，さらに当時における文化の動態についての手掛りをあたえることになり，古代寺院のあり方に関する重要な資料となっている。

　日本の古代寺院跡についての研究は，石田茂作による『飛鳥時代寺院址の研究』（1936），『総説飛鳥時代寺院址の研究』（1944）にその揺籃が指摘され，また，角田文衞編の『國分寺の研究』（1938）は，文献・考古をはじめ広い視野より国分寺を総覧したものであり地域的調査の精粋が盛られた浩瀚な著作と評しうる労著であった。地域を限っての古代寺院跡の実態を提示した保井芳太郎の『大和上代寺院志』（1918）と鎌谷木三次の『播磨上代寺院址の研究』（1944）は，古代寺院跡調査の白眉双璧であり，多くの追従調査を生んだ。

　このような古代寺院跡についての調査は，1960年代以降，とくに発掘調査の実施によって新たなる局面を将来するところとなり，古瓦の研究また巨視的な展開をみせ，古代仏教史の研究に大きな波紋を投じることになった。四天王寺・飛鳥寺・川原寺・山田寺，そして諸国の国分寺など一連の大規模調査は，飛鳥〜奈良時代の寺院跡のあり方についての資料を豊富に見出すことになったのである。一方，地味な地域調査の進展も看過することができない。県市町村史の編輯に係っての調査，行政機関の肝煎りのもと地域単位の悉皆調査が各地において試みら

れ，大きな成果がえられてきているが，また，地域研究者の努力による古代寺院跡の基本的調査の方向も見逃すことはできないであろう。北陸四県の研究者集団によって公けにされた『北陸の古代寺院』（1987）はその代表的な業績と言える。

　かかる現状のなか，標記の書が近江の古代寺院刊行会（大津市平津2—5—1，滋賀大学教育学部・小笠原好彦）より刊行されたのは誠に意義深いものがある。

　近江の古代寺院跡は，大津京との関係において歴史的意義はすこぶる高いものがあることは改めて指摘する必要を認めないが，その実態については意外と知られていなかった。いわゆる崇福寺論争の展開は，古代寺院の立地と伽藍配置，古瓦の年代決定の研究を深めるのに役立ったが，文献史料と考古学的資料との対比の方法論についても問題を提起したものであり，また，雪野寺跡出土の塑像は関係の学界に話題を呼んだことは記憶に新しい。

　近年，これらに加えて穴太廃寺・宮井廃寺・衣川廃寺などに対する発掘調査が実施され，近江の古代寺院跡をめぐる問題は一挙に学界の耳目を欹てるにいたったのである。さらに近江の古瓦を永年にわたって調査研究されてきた西田弘の所見があいついで公けにされ，瓦当紋様の分析面も大きく前進したのである。

　大津京の置かれた近江国は，三官道通過の地としてきわめて重要であり，その地に展開された文物は当然のことながら古代史研究上の中枢的所産として理解されなければならない。

　本書は，近江国の古代寺院跡六十数箇所についての関係資料を能う限り渉猟して構成され，また，最新の発掘成果も収められており，その刊行は高く評価される。本書作成の中心となった小笠原好彦の寺院跡研究の視角が随所に読みとれる「第1部近江の古代寺院総説」は，それ自体，近江国の古代寺院跡の適確な展望として学界に重宝されるであろう。

　畿内と東国，この二つの地は，古代政権の中枢地域とその東方経略の要とされる地域である。その両地間の交通を扼する近江国は，東国への玄関口であると同時に畿内の歴史的舞台としての役割をも果たしてきた。その背景には渡来系氏族の湖東地域蟠踞が伝統的に看取され，古代寺院の造営にもそれが引き継がれている。

　このように見てくると，本書は近江の古代寺院跡に止どまらず，日本古代史の研究上に大きな拠所をあたえる労作であり，考古学の研究者のみでなく古代史家にとっても福音となることであろう。

　積年にわたる小笠原・田中・西田・林の四氏のご努力に敬意を表するとともに，学界において大いに活用されることを期待したいと思う。

（坂詰秀一）

# 書評

安吾辰夫・平川　南編

## 多賀城碑—その謎を解く

雄山閣出版
A 5 判　328 頁
4,800円　1989年6月刊

　多賀城碑は天平宝字 6 年（762）12 月 1 日の日付をもつ石碑で，古代に陸奥国庁が置かれ奈良時代には鎮守府が併置された多賀城（宮城県多賀城市所在，特別史跡）の外郭南門跡のすぐ北側に建っている。高さ196 cm の花崗質砂岩の西面の頂部に「西」の 1 字が大書され，碑文はその下の長方形に区画された界線の中に 141 文字が 7 行に書かれており，京などからの旦程が列記された後に，按察使鎮守将軍である藤原朝臣朝獦が多賀城の修造を行なったことが記されている。元禄年間以前にその所在が知られていたらしく，『おくのほそ道』にはその碑文が書き写されている。その後古来からの歌枕である「つぼのいしぶみ」と結び付けられたこともあって，碑の形状や碑文の書体，書かれている里程の表記法と国名，多賀城建置者である大野朝臣東人と藤原朝臣朝獦の官位が他の史書と相違していることなどを根拠に偽作説が唱えられてきた。本書はこうした通説に対して，碑が所在する地域を研究の本拠地とした専門家が集まって，果敢かつ着実な研究姿勢をもってさまざまな視点から根本的な検証を行ない，新たな水準を提示したものである。

　本書は 1974 年に刊行された宮城県多賀城跡調査研究所の『研究紀要Ⅰ』と 1975 年刊行の『同Ⅱ』をもとに，その後発表された論文を加えて書き改められたもので，本文 296 頁，文献目録 12 頁，口絵 8 頁からなる。「序章　碑の謎」では多賀城碑をめぐってこれまでに論じられてきた問題と，それに対する本書の目的が述べられる。「第 1 章　碑の発見とその名声」では碑が発見された経緯と，「つぼのいしぶみ」説との関わりが述べられ，「第 2 章　碑の真偽論争」では近世以来の論争が，おのおのの説の根拠を示す形で詳述されるとともに，その問題点が整理されている。「第 3 章　姿・石材・彫り方」では碑の建つ位置，形状，石材など碑と碑文自体に対する調査と観察の結果が紹介され，「第 4 章　字くばりとものさし」では碑面の配字とそこで使われた基準尺の検討が行なわれている。「第 5 章　筆跡の検討」はこれまでの研究者が問題としてきた碑文

の文字について，1 字毎に筆法を分析して同時代の類例との比較検討がなされており，本書の中でも圧巻の部分である。「第 6 章　壺碑」では「つぼのいしぶみ」をめぐって，これに当たるものであるかの検討が行なわれている。「第 7 章　碑文の検討」は偽作説の根拠とされた里程・国名・官位を中心に，各種の史料を駆使した詳細な検討が行なわれており，本書の山場の一つとなっている。「第 8 章　発掘調査からみた多賀城の変遷」は発掘調査を通して得られた多賀城の創建と修造の時期についての所見と，それから見た碑文の内容の妥当性が論じられている。「終章　碑文の語るもの」は各章の内容をまとめるとともに，それらを総合した本書での結論が示されている。この後に多賀城碑関係文献目録，あとがき，索引が付く。

　本書での結論と問題点は，終章を一読すれば容易に知ることができる。しかし本書を手にする醍醐味は，各章で展開されているそれぞれの分野での研究の方法を駆使した課題との取り組み方であり，それが「謎解き」の面白さをもっていることである。その例をいくつか掲げてみる。第 3・4 章では碑文の字くばりと寸法の調査から，1 字当り 7.2 cm 四方の空間が費やされていること，つまりこれが基準ものさしであって天平尺の 2 寸 4 分に相当することが明らかにされたが，これは碑の建立が奈良時代とみる説を根拠づける。第 5 章で碑文の文字の観察から，太さに一定の繰り返しが認められるがこれは墨継ぎに関係する現象であること，水平文字・楷書は前半に多く，傾斜文字・行書は後半に多くなることは書き手の緊張感の変化が現われたものであることが明らかにされた。総じて非書家的特徴が顕著であるが，書き手は王羲之や六朝風の参考例をものにすることができた政府関係者ではなかったかと推定されている。第 8 章では多賀城跡の発掘調査の結果から，第Ⅰ期の造営は養老・霊亀年間頃，第Ⅱ期の造営は天平13年から天平神護 3 年の間と推定したが，これは碑文に神亀元年に設置され，天平宝字 6 年に修造されたと書かれていることと矛盾しない。終章で，実はこの発掘調査からの所見が偽作説再検討の動機であったことが吐露されている。偽作説の検証とこういった一連の検討，そして日付けが朝獦の参議就任の日に合わせられているなどの点から判断して，この碑は天平宝字 6 年の朝獦による修造に力点が置かれたものと位置づけられ，改めて奈良時代建立の可能性が提起されている。

　読んで面白く，役にたつものが良書であるとするならば，本書はまさしくそれに当たる。例えば出土した文字資料をどのように扱ったらよいかに関してたくさんの助言が含まれている。言うは易く行なうは難い考古学と文献史学との協業を志す者にとっては，必読の一書であると言ってよい。　　（前沢和之）

# 論文展望

選定委員（敬称略）（五十音順）
石野博信
岩崎卓也
坂詰秀一
永峯光一

## 桐生直彦

### 住居址間土器接合資料の捉え方

土曜考古　13号
p. 1〜p. 19

複数の竪穴住居址から同一個体の土器が発見され接合するという事例は，昭和48（1973）年以降，東京都を中心として着実に増加しており，報告例は縄文時代から平安時代にわたっている。

このような現象は，複数の住居廃絶後の凹地を対象とした直接的な分割廃棄だけでなく，埋設転用・再廃棄・流入などを介して多様な様相を示している。

当該資料の認められる住居址間の関係については当初，埋没時が近似しているという比較的漠然とした捉え方に留まっていたが，八王子市『宇津木台遺跡群Ⅳ』の報告で住居址間接合資料の出土レベルを比較検討する方法が提示された。例えば住居址AとBから出土した同一個体が，Aでは覆土上層，Bでは覆土下層で認められた場合には，土器の廃棄または流入時に覆土の埋没状態が，より進行しているAの方が住居廃絶の時期が古いものと捉えられるわけである。遺物出土状態に関するデータが集落遺跡の分析に供されるべきことを明示した点で，研究史上の画期を見いだせる。ところで大多数の接合資料は，覆土中に存在する情報同士であるため不確定要素を含むことも否めない。そこでとくに注目したいのは，炉体など住居内埋設土器が設置される際に，不用な部位を既に廃絶している他住居址の凹地に廃棄した事例である。一方の情報が住居に付随することから住居址間の新旧関係と同時存在の否定材料を，より確実に把握

できる点で資料的価値は高い。現状の報告例は僅少だが，今後類例の発見に注意を払うべきである。

従来の遺構と遺物を個別的に扱った発掘調査方法では，同一土器型式期に属し，ある程度距離を置いた単独住居址同士の関係が，実際には同時存在を示すのか，新旧関係があるのかを知ることは不可能である。住居址間接合資料は，このような集落遺跡の基本的問題を検討するうえで効力を発揮するのである。　　　　（桐生直彦）

## 松木武彦

### 弥生時代の石製武器の発達と地域性

考古学研究　35巻4号
p. 69〜p. 96

弥生時代中期の畿内および瀬戸内を中心として，石鏃の大型化などに代表される石製武器の顕著な発達が認められる。1960年代に，佐原眞はこの現象を集団の政治的統合を導いた抗争を反映するものと位置づけ，高地性集落の出現時期や土器の地域性の動向などを考慮に入れたうえで，この現象が頂点に達する弥生中期末を紀元後2世紀末のいわゆる「倭国大乱」の時期と想定した。さらに佐原は，抗争の過程について，畿内で発達した石製武器が中部瀬戸内に波及したものと捉え，畿内を中心とする政治的統一のための抗争が西へ進んで中部瀬戸内を巻き込んだものと理解した。

本稿では，石製武器のうち，とくに戦闘用具として大型化した打製石鏃の製作技法と形態に着目し，地域性の抽出を試みた。その結果，畿内南部の他，吉備，讃岐西部，伊勢湾沿岸などの地域をそれぞれ中核として，各々異なる製作技法と形態的特徴を持つ戦闘用

石鏃の発達を認めることができた。そしてこれらは佐原が説くように「畿内系の武器」として畿内から直接波及したものではなく，「在地系の武器」として各地域内部で発達を遂げたものと考えた。

こうした在地系の武器が発達の極に達する弥生中期末の実年代は，現在有力な実年代観によれば，かつて佐原らが想定したよりも凡そ1世紀ほど遡ろう。さらにこの後にくる弥生後期は，首長墓の形態などにみられる畿内，吉備，山陰などの大きな地方ごとのまとまりが顕著になってくる時期である。以上のことから，各地域で特徴的な武器の発達を導いた弥生中期の抗争は，こうした大きな地方ごとの政治的まとまりを生み出すべく各地で展開された，地域的な戦闘を主とするものであったと位置付けた。　　　　（松木武彦）

## 河村好光

### 碧玉製腕飾の成立

北陸の考古学　Ⅱ
p. 169〜p. 194

鍬形石・車輪石・石釧は管玉原石たる碧玉を用いて腕飾の形を模したものであり，碧玉製腕飾と呼ばれる。未成品を出土した遺跡は古墳の副葬品である滋賀県北谷11号墳を除くと，出雲8，西部北陸8，中部高地1，関東3遺跡となり，分布の周縁にあたる。碧玉製腕飾の生産において，製作の中心が分布の中心であるという流通関係ではとらえがたい製作・供給のネットワークが形成されているのである。

碧玉製腕飾は，原形たる形割未成品，その表裏側面を研磨した板状未成品，内孔を刳貫いた環状未成品を経て完成にいたる。穿孔は横軸ロクロを用い，鍬形石・車輪

石の卵形の内孔も軸をずらした複数回の穿孔によって作出される。この製作は，弥生時代からの玉つくりの延長に位置するとともに大きな転換をなすものであり，単にどこかの玉つくり集団の地で誕生し，交流のなかで伝播したとは考えにくい。

鍬形石の祖型は，紫金山古墳のゴホウラ製腕飾であり，車輪石は京都芝ヶ原墓の銅製腕飾や福井龍ヶ岡古墳の貝製腕飾が参考となる。石釧についてはイモガイ横型の腕飾が関係するが直接には木製腕飾であろう。これらの製作には木工ロクロ技術や青銅腕飾製作技術が関係しており，攻玉技術と結びついてほぼ一挙に誕生したとみられる。玉つくり工人が畿内に招請され製作が開始され，やがて在地に還流され定着したと推定される。鍬形石未成品を出土した北谷11号墳や，鍬形石祖型を持つ紫金山古墳がその調達・供給との関係で注目される。なお，東国の玉つくりについては北陸の影響がみられる。

ところで鍬形石は，古，中，新，末の4型式に分類できる。新型式は大量生産段階に相当する。型式の変化のテンポは速く，ここに当時の列島がおかれた大きな政治のうねりが反映している。

（河村好光）

---

杉 原 和 雄
## 経塚と墳墓
### 丹波・丹後を中心とした筒形容器出土の遺跡について
考古学雑誌　74巻4号
p.36〜p.66

---

いわゆる「経塚」は，経典を意図的に埋めたものとして，考古学上の遺跡の一分野を占めている。全国的に分布し，平安時代から始まって，現代でも埋経そのものは続けられている。この遺跡は地表観察での識別が困難であり，発掘調査の手が及びにくい。近世の経塚では経碑を残している場合も多いので，発掘調査はひかえられているのが現状である。

本稿は丹波・丹後地域を中心に平安京とその周辺における，従来から経筒と称されてきた筒形容器出土の遺跡を再検討したものである。この種の容器は銅製，鉄製，竹製，木製のほか焼物も多用され，遺跡上の盛行期は12〜13世紀代である。

筒形容器の用途は，①経典を納める（経筒），②人骨を納める（骨蔵器），③容器を納める（外容器）の3つが考えられる。丹波・丹後に多く見られる土師質の筒形容器の多くは，甕・壺とともに骨蔵器の例が多い。また銅製筒形容器の内部に経典が納められていても，付設された土壙や多種類の骨蔵器が共存する場合は副葬経典，経供養のための経典と見ることもできる。在銘経筒に追善的内容をもつものは，周辺に骨蔵器があると予測する方が自然な見方である。このように筒形容器出土の遺跡は遺物・遺構から総合的に見れば骨蔵器や墳墓・墓地と密接な関係をもつ側面がある。

埋経の行為が行なわれたことは遺跡からも証明できるが，その背景には埋葬，改葬，追善，納骨といった諸事と重なることも多々あったと考えられる。12〜13世紀代のいわゆる「経塚」を再検討することは，後世に経典を伝えるための「経塚」という従来の観点を展開させ，墓制の一端としても捉えられることになる。そしてこの種の遺跡が発掘調査される場合は，遺構が複合した形で検出されることに注意を払っていくべきであろう。

（杉原和雄）

---

坂 詰 秀 一
## 日本のキリスト教考古学
立正史学　65号
p.1〜p.13

---

日本におけるキリスト教考古学の研究史を整理し，それに立脚して，日本キリスト教考古学の現状についての私見を披瀝したものである。本論の構成は，1 聖書考古学とキリスト教考古学，2 研究の回顧，3 対象資料と展望よりなる。1 において，聖書考古学とキリスト教考古学の基本的相異について触れ，日本の聖書考古学の研究の展開を高橋乙治の一連の著作，左近義慈の事典解説などに主眼をおいて回顧し，一方，日本オリエント学会によるイスラエルのテル・ゼロール発掘を通して日本の聖書考古学の汎世界的活動について紹介する。ついで，2 において，日本のキリスト教考古学は，1920年代より30年代の初頭にかけて浜田耕作などによる先駆的調査に開始されるとし，また本格的な研究は，1940年代に入って片岡弥吉により長崎県下に存在するキリシタン墓碑の悉皆的調査によって開花し，その後，加藤十久雄などによる長崎小干の浦出土の銅板墓誌の研究，さらには森浩一などが試みた京都姥柳の南蛮寺跡発掘の状況について展望した。そして，3 において，日本のキリスト教考古学の対象資料を，遺跡――教会堂（南蛮寺）・学校（セミナリオ・コレジオなど）・摩崖クルス・墳墓（墓碑）……，遺物――十字架・彫像・聖牌・ロザリオ・鐘（南蛮鐘）・印章・踏絵・絵画・瓦・武具・器具……，と整理した。これらの対象資料は，いわゆる南蛮美術の研究分野とも共通性を有するものであるが，すでに公けにされている竹村覚の総括的著作（『キリシタン遺物の研究』）および西村貞の南蛮美術史分野の著作（『南蛮美術』）とは異なる考古学本来の研究の視点をもとに現段階における資料認識より提示してみたのである。

日本のキリスト教考古学は，対象資料の多くが関係の学界に報告されることなく過ぎてきた。しかし，その眼でみるとき，きわめて重要な資料の存在を知ることが出来るのであり，より将来に期待される。

（坂詰秀一）

# ●報告書・会誌新刊一覧●

編集部編

◆**萩ケ丘遺跡** 旭川市教育委員会刊 1989年3月 Ｂ５判 218頁

　道央旭川市街の近文台地の南斜面に位置する縄文時代前期，および晩期から続縄文期におよぶ遺跡の調査報告である。小竪穴18基，礫群6基が検出されている。遺物は縄文晩期から続縄文期の土器群が主体を占め，200点に及ぶ楔形石器が出土している。考察では，道内他遺跡も含めた石鏃の分析が試みられている。

◆**亘理町三十三間堂遺跡ほか** 宮城県教育委員会刊 1989年3月 Ｂ５判 241頁

　古代陸奥国亘理郡衙に比定される三十三間堂遺跡の第4次調査報告である。当遺跡は，宮城県南部を北流する阿武隈川右岸の丘陵上に立地している。今回の調査では4時期に変遷する郡庁院や，実務官衙群およびそれらを区画する溝などが検出され，より全域が明確になっている。出土遺物には土師器・須恵器・赤焼土器・鉄製品などがある。他に花山寺経塚群など11遺跡の報告を収録している。

◆**史跡慧日寺跡Ⅳ** 磐梯町教育委員会刊 1989年3月 Ｂ５判 51頁

　福島県会津地方の東部，磐梯山南西麓に所在する史跡慧日寺跡の第4次調査報告。平安初期法相宗の徳一により開基されたとされ，廃仏毀釈によって一時廃寺となるがその後復興し現在に至る。これまでの調査の結果，戒壇跡周辺地区からは掘立柱建物跡・礎石建物跡・製鉄炉跡などが，磐梯神社地区からは金堂跡，根本堂跡と推定される礎石・基壇などがそれぞれ確認されている。

◆**薄磯貝塚** いわき市教育委員会刊 1989年3月 Ｂ５判 本文編607頁 図版編145頁 付図6

　福島県いわき市滑津川河口に所在する縄文時代晩期前葉の貝塚。既知の7地点のうち，Ａ地点の約半分である 36 m² が調査された。鹿幼獣頭骨を中心に鹿骨60本以上を配置した動物祭祀遺構が検出され，大型結合式釣針・離頭銛などの骨角器，鹿角製斧状製品，線刻絵

画礫が多数出土している。巻末に人骨分析などの付篇を収載する。

◆**お伊勢山遺跡の調査 第3部—縄文時代** 早稲田大学所沢校地文化財調査室編 1989年3月 Ｂ５判 623頁

　埼玉県所沢市，狭山丘陵北側に所在する旧石器時代から江戸時代の遺跡である。本書は5分冊の第3部で，縄文時代の調査報告を載せる。早期の落し穴60基，中期の竪穴住居址5軒が検出された。出土土器は17群に分類され，石器は打製石斧・磨製石斧・スタンプ形石器・石皿・石鏃が主体を占める。また自然科学調査から自然環境の復元が試みられている。

◆**小滝涼源寺** 朝夷地区教育委員会刊 1989年3月 Ａ4判 157頁

　千葉県房総半島の最南端に位置する白浜町の海岸段丘上に遺された古墳時代前・中期の祭祀遺跡である。調査の結果，3段にわたる段丘から17基の祭祀遺構が検出され，それぞれ斜面の廃棄祭祀・平坦面の廃棄祭祀・火の祭祀・石の祭祀・竪穴状遺構の祭祀に分類される。出土遺物は3万点を越し，土器・石製品・土製品・鉄製品・骨角製品・動物遺存体と多岐にわたるが，五領期・和泉期の土師器が大半を占め，当該期の土器祭祀を考えるうえで重要な遺跡である。

◆**仲村廃寺** 善通寺市教育委員会刊 1989年3月 Ｂ５判 100頁

　白鳳期に創建された仲村廃寺は別名伝導寺跡と呼ばれ，善通寺市善通寺町が比定地と考えられていた。発掘調査の結果，古代末から中世頃の所産と考えられる石積み溝が検出され，出土した瓦よりすでに奈良時代には廃絶し，その後善通寺の伽藍として再建されたものと考えられている。瓦の他に滑石製有孔円盤・船形製品・ミニチュア土器・銅鏃などが出土した。

◆**新原・奴山古墳群** 津屋崎町教育委員会刊 1989年3月 Ａ3判 本文49頁 図版22頁

　玄海灘に面した沖積平野の低丘陵上に，5基の前方後円墳を含む

48基の古墳群で構成されている。本書は昭和60年度から63年度までの発掘・測量調査報告である。6基の古墳で横穴式石室を確認し，多数の土師器・須恵器・武器・馬具などの副葬品が出土している。とくに径67mの22号墳は当古墳群中最古・最大で，埴輪を伴い5世紀前半に位置づけられている。

◆**安岐城跡・下原古墳** 大分県教育委員会刊 1989年3月 Ｂ4判 136頁

　安岐城跡は，国東半島下原台地の東端部安岐川右岸に位置する。遺構はⅢ期に分けられ，Ⅰ期は16世紀中頃〜後半，Ⅱ期を16世紀後半〜末としている。掘立柱建物跡などⅡ期の遺構は，Ⅰ期を拡大・拡充し強固な居館としている。Ⅲ期は，近世城郭として体裁を整える段階である。陶磁器・土器・瓦が多数出土し，とくに天保六年の銘をもつ地蔵尊石仏・一石五輪塔5点も検出されている。また，安岐城跡の発掘にともない方形周溝墓，当地域における初期の前方後円墳も発見されている。

◆**宮崎県史 資料編考古1** 宮崎県刊 1989年3月 Ａ5判 843頁

　先土器時代5，縄文時代63，弥生時代59の主要127遺跡を解説を中心に収録。「宮崎県考古学の歩みと展望」と題する研究史や自然環境，文献目録も合わせ収録。

◆**紀要 Ⅸ** 岩手県文化振興事業団埋蔵文化財センター 1989年3月 Ｂ5判 85頁

岩手県内における弥生時代の石器組成について…………相原康二
掘立柱建物の間尺と時代性
　………高橋与右衛門
黒色腐植層（黒土層）の生成に関する覚書……………佐藤 隆
寺前Ⅰ遺跡出土の石製品
　……………平井 進
「梅垣焼」ノート（1）
　……………小野田哲憲

◆**福島考古 第30号** 福島県考古学会 1989年2月 Ｂ5判 124頁

福島信夫山出土鏡の研究
　………………梅宮 茂
石川郡背戸Ｂ遺跡の有孔土器につ

# ■考古学界ニュース■

編集部編

## ─────九州地方

**対馬で広形銅矛7本**　長崎県対馬の厳原町久田にある禿ノサエ遺跡から山1つ隔てた山中の林道工事現場で弥生時代後期の広形銅矛7本がみつかった。長さは85cm，幅は最大で13cm，重さ3kgほどのもので，広形銅矛の出土例が多く，これまでに135本余が出土している対馬の中でも出土の稀少な地域。また大量出土例は明治23年豊玉町黒島出土の15本および大正8年に豊玉町仁位の大綱で発見された12本などがある。

**壱岐から大型の古墳**　長崎県教育委員会が県内古墳詳細分布調査を進めている壱岐島勝本町百合畑触の笹塚古墳は直径66m，高さ3mの円形の基台の上に直径38m，高さ9.5mの墳丘がのった全国にも例のない形の古墳であることがわかった。時期は6世紀末〜7世紀初頭に位置づけられるが，この当時としては県内最大級のもの。高さ14mの横穴式石室からは辻金具，杏葉13点，雲珠，鉄製轡などの馬具のほか，須恵器，土師器，鉄鏃，鉄刀，ガラス小玉など約100点が出土，さらに馬具飾りの一種とみられる亀の形をした青銅製品（長さ約7cm）や薄い銅板に亀甲文を施した破片も発見された。

**吉野ヶ里遺跡から銅矛鋳型片**　佐賀県神埼郡神埼町と三田川町にまたがる吉野ヶ里遺跡から弥生時代前期末に遡る可能性がある細形銅矛の石製鋳型片が出土した。国内でも最古とみられる青銅器の鋳型片が出土したのは吉野ヶ里丘陵の最南端で，妙法寺跡とみられる場所。遺跡の範囲確認調査の試掘溝から発見された。鋳型片は長さ10.5cm，幅6.3cm，厚さ3.9cmで，材質は脊振山系の花崗岩系アプライトとみられる。両面に鋳型が彫り込まれており，片側は銅矛の刃先の部分，もう一方は袋部。袋部は3条の節帯と左右に耳がついているが，耳が2つついたものはきわめて珍しい。この鋳型から復原される銅矛は長さ20〜25cmになるとみられ，形態的に福岡市板付田端遺跡出土の銅矛に酷似している。吉野ヶ里遺跡ではこれまでに巴形銅器，異形青銅器，銅剣を合わせて計4点の鋳型片が出土したことになり，青銅器の一大鋳造センターがあったことが裏づけられた。

**弥生後期の二重環濠**　佐賀県三養基郡中原町の原古賀三本谷遺跡で，楕円形の二重の環濠を巡らせた弥生時代後期〜古墳時代前期の遺構が出土した。外濠が南北約60m，東西約45m，内濠が南北約35m，東西約20mで，溝の幅は約2m，深さは40〜70cmあり，半径3mの張り出し部もあった。環濠の溝や内側からは壺，甕，器台，高坏などのほか，石庖丁，鉄斧などの農工具類が出土，内外濠の中間部には土壙が1基あって舶載鏡の破片がみつかった。しかし内濠の内部からは住居跡や墓跡が検出されず，一方周辺部には少なくとも100軒の集落が想定されることから，この遺構は祭祀に関連する遺構ではないかとみられている。

## ─────中国地方

**横穴墓10基から人骨など**　古墳時代後期から末期，さらに奈良時代初頭にかけての横穴墓10基が島根県仁多郡横田町中村の農地造成工事現場で発見され，横田町教育委員会が発掘調査を行なった。玄室はドーム型から三角テント型へ移行するもので，箱式石棺を伴うものもあり，奥行約2m，幅は1.2〜1.6mの大きさ。5基からほぼ完全な人骨8体が出土したが，うち3体には頭部に赤色の顔料が確認された。また副葬品としては高坏，蓋坏などの土器や鉄鏃，刀子，耳環や貝類などがあった。

## ─────四国地方

**最古級の前方後円墳を確認**　松山市教育委員会が発掘調査を行なっていた市内朝日ヶ丘1丁目，大峰ヶ台中腹（標高約70m）の朝日谷2号墳は全長30mの前方後円墳で，中から長さ4.4mの割竹形木棺が検出され，後漢時代に作られた二禽二獣鏡など青銅鏡2面と銅鏃・鉄鏃50本以上，鉄刀・鉄剣6本，玉類，鉄斧などが発見された。二禽二獣鏡は3つに割れているもののほぼ原形をとどめており，直径18.5cm。鈕座の周りに6個の小型円座乳と花弁形の文様があり，その外に玄武，朱雀，青龍，白虎が描かれていた。またX線照射により「尚方作鏡大無傷巧工刻之成文章　和以銀錫青且明長保二親楽未央乎」の銘文が認められた。また銅鏃は柳葉形で長さ6cm。さらに鉄鏃16本とともに庄内式土器も多数出土した。土器は3世紀後半に比定されるもので，この時期にこれだけの遺物がまとまって出土したのは珍しい。

## ─────近畿地方

**古墳時代の倉庫の板扉**　寝屋川市昭栄町の讃良（さら）郡条里遺跡で大阪府教育委員会の発掘調査が行なわれ，井戸の枠材として転用された古墳時代後期の高床式倉庫の板扉5枚が発見された。出土したのは掘立柱建物跡や土坑墓などが検出された同遺跡の長径3.8m，短径3.2mの楕円形の井戸から。井戸は1段目が円形，2段目が方形となっており，方形部分を組み立てる板はすべて建築部材の転用で，そのうちの5枚がかんぬき受け部をもつ板扉だった。他には丸木舟の破片とみられる丸太

材も使われている。板扉は長さ0.99〜1.7m，幅32〜49cm，厚さ13〜14cmで，かんぬき穴のためにX字型の突起を大きく作り出している。5枚のうち2枚は対で，観音開きの左右に当たり，全部で4棟分とわかった。飛鳥時代になると鍵が出現し，かんぬきは建物の内側にかけられるようになるが，今回の板扉は外向きにかんぬきがかけられる最後の例とみられている。

**石垣・濠をめぐらす豪族居館跡**　御所市の葛城山麓にある名柄（ながら）遺跡で御所市教育委員会による発掘調査が行なわれ，大規模な石垣や，濠をめぐらせた豪族の居館とみられる遺構が発見された。現場は名柄小学校の体育館建設予定地で，40〜50cm角の花崗岩を積み上げた石垣が2列確認され，濠の外側と内側の側面であることがわかった。石垣は東西に延びており，確認された部分で17m。途中でL字形に曲っているが，復原すると2m程度の高さで，濠の幅は3〜9mあったとみられる。昭和62年の調査では掘立柱式の倉庫跡や竪穴住居跡，柵列の柱穴などが出土しており，今回大規模な石垣がみつかったことから大豪族の居館跡と推定された。濠の付近からは藤ノ木古墳出土の玉纒大刀と同型の柄頭や剣の鞘，弓などの武器類，機織具，農具，鉄滓，漆入りの壺などが出土，武器には未成品もあることから武器の生産場が居館内にあったことも考えられる。とくに同地域は倭の五王時代に天皇と外戚関係を結んだ大豪族・葛城氏の本拠地とされているだけに注目される。

**「太郎焼亡」の痕跡か**　京都市下京区匹条通油小路東入ルのホテル建設予定地で，京都府京都文化博物館による発掘調査が行なわれ，平安時代末期の中納言・藤原資長邸の一角にあったとみられる持仏堂と，それが太郎焼亡によって焼けた跡がみつかった。現場は平安京の左京五条二坊十六町に当たり，1町四方を占めた藤原資長の邸宅跡推定地。みつかったのは建物の南東の一角で，雨落ち溝とみられる直交する2本の溝（幅40cm）と，その内側に柱穴群が検出された。溝には12世紀代の焼けた瓦がぎっしり詰まっており，火災にあった痕跡が認められる。当時の貴族邸の主要建物は板や檜皮葺きが主流であることから，瓦葺きのこの遺構は資長が邸内に設けた持仏堂とみられる。瓦や土器の時期からみて1177（安元）年4月に大極殿を含む京城の三分の一を焼いた大火災「太郎焼亡」による焼失を示すものとみられる。

**一辺52mの方墳**　八幡市美濃山のヒル塚古墳は発掘調査の結果，古墳時代前期末から中期初頭にかけての京都府内でも最大規模の方墳である可能性が高くなった。古墳は八幡市教育委員会による現在までの調査で一辺52m，高さ7.5mの3段築成で，墳丘および墳頂に埴輪を巡らし，外周には幅14mの濠および外堤をもつ。埋葬施設は粘土槨2基と円筒埴輪棺1基から成り，第1主体部は長辺12m，短辺9m，深さ3mの墓壙内に円礫を敷いたうえに割竹形木棺が粘土で包まれていた。中世の盗掘で破壊が著しいが，棺床から鉄刀・鉄槍・鉄鏃などが，盗掘壙から舶載鏡と思われる銅鏡片が出土した。第2主体部は長辺8m，短辺4.5mで，構造は第1主体部と同じ。木棺の頭部外側から直径13.5cmの方格規矩鏡・鉄剣，足部外側から短剣・農工具類が，また棺を取り囲むように鉄鏃・鉄刀が出土した。また円筒埴輪棺は長さ1m，口径40cm，底径30cmであり，遺物は出土しなかった。

**形象埴輪10点を完全復元**　松阪市教育委員会が発掘調査を進めている松阪市岡本町の常光坊谷古墳群からほぼ原形をとどめた形象埴輪がみつかった。同古墳群では4基の円墳と1基の方墳が発掘されたが，埴輪がみつかったのは径17.5mの5世紀末に築造された4号墳（円墳）で，主体部は割竹形木棺直葬墳。須恵器10点のほか，鉄鏃・刀子・鉄刀・紡錘車などが出土した。南側の周溝部から発見された形象埴輪を整理接合した結果，人物5，家1，馬2，鶏2点の計10点をほぼ完全に復元できた。人物埴輪は3体が巫女で，いずれも上衣の上に襲をまとい，うち1点は頭を島田髷風に結い，首飾をつけている。2点は男子埴輪で，髪は美豆良に結い，目の下に入墨をしている。家形埴輪は寄せ棟造りで高さ45cm。屋根に4本の鰹木がのせられ，窓，入口もついている。馬形埴輪は高さ60cmと65cmで，鐙や障泥，雲珠などの馬具もはっきりと描かれていた。

――――――中部地方

**縄文中期の柱材**　長野県北佐久郡立科町古町の大庭遺跡では場整備に伴う立科町教育委員会の発掘調査が行なわれ，縄文時代前期・中期初頭と末葉の住居跡16軒が発見された。ほかに縄文時代中期の墓跡99カ所や古墳時代後期から平安時代にかけての住居跡・高床建物跡など18軒もみつかった。とくに縄文時代中期初頭とみられる住居跡（一辺3.5mの方形）からは長さ30cm，太さ10cmの木材が出土したが，水に浸っていたため残ったらしい。出土遺物としては石斧・石皿・石棒・石鏃などの石器類や土器さらに白玉・耳飾・土偶なども多数出土，さらに墓跡からは鉢を伏せたものや入れ子状のもの，人骨も確認された。また縄

# ■考古学界ニュース■

文時代中期末葉とみられる集落は住居が環状に並び，その内側に墓がつくられていた。

**奈良時代の建物跡6棟** 七尾市教育委員会が発掘調査を行なった小池川原地区遺跡（1,200m²）で，奈良時代の高級役人の居館跡とみられる掘立柱建物跡6棟と帯金具などが発見された。建物跡は奈良時代前期1棟，同中期2棟，同中期〜後期，同後期2棟に所属すると考えられ，このうち後期の2棟はL字型の企画性の高い配置をとり，また，1棟分すべてに20〜30cmの柱が残っていた。建物跡周辺からは土器を中心に多数の遺物が出土しているが，この中には鳥油の鉸具や巡方などの帯金具類，北陸には類例のない山型波の紋様の軒丸瓦片などもあり，そのことは国府推定地や総社が近接するという位置環境とともに遺跡の性格を考える上で大変興味深い。

―――――関東地方

**弥生前期の再葬墓** 厚木市及川の国道412号建設予定地で，弥生時代前期の壺棺7個が国道412号線遺跡発掘調査団（日野一郎団長）による調査で発見された。うち完形品は2点で復元可能を含めて計6点が出土した。完形品のうち，大きい方は高さ75cm，胴部直径44cmで，表面に横線の条痕文を施している。小さい方は高さ16cm，直径13cmで，表面に区画波線文を施す。壺は直径5mほどの円内にL字型に1m間隔で埋められ，集落からは離れて設けられている。器形から弥生時代前期のもので，再葬墓と考えられる。さらに平安時代の竪穴住居跡から8〜9世紀に作られた奈良三彩の小壺片1点が発見された。

**歯をむき出した埴輪** 高崎市山名町の山名古墳群の1基から口元に白い石の歯が埋めこまれた全国でも類例のない埴輪が発見された。現場は群馬職業訓練短期大学校の学生寮予定地で，山名原口Ⅱ遺跡内の古墳2基のうちの1号墳（円墳）。古墳は直径23.5m，高さ推定3mの6世紀後期のもの。まわりに幅3mほどの濠が巡らされ，埴輪は濠内に埋まっていた。この埴輪片をつなぎ合わせたところ，縦30cm，横27cmの顔の部分が復原でき，高さは約130cmあると推定される。大きく開いた口の下顎に自然石による歯が並び，高さ3.5cmもある鼻の両穴にも長石が詰められていた。とくに歯は長さ1.5cmあり，右の3本が顎部に埋め込まれたままで，あと2本が土中からみつかった。また頭には冠をかぶっていた。歯は全部で7本あったものとみられ，いかめしい形相が威圧的なことから墓に悪霊が入るのを防いだ盾持ち埴輪とみられている。

―――――東北地方

**長さ43.5mの大型住居跡** 米沢市教育委員会が発掘調査を行なっている市内矢来1丁目の一ノ坂遺跡で縄文時代前期初頭とみられる長さ43.5mの大型竪穴住居跡が発見された。幅は4.5mだが，長さは秋田県杉沢台遺跡を上回る日本最大の大きさで，しかも最古に属する。さらにこれまでの住居跡は遺物が少なかったのに対し，今回は石槍・石鏃などを含む石器約1,000点，完形の深鉢型土器30点を含む土器など約90万点に上る大量の遺物が出土した。住居の南側に沿って幅60〜90cmの排水溝や炉跡も備わっている。また従来みられた中心部の支柱がなく，直径15〜30cmの細い壁柱だけが約1m間隔で91本並び，家屋を支えていたこともわかった。一ノ坂遺跡の大型住居は共同作業をした場であるとともに，住居としても使われた可能性がある。

**弥生後期の水田跡** 水沢市教育委員会が発掘調査を進めている水沢市佐倉河字東広町の常盤広町遺跡で弥生時代中期末から後期初頭の水田跡が発見された。水田跡は長さ250m，幅3〜3.5mの区間で6区画みつかり，一辺が3m前後の四角形のもの。いずれも幅50〜60cmの畦畔で区画されていた。西側の2区画に限って弥生土器の破片が多くみつかり，また水田面で炭化した米粒も発見されたことから弥生時代の水田跡と推定された。残りの4区画は平安時代前期とみられる。畦畔の一部は幅30cmの水口1カ所があったほか，奈良時代に自然流路を手直ししたとみられる幅4m，深さ50cmの水路跡もみつかった。これまで空白とされた北上川沿いでも弥生の水田がみつかったことで，弥生時代の稲作が東北で面的な広がりをもっていたことが推定される。

**7世紀の古墳から鉄製冑** 盛岡市黒石野1丁目の丘陵部で長さ2.5m，幅1.1mの主体部と幅30cmの溝が発見され，直径5mほどの小規模な円墳があったと推定される。周囲にも古墳が点在するとみられることから，調査を担当した盛岡市教育委員会では上田蝦夷森古墳群と名づけたが，築造年代は7世紀中頃と判断される。主体部からは副葬品として琥珀，首飾りと推定される環状鈴製品3点，長さ約20cmの刀子，土師甕のほか，鉄製冑が出土した。冑の大きさは前後の長さ24.5cm，幅24.0cm，高さ16cmで，衝角付冑の系譜をひくとみられる。東北地方でほぼ原形のまま発掘されたのは珍しく，また出土例の北限となる。

**平安時代の墓地24基** 岩手県文化振興事業団埋蔵文化財センターが発掘調査を進めている和賀郡和賀町岩崎の岩崎台地遺跡群で平安

時代中，後期の方形の周溝を巡らした墓地24基が発見された。岩崎台地遺跡群は5地区からなり，いずれも東北横断自動車道秋田線の用地内にあたる。今年度調査区域の東端部で周溝を伴う墓24基を発見した。北東一南西にのびる細い溝によって3列に区画され，さらに細い溝で8基，9基，7基に区画され，最大のものは9.5m×10m，最小ょ1.8m×3.5m。周溝内の数カ所に集石や石組があり，一部から焼けた人骨が出土した。伴出した土師器坏や埋土内に火山灰の堆積が認められないことから，平安中，後期の区画溝を巡らせた共同墓地跡とみられている。

―――――――学界・その他

**縄文時代文化研究会が発足** 縄文時代文化の研究を目的とする全国組織の「縄文時代文化研究会」が結成され，5月27日，東京都埋蔵文化財センターにおいて発足総会が開かれた。代表は鈴木保彦氏で他に運営委員6名を置く。事務局は所沢市中富南部44―1 日本大学芸術学部鈴木研究室（Tel. 0429-93-2217 内線456）で，会員118名でスタート。会誌『縄文時代文化研究』の刊行，各種情報交換の塲としての『NEWS』の年4回発行，さらに随時研究会や共同研究活動が行なわれる。一般の会員制はとらず，入会には会員の推薦が必要。

**神奈川県遺跡調査・研究発表会** 9月3日（日），川崎市中原区の市民ミュージアムにおいて第13回大会が開催された。
＜旧石器＞
岡本孝之：藤沢市慶応大学藤沢校地内遺跡
＜縄文＞
玉口時雄・大坪宣雄：川崎市麻生区黒川遺跡群
戸田哲也：藤沢市柄沢遺跡群

迫 和幸：寒川町県営岡田団地内遺跡
安藤洋一：伊勢原市三ノ宮・宮ノ前遺跡
＜弥生＞
伊藤 郭・石井 寛：横浜市港北区杉山神社遺跡
江藤 昭：厚木市国道412号線内遺跡
＜古墳＞
坂上克弘・小宮恒雄：横浜市緑区大熊町上の山遺跡

山本暉久：小田原市三ツ俣遺跡
＜古代＞
滝澤 亮：海老名市大谷向原遺跡
＜中・近世＞
福田 誠：鎌倉市永福寺跡
塚田順正：小田原市小田原城二の丸
＜特別講演＞
坂山利彦：考古学調査と物理探査

## 長屋王邸のそばから絵馬出土

奈良市の平城京左京二条二坊五坪の二条大路にそう東西溝から，縦19.5cm，横27cmのヒノキの薄板（厚さ約7mm）に右向きの馬が描かれた絵馬が出土した。現場は3万点余にも及ぶ木簡が出土した長屋王（684～729年）邸跡のすぐ北側で，百貨店「奈良そごう」の駐車場予定地。

馬は鞍をおいたいわゆる飾り馬で，鞍のほか障泥，胸繋，尻繋，壺鐙などの表現がある。また馬体は赤色，鞍は白色顔料を塗り，障泥には焼け火箸を押して斑状の文様を表現していて，全体が躍動感にあふれている。

これまで絵馬は静岡県伊場遺跡や滋賀県十里町遺跡などで奈良，平安時代のものが発見されているが，今回出土の絵馬は天平8（736）年～天平10（738）年の紀年銘木簡を伴っており，年代の確実な絵馬として最古の例と考えられる。さらに奈良時代初期の絵画資料としても一級品であり，重要な発見といえる。

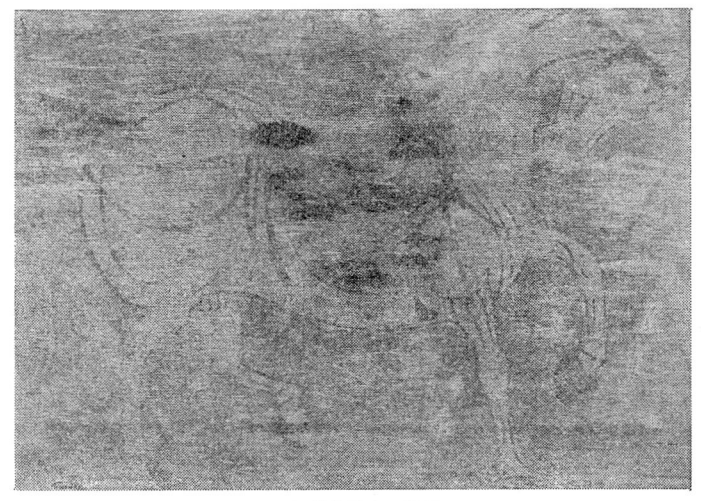

平城京出土の絵馬

## 特集　縄文土偶の世界

1990 年 1 月 25 日発売
総 112 頁　1,860 円

## 編集室より

◆無土器，先土器，プレ縄文などと呼ばれながら，日本の旧石器文化の研究は進んできたが，いまや世界共通の時代レベルの相互研究が行なわれるようになって旧石器文化という呼称も，一方ではすっかり定着したようである。本号編集の加藤晋平先生の原稿をみてもその学術交流の盛んなること目を見張るばかりである。しかも，それは相互研究の必要性を余儀なくされたという，各国の研究の発展との関連もある。今日東アジアは，どのような成果を挙げ，未来に繋いでいくだろうか。その最新の情報がここにある。　（芳賀）

◆旧石器時代の研究は大規模な遺構にめぐまれることがまれで，ほとんど石器のみが相手というところから一般にはとっつきにくいとみられがちだが，しかし大陸からの人類の移動という面から考えれば，にわかにロマンを帯びてこよう。大陸との何本ものルートの存在が黒曜石の原産地をはじめ，石器製作までに至る最近の詳細な研究によって証明されつつある。本号ではこうした研究が朝鮮半島，中国，シベリアと広く東アジア全体に照射されたのに加え，人類学，人類遺伝学そして家畜学の立場からも多くの成果が示された。旧石器時代の研究にはめざましいものがある。　（宮島）

本号の編集協力者——加藤晋平（千葉大学教授）
1931 年東京都生まれ，東京大学大学院修了。「マンモス ハンター」「シベリアの先史文化と日本」「日本人はどこから来たか」「日本の旧石器文化」「縄文文化の研究」「環境考古学入門」などの著書・編・訳がある。

### ■本号の表紙■

### 北海道とサハリン出土の黒曜石製細石核

　後期旧石器時代終末における社会テリトリーは，10数万km²から 7〜8万km²で，中石器時代になるとその面積は減少するという。この社会テリトリーは，交易網，細石器の型式，骨製尖頭器の形態などの分布範囲の限界を示している。表紙に掲載した石核とその素材は，上段と下段左が北海道白滝村ホロカ沢遺跡出土のもの（遠軽町先史資料館所蔵・遠間コレクション），下段右 2 点がサハリン島ソーコル遺跡出土のもの（ノヴォシビルスク市歴史・言語・哲学研究所付属博物館蔵）である。両者の原石はいずれも黒曜石であり，赤い縞模様が認められ，同一の原産地であり，宗谷海峡をまたいで，両遺跡が一つの社会テリトリーに含まれていることを示す。

（加藤晋平）

### ▶本誌直接購読のご案内◀

『季刊考古学』は一般書店の店頭で販売しております。なるべくお近くの書店で予約購読なさることをおすすめしますが，とくに手に入りにくいときには当社へ直接お申し込み下さい。その場合，1 年分の代金（4 冊，送料は当社負担）を郵便振替（東京 3-1685）または現金書留にて，住所，氏名および『季刊考古学』第何号より第何号までと明記の上当社営業部までご送金下さい。

季刊 考古学　第29号　　1989年11月 1 日発行
ARCHAEOLOGY　QUARTERLY
定価 1,860 円
（本体 1,806 円）

編集人　芳賀章内
発行人　長坂一雄
印刷所　新日本印刷株式会社
発行所　雄山閣出版株式会社
　〒102　東京都千代田区富士見 2-6-9
　電話 03-262-3231　振替 東京 3-1685
◆本誌記事の無断転載は固くおことわりします
ISBN 4-639-00923-2　printed in Japan

**季刊 考古学** オンデマンド版　第 29 号　1989 年 11 月 1 日　初版発行
ARCHAEOROGY　QUARTERLY　　　　　　　　2018 年 6 月 10 日　オンデマンド版発行

定価（本体 2,400 円 + 税）

編集人　　芳賀章内
発行人　　宮田哲男
印刷所　　石川特殊特急製本株式会社
発行所　　株式会社　雄山閣　http://www.yuzankaku.co.jp
　　　　　〒 102-0071　東京都千代田区富士見 2-6-9
　　　　　電話 03-3262-3231　FAX 03-3262-6938　振替　00130-5-1685

# 初期バックナンバー、待望の復刻 !!

## 季刊 考古学 OD　創刊号〜第 50 号〈第一期〉

全 50 冊セット定価（本体 120,000 円＋税）　セット ISBN：978-4-639-10532-9

各巻分売可　各巻定価（本体 2,400 円＋税）

| 号　数 | 刊行年 | 特　集　名 | 編　者 | ISBN（978-4-639-） |
|---|---|---|---|---|
| 創刊号 | 1982 年 10 月 | 縄文人は何を食べたか | 渡辺 誠 | 13001-7 |
| 第 2 号 | 1983 年 1 月 | 神々と仏を考古学する | 坂詰 秀一 | 13002-4 |
| 第 3 号 | 1983 年 4 月 | 古墳の謎を解剖する | 大塚 初重 | 13003-1 |
| 第 4 号 | 1983 年 7 月 | 日本旧石器人の生活と技術 | 加藤 晋平 | 13004-8 |
| 第 5 号 | 1983 年 10 月 | 装身の考古学 | 町田 章・春成秀爾 | 13005-5 |
| 第 6 号 | 1984 年 1 月 | 邪馬台国を考古学する | 西谷 正 | 13006-2 |
| 第 7 号 | 1984 年 4 月 | 縄文人のムラとくらし | 林 謙作 | 13007-9 |
| 第 8 号 | 1984 年 7 月 | 古代日本の鉄を科学する | 佐々木 稔 | 13008-6 |
| 第 9 号 | 1984 年 10 月 | 墳墓の形態とその思想 | 坂詰 秀一 | 13009-3 |
| 第 10 号 | 1985 年 1 月 | 古墳の編年を総括する | 石野 博信 | 13010-9 |
| 第 11 号 | 1985 年 4 月 | 動物の骨が語る世界 | 金子 浩昌 | 13011-6 |
| 第 12 号 | 1985 年 7 月 | 縄文時代のものと文化の交流 | 戸沢 充則 | 13012-3 |
| 第 13 号 | 1985 年 10 月 | 江戸時代を掘る | 加藤 晋平・古泉 弘 | 13013-0 |
| 第 14 号 | 1986 年 1 月 | 弥生人は何を食べたか | 甲元 真之 | 13014-7 |
| 第 15 号 | 1986 年 4 月 | 日本海をめぐる環境と考古学 | 安田 喜憲 | 13015-4 |
| 第 16 号 | 1986 年 7 月 | 古墳時代の社会と変革 | 岩崎 卓也 | 13016-1 |
| 第 17 号 | 1986 年 10 月 | 縄文土器の編年 | 小林 達雄 | 13017-8 |
| 第 18 号 | 1987 年 1 月 | 考古学と出土文字 | 坂詰 秀一 | 13018-5 |
| 第 19 号 | 1987 年 4 月 | 弥生土器は語る | 工楽 善通 | 13019-2 |
| 第 20 号 | 1987 年 7 月 | 埴輪をめぐる古墳社会 | 水野 正好 | 13020-8 |
| 第 21 号 | 1987 年 10 月 | 縄文文化の地域性 | 林 謙作 | 13021-5 |
| 第 22 号 | 1988 年 1 月 | 古代の都城—飛鳥から平安京まで | 町田 章 | 13022-2 |
| 第 23 号 | 1988 年 4 月 | 縄文と弥生を比較する | 乙益 重隆 | 13023-9 |
| 第 24 号 | 1988 年 7 月 | 土器からよむ古墳社会 | 中村 浩・望月幹夫 | 13024-6 |
| 第 25 号 | 1988 年 10 月 | 縄文・弥生の漁撈文化 | 渡辺 誠 | 13025-3 |
| 第 26 号 | 1989 年 1 月 | 戦国考古学のイメージ | 坂詰 秀一 | 13026-0 |
| 第 27 号 | 1989 年 4 月 | 青銅器と弥生社会 | 西谷 正 | 13027-7 |
| 第 28 号 | 1989 年 7 月 | 古墳には何が副葬されたか | 泉森 晈 | 13028-4 |
| 第 29 号 | 1989 年 10 月 | 旧石器時代の東アジアと日本 | 加藤 晋平 | 13029-1 |
| 第 30 号 | 1990 年 1 月 | 縄文土偶の世界 | 小林 達雄 | 13030-7 |
| 第 31 号 | 1990 年 4 月 | 環濠集落とクニのおこり | 原口 正三 | 13031-4 |
| 第 32 号 | 1990 年 7 月 | 古代の住居—縄文から古墳へ | 宮本 長二郎・工楽 善通 | 13032-1 |
| 第 33 号 | 1990 年 10 月 | 古墳時代の日本と中国・朝鮮 | 岩崎 卓也・中山 清隆 | 13033-8 |
| 第 34 号 | 1991 年 1 月 | 古代仏教の考古学 | 坂詰 秀一・森 郁夫 | 13034-5 |
| 第 35 号 | 1991 年 4 月 | 石器と人類の歴史 | 戸沢 充則 | 13035-2 |
| 第 36 号 | 1991 年 7 月 | 古代の豪族居館 | 小笠原 好彦・阿部 義平 | 13036-9 |
| 第 37 号 | 1991 年 10 月 | 稲作農耕と弥生文化 | 工楽 善通 | 13037-6 |
| 第 38 号 | 1992 年 1 月 | アジアのなかの縄文文化 | 西谷 正・木村 幾多郎 | 13038-3 |
| 第 39 号 | 1992 年 4 月 | 中世を考古学する | 坂詰 秀一 | 13039-0 |
| 第 40 号 | 1992 年 7 月 | 古墳の形の謎を解く | 石野 博信 | 13040-6 |
| 第 41 号 | 1992 年 10 月 | 貝塚が語る縄文文化 | 岡村 道雄 | 13041-3 |
| 第 42 号 | 1993 年 1 月 | 須恵器の編年とその時代 | 中村 浩 | 13042-0 |
| 第 43 号 | 1993 年 4 月 | 鏡の語る古代史 | 高倉 洋彰・車崎 正彦 | 13043-7 |
| 第 44 号 | 1993 年 7 月 | 縄文時代の家と集落 | 小林 達雄 | 13044-4 |
| 第 45 号 | 1993 年 10 月 | 横穴式石室の世界 | 河上 邦彦 | 13045-1 |
| 第 46 号 | 1994 年 1 月 | 古代の道と考古学 | 木下 良・坂詰 秀一 | 13046-8 |
| 第 47 号 | 1994 年 4 月 | 先史時代の木工文化 | 工楽 善通・黒崎 直 | 13047-5 |
| 第 48 号 | 1994 年 7 月 | 縄文社会と土器 | 小林 達雄 | 13048-2 |
| 第 49 号 | 1994 年 10 月 | 平安京跡発掘 | 江谷 寛・坂詰 秀一 | 13049-9 |
| 第 50 号 | 1995 年 1 月 | 縄文時代の新展開 | 渡辺 誠 | 13050-5 |

※「季刊 考古学 OD」は初版を底本とし、広告頁のみを除いてその他は原本そのままに復刻しております。初版との内容の差違は
　ございません。

「季刊 考古学　OD」は全国の一般書店にて販売しております。なるべくお近くの書店でご注文なさることをおすすめしますが、とくに手に入り
にくいときには当社へ直接お申込みください。